Guttentag'sche Sammlung
Nr. 34. Preußischer Gesetze. Nr. 34.
Text-Ausgaben mit Anmerkungen.

Sammlung
der wichtigsten
Preußischen Strafgesetze

nebst einem Anhang:

Gesetz, betr. den Erlaß polizeilicher Strafverfügungen
vom 23. April 1883.

Ergänzungsband
zur Guttentag'schen Sammlung Preußischer Gesetze.

Text-Ausgabe mit Anmerkungen und Sachregister
von

Otto Lindemann,
Geheimer Justizrat und vortragender Rat im Justizministerium.

Zweite Auflage.

Berlin 1912.
J. Guttentag, Verlagsbuchhandlung,
G. m. b. H.

Aus dem Vorwort zur ersten Auflage.

Die vorliegende Sammlung Preußischer Strafgesetze soll vorwiegend den Zwecken der Praxis dienen. Es mußte deshalb unter der großen Zahl der in Betracht kommenden Gesetze eine Auswahl dahin eintreten, daß in der Strafrechtspflege nur selten zur Anwendung gelangende Gesetze fortgelassen wurden. Entsprechend der Bestimmung des Buches, einen Ergänzungsband zu den im Guttentag'schen Verlage in Einzelausgaben erschienenen Preußischen Gesetzen zu bilden, sind folgende in ausführlich kommentierten Einzelausgaben vorliegende Gesetze fortgeblieben: Das allgemeine Berggesetz (Einzelausgabe Nr. 12), das Einkommensteuergesetz (Einzelausgabe Nr. 10), das Gewerbesteuergesetz (Einzelausgabe Nr. 11), das Erbschaftssteuergesetz (Einzelausgabe Nr. 20), das Ergänzungssteuergesetz (Einzelausgabe Nr. 13), das Kommunalabgabengesetz (Einzelausgabe Nr. 14), das Stempelsteuergesetz (Einzelausgabe

Nr. 18) und das Warenhaussteuergesetz (Einzelausgabe Nr. 27). Gesetze, die nur zum Teil strafrechtlichen Inhalt haben, sind im Auszuge, jedoch unter Berücksichtigung des Zusammenhanges der einzelnen Vorschriften, wiedergegeben. **Im** Anhange ist das Gesetz, betr. den Erlaß polizeilicher Strafverfügungen wegen Übertretungen, vom 23. April 1883, welches von den Gesetzen über das Verwaltungsstrafverfahren das praktisch wichtigste für die ordentlichen Gerichte ist, angefügt. Um das schnelle Auffinden eines jeden Gesetzes zu erleichtern, ist der chronologischen Ordnung der Vorzug gegeben. Die Anmerkungen sollen es ermöglichen, sich über die ergangenen höchstrichterlichen Entscheidungen schnell zu informieren; sie berücksichtigen deshalb im wesentlichen nur die Judikatur.

Inhaltsübersicht.

Verzeichnis der Abkürzungen.

A. = Anmerkung.
Abs. = Absatz.
AG. = Ausführungsgesetz.
ALR. = Allgemeines Landrecht.
AVfg. = Allgemeine Verfügung.
BGB. = Bürgerliches Gesetzbuch.
DJZ. = Deutsche Juristenzeitung.
EG. = Einführungsgesetz.
FFPG. = Feld- und Forstpolizeigesetz.
GA. = Goltdammer, Archiv für Strafrecht.
Ges. = Gesetz.
GS. = Preußische Gesetz-Sammlung.
GesO. = Gesindeordnung.
GewO. = Reichs-Gewerbeordnung.
Gruchot = Beiträge zur Erläuterung des deutschen Rechts, begründet von Dr. Gruchot.
GVG. = Gerichtsverfassungsgesetz.
HGB. = Handelsgesetzbuch.

Jhrb. = Jahrbuch für Entscheidungen des Kammergerichts.
JMBl. = Justizministerialblatt.
KG. = Urteil des Kammergerichts.
KO = Kabinetsorder.
LVerwG. = Gesetz über die allgemeine Landesverwaltung vom 30. Juli 1883.
MBl. f. d. i. V. = Ministerialblatt für die innere Verwaltung.
OLG. = Urteil des Oberlandesgerichts.
OR. = Oppenhoff, Rechtsprechung des Königlichen Obertribunals in Strafsachen.
OTr. = Urteil des Obertribunals.
OTrEntsch. = Entscheidungen des Königlichen Obertribunals, herausgegeben von Mitgliedern des Gerichtshofes.
OVG. = Urteil des Oberverwaltungsgerichts; Zahlen ohne weiteren Zusatz bedeuten Band und Seite der „Entscheidungen des Königlichen Oberverwaltungsgerichts", herausgegeben von Mitgliedern des Gerichtshofes.
Recht = Das Recht; Rundschau für den deutschen Juristenstand.
RG. = Urteil des Reichsgerichts.
RGBl. = Reichs-Gesetzblatt.
RGes. = Reichsgesetz.
RGRchtspr. = Rechtsprechung des Reichsgerichts in Strafsachen, herausgegeben von Mitgliedern der Reichsanwaltschaft.
RGStraff. = Entscheidungen des Reichsgerichts in Strafsachen, herausgegeben von Mitgliedern des Gerichtshofes.
RVfg. = Rundverfügung.
StGB. = Strafgesetzbuch.
StPO. = Reichs-Strafprozeßordnung.
V. = Verordnung.
VerwBl. = Preußisches Verwaltungsblatt.
Vfg. = Verfügung.

1. Allgemeine Gerichtsordnung für die Preußischen Staaten.

(Auszug.)

Vom 6. Juli 1793

Vorbemerkung: Das Gesetz gilt nicht in Hessen-Nassau, in Hohenzollern, in Schleswig-Holstein, in Helgoland, in Hannover mit Ausnahme des Fürstentums Ostfriesland, der Niedergrafschaft Lingen und eines Teils des Eichsfeldes, in der Rheinprovinz mit Ausnahme der Kreise Essen, Duisburg, Mülheim a. d. Ruhr und Rees, in dem Regierungsbezirk Stralsund; es ist eingeführt in die vormals bayrische Enklave Kaulsdorf (V. v. 22. Mai 1867 — GS. S. 729) und in das Jadegebiet (Ges. v. 23. März 1873 — GS. S. 107). Über die fortdauernde Gültigkeit der nachstehend aufgeführten Paragraphen vgl. OR. 12 S. 268, 13 S. 381, 14 S. 482, 15 S. 578, 16 S. 52, 17 S. 633, 18 S. 672, 19 S. 129, Jhrb. 2 S. 288, 21 C S. 111, RGStraff. 9 S. 357, 32 S. 243.

Teil III Tit. I.

§ 30. Diejenigen Parteien, welche sich der vorgeschriebenen Ordnung nicht unterwerfen, sondern entweder die Kollegia und deren Vorgesetzte[1] mit offenbar grundlosen und widerrechtlichen Beschwerden gegen bessere Wissenschaft und Überzeugung belästigen; oder, nachdem sie ihres Unrechts gehörig bedeutet worden,[2] mit ihren Klagen dennoch fortfahren und durch wiederholtes[4] ungestümes Supplizieren[5] etwas, so gegen Recht und Ordnung ist, durchzusetzen und zu erzwingen suchen; oder die endlich gar das Justizdepartement oder Sr. Königlichen Majestät Allerhöchste Person mit falschen und unrichtigen Darstellungen ihrer Angelegenheiten, oder mit unwahren und erdichteten Beschuldigungen und Verunglimpfungen der Kollegien und Gerichte zu behelligen sich unterfangen, sollen als mutwillige oder boshafte Querulanten angesehen, ihnen der Prozeß gemacht und über ihre Bestrafung rechtlich erkannt werden.

[1] Darunter sind alle Justizbehörden zu verstehen, namentlich auch Gewerbegerichte, Generalkommissionen und Staatsanwälte, OTr. GA. 6 S. 546, 22 S. 75, OR. 5 S. 468, Jhrb. 2 S. 288, RGStrafs. 9 S. 358, GA. 45 S. 29; dagegen bezieht sich die Bestimmung nicht auf Eingaben in Verwaltungssachen, OR. 18 S. 672, RGStrafs. 33 S. 14, Jhrb. 21 C S. 111.

[2] Voraussetzung der Strafbarkeit ist die vorhergehende gehörige Bedeutung, d. h. eine solche, durch welche dem Supplikanten in genügend klarer Weise sein Unrecht dargelegt ist, nicht aber Kenntnis von der Unbegründetheit des Verlangens. OR. 16 S. 52, GA. 23 S. 151, RG. GA. 39 S. 438, Strafs. 32 S. 243, Jhrb. 18 S. 348.

[3] Identität des Gegenstandes wird vorausgesetzt, es ist aber nicht erforderlich, daß der Inhalt der wiederholten Eingaben in allen Stücken, und insbesondere in betreff der Person, an welche sie gerichtet sind, der gleiche ist, nur auf das Hauptziel, auf die Willensrichtung, in der sich die Eingaben bewegen, kommt es an. RG. GA. 45 S. 29, Strafs. 32 S. 243.

[4] Der gehörigen Bedeutung muß ein mindestens zweimaliges Supplizieren gefolgt sein. RGStrafs. 32 S. 243.

[5] Supplizieren beschränkt sich keineswegs auf Beschwerdeführung in den höheren Instanzen, sondern umfaßt alle Arten einer der Belehrung unzugänglichen Hartnäckigkeit in der Verfolgung

grundloser Klagen und widerrechtlicher Forderungen bei den Gerichten und den ihnen gleichgestellten Behörden. OTr. GA. 26 S. 158.

§ 31. Gegen einen solchen unbefugten Querulanten soll nach Beschaffenheit der Umstände, des mehr oder minder offenbaren Ungrunds seiner Beschwerden und des dabei erwiesenen Grades von Bosheit und Hartnäckigkeit Gefängnis-, Festungs- oder Zuchthausstrafe[1] von vierzehn Tagen bis zu sechs Monaten stattfinden.

[1] Jetzt nur Gefängnis Art. VIII Abs. 2, IX EG. z. Preuß. StGB. v. 14. April 1851, § 6 EG. z. StGB.

Anhang.

§ 442. Wer mit Übergehung einer Behörde oder mit Unterlassung der bestimmten Form Beschwerden und Gesuche anbringt, hat zu gewärtigen, daß ihm seine Vorstellung ohne Verfügung zurückgegeben wird.

Wer sich durch nichts bedeuten läßt und sein unförmliches Gesuch wiederholt, desgleichen, wer einmal beschieden worden und sein Gesuch ohne besonderen Grund wiederholt,[1] soll zur Strafe auf vierzehn Tage bis vier Wochen in ein Gefängnis, Arbeits- oder Besserungshaus[2] gebracht werden.

Im Wiederholungsfalle wird die ausgestandene Strafe verdoppelt, und bei jeder ferneren Wiederholung wird die vorher ausgestandene Strafe wieder mit vierzehn Tagen bis vier Wochen erhöht.

Bei Vermögenden wird eine verhältnismäßige Geldstrafe festgesetzt.

[1] § 442 bezieht sich nur auf Eingaben an den König und die Ministerien. Jhrb. 21 C S. 11.

[2] Jetzt Haft. Art. VIII Abs. 3 EG. z. Preuß. StGB. v. 14. April 1851.

2. Gesetz über das Mobiliarfeuerversicherungswesen.

Vom 8. Mai 1837 (GS. S. 102).

Vorbemerkung: Das Gesetz gilt für den damaligen Umfang der Monarchie, ferner in dem vormals Hessen-Homburgschen Oberamt Meisenheim und der vormals bayrischen Enklave Kaulsdorf (V. v. 13. und 22. Mai 1867 — GS. S. 700, 729). Vgl. zu demselben RGes. über die privaten Versicherungsunternehmungen v. 12. Mai 1901 (RGBl. S. 139) und RGes. über den Versicherungsvertrag vom 30. Mai 1908 (RGBl. S. 263).

§ 1. [Kein Gegenstand des Molibiarvermögens darf gegen Feuersgefahr höher versichert werden, als nach dem gemeinen Werte zur Zeit der Versicherungsnahme][1]. Solche Kunstsachen und ähnliche Gegenstände von größerer Bedeutung, denen ein gemeiner Wert nicht wohl beizulegen ist, müssen mit ihren Versicherungssummen in der Police einzeln aufgeführt werden.

[1] Abs. 1 ist durch die Vorschriften des RGes. über den Versicherungsvertrag vom 30. Mai 1908, wonach eine Überversicherung nur dann vorhanden ist, wenn die Versicherungssumme das Versicherungsinteresse erheblich übersteigt (§ 51), ersetzt; vgl. RG. Leipz. Zeitschr. 1911 S. 714.

§ 2. (Beseitigt durch die die Doppelversicherung betreffenden Vorschriften des RGes. v. 30. Mai 1908; vgl. Jhrb. 40 C S. 393).

§ 3. (Aufgehoben durch § 121 Abs. 1 des RGes. v. 12. Mai 1901).

§ 4. (Ersetzt durch § 51 des RGes. v. 30. Mai 1908).

§ 5. Zur Versicherung von Mobiliargegenständen ist deren Angabe nach einzelnen Stücken oder nach Gattungen erforderlich (§ 13). Bei Warenlagern, großen Naturalienvorräten und ähnlichen Gegenständen, welche zum Verkauf oder zum Verbrauch zusammengebracht zu werden pflegen, und deren Bestand nach Größe und Wert daher einem steten Wechsel unterworfen ist, soll jedoch die Versicherung auf den durchschnittlichen, oder selbst auf den mutmaßlich höchsten Betrag, der nach dem Umfange des Geschäfts, der Produktion usw. anzunehmen steht, zulässig sein.

Die Versicherten sind jedoch gehalten, über die lagernden Güter und Vorräte vollständige Bücher zu führen, aus welchen der jedesmalige Ab- und Zugang genau zu ersehen sein muß.[1]

Die Polizeibehörde hat das Recht, diese Bücher zu jeder Zeit einzusehen, um sich von der gehörigen Anlegung und Fortführung zu überzeugen; ein tieferes Eindringen ist ihr nicht gestattet.

[1] Strafbestimmung § 27.

§ 6. (Ersetzt durch §§ 85 ff. d. RGes. v. 12. Mai 1901.)

§ 7—12. (Aufgehoben durch Art. III d. Gesetzes v. 22. Juni 1861 — GS. S. 441.)

§ 13. Jeder Agent ist verpflichtet, über seine sämtlichen, das Feuerversicherungswesen betreffenden Geschäfte besondere Bücher zu führen, aus welchen zu ersehen sein muß:

a) der Name und Wohnort des Versicherten,
b) der Gegenstand oder die Gegenstände der Versicherung nach Gattungen,
c) die Höhe der Versicherungssumme für jeden Gegenstand oder für jede Gattung von Gegenständen,
d) der Tag, mit welchem die Versicherung anfängt,

e) der Tag, mit welchem dieselbe aufhört, und
f) die über denselben Gegenstand bei einer anderen Gesellschaft etwa schon bestehende Versicherung und deren Betrag.[1]

Die Polizeibehörde (§ 14) ist befugt, diese Bücher zu jeder Zeit einzusehen, sowohl um die Führung derselben zu beaufsichtigen, als um eine Kontravention zu ermitteln oder zu verhüten.[2]

[1] Strafbestimmung § 30. Vgl. hierzu Vfg. v. 10. September 1904 (MBl. f. d. i. V. S. 241) u. 10. Februar 1905 (M.Bl. f. d. i. V. S. 41).

[2] Die Weigerung des Agenten, die Bücher der Polizeibehörde vorzulegen, ist gerichtlich nicht strafbar. KG. DJZ. 05 S. 1013.

§ 14 u. 15. (Aufgehoben durch § 121 Abs. 1 d. RGes. v. 12. Mai 1901.)

§ 16. Die Polizeibehörden sind verpflichtet, den Verpächtern und Vermietern von Landgütern, Häusern und Niederlageräumen, auf Ansuchen derselben, über die von ihren Pächtern oder Mietern genommenen Mobiliarversicherungen Auskunft zu erteilen.

§ 17. Im Falle eines Brandes darf der Anspruch des Versicherten den infolge des Brandes wirklich erlittenen Verlust nicht übersteigen.

§ 18. Ist nach eingetretenem Brande die dem Versicherten gebührende Entschädigungssumme festgestellt und zur Zahlung bereit, so hat die Gesellschaft oder der Agent der Ortspolizeibehörde davon Anzeige zu machen. Die Zahlung darf nur erst dann erfolgen, wenn die Behörde nicht binnen acht Tagen, nach erhaltener Anzeige, dagegen Einspruch getan hat.[1]

[1] Strafbestimmung §§ 32, 33.

§ 19. [Versicherungen von Kaufleuten und mit kaufmännischen Rechten versehenen Fabrikanten, welche ordnungsmäßig eingerichtete Bücher führen, auf Warenlager von mindestens zehntausend Talern, sind den Vorschriften der §§ 14 und 15 nicht unterworfen];[1] dagegen ist der § 18 auch auf sie anwendbar.

[1] §§ 14 und 15 sind aufgehoben.

§§ 20—22. (Die Strafvorschriften wegen Überversicherung haben mit der Beseitigung des § 1 Abs. 1 durch das RGes. vom 30. Mai 1908 ihre Bedeutung verloren; vgl. RG. Leipz. Zeitschr. 1911 S. 714).

§§ 23, 24. (Auch die Strafvorschriften wegen Doppelversicherung sind infolge Beseitigung des § 2 durch das RGes. v. 30. Mai 1908 weggefallen; vgl. Jhrb. 40 C S. 393).

§ 25. (Aufgehoben durch das RGes. v. 12. Mai 1901).

§ 26. Versicherungen bei nicht zugelassenen ausländischen Gesellschaften (§ 6) werden mit einer Geldbuße von zehn bis fünfhundert Talern bestraft.[1]

[1] Die Vorschrift ist noch gültig, soweit sie nicht durch § 108 Abs. 2 des RGes. vom 12. Mai 1901 ersetzt ist (vgl. MBl. f. d. i. V. 03 S. 10).

§ 27. Ein Versicherter, welcher die im § 5 vorgeschriebenen Bücher gar nicht oder nicht in gehöriger Ordnung führt, hat eine Geldstrafe von fünf bis einhundert Talern verwirkt.

§ 28. Ein Versicherter, welcher gegen die Vorschrift des § 17 eine zu hohe Entschädigungsforderung aufstellt, hat eine Geldbuße von fünf bis einhundert Talern verwirkt;[1] [ist die Aufstellung in böslicher Absicht geschehen, so treten die Strafbestimmungen des Allgemeinen Landrechts Teil II Tit. 20 §§ 1375, 1376 und 1328 ein, welche auch in denjenigen Landesteilen, wo das Allgemeine Landrecht nicht eingeführt ist, zur Anwendung zu bringen sind].

[1] § 28 ist nur insoweit in Kraft geblieben, als derselbe die Aufstellung einer den Schadensanspruch übersteigenden Entschädigungsforderung seitens des Versicherten ohne bösliche Absicht mit Strafe bedroht, sonst liegt nach dem StGB. zu bestrafender Betrug vor. Jhrb. 18 S. 341, vgl. auch RGStraff. 3 S. 84, GA. 37 S. 162 und in der Note; abweichend OTr. GA. 23 S. 623.

§ 29. (Aufgehoben, vgl. §§ 7—12.)

§ 30. Jeder Agent, welcher die im § 13 vorgeschriebenen Bücher gar nicht oder nicht in gehöriger Ordnung führt, hat eine Geldstrafe von fünf bis einhundert Talern verwirkt.[1]

[1] Die Strafbestimmung findet auch bei einem Wechsel im Agenturpersonal Anwendung, insbesondere wenn der neue Agent auf Grund des von seinem Vorgänger übernommenen Registers Prämienzahlungen annimmt; es ist alsdann seine Sache, für dessen Vollständigkeit zu sorgen, damit die Polizei der ihr im Interesse des Gemeinwohls zugewiesenen Kontrollpflicht genügen kann. KG. GA. 42 S. 314.

§ 31. (Aufgehoben durch RGes. v. 12. Mai 1901.)

§ 32. Dieselben Strafen (§ 31)[1] treffen den Agenten, wenn er gegen die Vorschrift des § 18 Zahlungen leistet.

[1] Geldstrafe von zehn bis fünfhundert Talern; auf den im § 31 ebenfalls angedrohten Verlust der Agentschaft kann nach § 143 GewO. nicht mehr erkannt werden.

§ 33. [Unterläßt eine inländische Gesellschaft, auf einen, unmittelbar bei ihr gemachten Antrag die amtliche Erklärung einzuholen (§§ 14 und 15)],[1] oder leistet sie gegen die Vorschrift des § 18 Zahlung, so verfällt sie in dieselben Geldstrafen, womit die gleichartigen Verschuldungen der Agenten Inhalts der §§ 31 und 32 belegt werden sollen.

[1] Vgl. §§ 14, 15.

§ 34. [Die Festsetzung und Einziehung der nach gegenwärtigem Gesetze verwirkten Geldstrafen soll, außer den Fällen der §§ 20, 21 und 28, in welchen sogleich richterliche Untersuchung eintritt, zunächst Unseren Regierungen obliegen; jedoch steht den Beteiligten der Rekurs an Unser Ministerium des Innern und der Polizei, und, falls die Strafe den Betrag von fünfzig Talern erreicht, auch die Berufung auf den Rechtsweg offen.

Diese Berufung muß aber binnen zehn Tagen nach Bekanntmachung des Resoluts der Regierung erfolgen, und findet überhaupt nicht mehr statt, sobald der Beteiligte einmal den Rekursweg gewählt hat.][1]

In Unvermögensfällen treten verhältnismäßige Gefängnisstrafen[2] an die Stelle der Geldbußen.

[1] Abs. 1 und 2 sind aufgehoben. Vgl. jetzt Ges. v. 23. April 1883 (abgedruckt im Anhang).

[2] Soweit es sich um Übertretungen handelt, tritt Haft ein, bei Vergehen Gefängnis oder Haft nach Maßgabe des § 28 StGB.

§§ 35—37. (Enthielten Übergangsbestimmungen.)

3. Kabinetsordre, betr. den Tarif zur Erhebung des Chausseegeldes auf den Staatschausseen.

Vom 29. Februar 1840 (GS. S. 94).

Vorbemerkung: Die KO. gilt nicht in Hannover, Hessen-Nassau, Hohenzollern, Schleswig-Holstein und Helgoland; in den Bezirk des vormals Hessen-Homburgschen Oberamts Meisenheim und die vormals bayrische Enklave Kaulsdorf ist sie durch V. v. 13. bezw. 22. Mai 1867 (GS. S. 700, 729) eingeführt.

Auf den früher im Eigentum des Staates, jetzt der Provinzen, stehenden Chausseen findet nach dem Gesetz vom 27. Mai 1874 (GS. S. 184) die Erhebung von Chausseegeld nicht mehr statt.

Ich habe den mit Ihrem Berichte vom 14. d. M. eingereichten Chausseegeld-Tarif genehmigt und sende Ihnen denselben anbei vollzogen zurück, indem Ich nach Ihrem Antrage festsetze, daß dieser Tarif nebst den demselben angehängten Vorschriften auf allen Staats-Chausseen fortan statt des Chausseegeld-Tarifs vom 28. April 1828 und der demselben beigefügten Bestimmungen zur Anwendung kommen soll. Auch für alle sonstigen öffentlichen chaussierten Wege, für welche in Folge Meiner Ordre vom 31. August 1832 die mit dem Chausseegeld-Tarif vom 28. April 1828 publizierten Bestimmungen wegen der Chaussee-Polizeivergehen Gültigkeit erlangt haben, sollen die dem Chausseegeld-Tarif vom heutigen Tage unter 7—23 angehängten Vorschriften an die Stelle jener Bestimmungen treten. Sie haben diese Ordre nebst dem anliegenden Tarife durch die Gesetzsammlung bekannt zu machen.

Tarif zur Erhebung des Chausseegeldes für eine Meile von 2000 preußischen Ruten.

An Chausseegeld wird entrichtet:	Sgr.	Pf.
A. vom Fuhrwerk einschließlich der Schlitten:		
I. zum Fortschaffen von Personen, als Extraposten, Kutschen, Kaleschen, Kabrioletts usw., für jedes Zugtier[1]	1	—
II. zum Fortschaffen von Lasten:[2]		
1. von beladenem, d. h. von solchem, worauf sich, außer dessen Zubehör und außer dem Futter für höchstens drei Tage, an anderen Gegenständen mehr als zwei Zentner befinden, für jedes Zugtier	1	—
2. von unbeladenem		
a) Frachtwagen,[2] für jedes Zugtier . .	—	8
b) gewöhnlichem Landfuhrwerk und Schlitten, für jedes Zugtier	—	4
B. von unangespannten Tieren:		
I. von jedem Pferde, Maultier oder Maulesel, mit oder ohne Reiter oder Last	—	4
II. von jedem Stück Rindvieh oder Esel	—	2
III. von je fünf Fohlen, Kälbern, Schafen, Lämmern, Schweinen, Ziegen	—	2

Weniger als fünf der vorstehend zu III. gedachten Tiere sind frei.

[1] Da nach der Rechtsprechung des KG. von Kraftwagen kein Chausseegeld erhoben werden konnte, ist der Chausseegeldtarif durch Allerh. Erlaß vom 6. Juni 1904 (GS. S. 139) ergänzt, welcher lautet:

„An Chausseegeld wird entrichtet von Kraftwagen I. zum Fortschaffen von Personen a) mit Gummiradreifen und 1. mit mehr als 4 Sitzplätzen 20 Pf., 2. mit 4 und weniger Sitzplätzen 10 Pf.,

b) ohne Gummiradreifen und 1. mit mehr als 4 Sitzplätzen 30 Pf., 2. mit 4 und weniger Sitzplätzen 15 Pf. Als Sitzplätze in diesem Sinne werden nur die dauernd eingebauten festen Sitzgelegenheiten, einschließlich des Sitzes für den Wagenführer, angesehen. II. Zum Fortschaffen von Lasten a) mit Gummiradreifen und 1. beladen 20 Pf., 2. leer 10 Pf., b) ohne Gummiradreifen und 1. beladen 30 Pf., 2. leer 15 Pf. Von unbeladenen Kraftwagen, welche landwirtschaftlichen Betriebszwecken dienen, wird, wenn sie mit Gummiradreifen versehen sind, 5 Pf., sonst 8 Pf. entrichtet. Als beladen sind die unter II erwähnten Kraftwagen dann anzusehen, wenn sich auf ihnen außer dem zur Krafterzeugung erforderlichen Stoffe und ihrem sonstigen Zubehör an anderen Gegenständen mehr als 100 Kilogramm befinden. Chausseegeld wird nicht erhoben von Kraftwagen, welche den Hofhaltungen des Königlichen und des Fürstlich Hohenzollernschen Hauses, dem preußischen Staate oder dem Deutschen Reiche gehören oder für deren Rechnung betrieben werden. Im übrigen finden die Befreiungen und die zusätzlichen Vorschriften zum Chausseegeldtarif vom 29. Februar 1840 mit den durch spätere Gesetze und Verordnungen bedingten Maßgaben auf den Verkehr mit Kraftwagen entsprechende Anwendung."

Demnächst hat der Minister der öffentlichen Arbeiten auf Grund des Allerh. Erl. v. 28. Januar 1908 (GS. S. 38), welcher ihn ermächtigt, künftighin das Recht zur Erhebung von Chausseegeld zu verleihen und seine tarifmäßige Festsetzung auszusprechen, auch diese Befugnis auf die nachgeordneten Behörden zu übertragen, folgenden Nachtrag vom 23. April 1908 zum Chausseegeldtarif und zum Ergänzungstarif erlassen (MBl. f. d. i. V. S. 129).

„An Chausseegeld wird entrichtet:

1. von einsitzigen Kraftfahrrädern ohne jeden Anhang 5 Pf.,
2. von allen übrigen Kraftfahrrädern . . . . . . 10 Pf.

Chausseegeld wird nicht erhoben von Kraftfahrrädern, welche den Hofhaltungen des Königlichen und des Fürstlich Hohenzollernschen Hauses, dem preußischen Staate oder dem Deutschen Reiche gehören oder für deren Rechnung betrieben werden. Im übrigen finden die Befreiungen und die zusätzlichen Vorschriften zum Chausseegeldtarif vom 29. Februar 1840 mit den durch spätere Gesetze und Verordnungen bedingten Maßgaben auf den Verkehr mit Kraftfahrrädern entsprechende Anwendung."

Die Rechtsgültigkeit dieses Nachtrags ist anerkannt in KG. Recht 1911 S. 417.

Ferner bestimmt der Nachtrag vom 13. Mai 1911 (MBl. f. d. i. V. S. 172): „Zu den abgabepflichtigen Sitzplätzen im Sinne des Ergänzungstarifs vom 6. Juni 1904 gehören nur die dauernd eingebauten festen Sitzgelegenheiten. Als Sitzplätze im Sinne dieses Tarifs gelten auch die zum vorübergehenden Gebrauch eingerichteten Klappsitze sowie diejenigen Sitzgelegenheiten, zu deren Anbringung oder Aufstellung besondere Einrichtungen in den Kraftfahrzeugen selbst getroffen sind. Sitzgelegenheiten, die mit dem Fahrzeuge in keiner Verbindung stehen und in dasselbe nur wie Feldstühle und dergleichen hineingestellt werden, gelten nicht als abgabepflichtig."

Der Minister der öffentlichen Arbeiten hat die ihm durch Allerh. Erl. v. 28. Januar 1908 verliehene Befugnis auf die Regierungspräsidenten übertragen, sich jedoch Abänderungen des Chausseegeldtarifs und seiner Nachträge vorbehalten (Vfg. v. 10. März 1908 — MBl. f. d. i. V. S. 60).

[8] Bei der Unterscheidung zwischen Fuhrwerk zum Fortschaffen von Personen und solchem zum Fortschaffen von Lasten kommt es nicht auf den jedesmaligen Gebrauch des Fuhrwerks, ob es auf der in Rede stehenden Fahrt zufällig zum Fortschaffen von Personen oder Lasten benutzt wird, an, sondern nur auf den allgemeinen Charakter des Fuhrwerks, nämlich ob es seiner Natur und Beschaffenheit nach wesentlich und hauptsächlich zum Fortschaffen von Personen oder Lasten bestimmt ist. OTr. JMBl. 1860 S. 154.

[9] Unter Frachtwagen ist ein Fuhrwerk zu verstehen, welches seiner Beschaffenheit nach dazu dienen soll, um den gewerbsmäßigen Transport von Lasten von einem Ort zum andern zu bewerkstelligen, OVG. 3 S. 405; darunter fällt auch das Fuhrwerk eines Gewerbetreibenden, welches zu den mit dem Gewerbe in Verbindung stehenden Lastfuhren, namentlich zur An- und Abfuhr

der bei dem Betriebe des Gewerbes benötigten oder gewonnenen Fabrikate dient; ob der Wagen schwer oder leicht gebaut ist, ist unerheblich, Jhrb. 19 S. 267. Vgl. auch MBl. f. d. i. V. 1840 S. 130, 1862 S. 170.

Befreiungen.

Chausseegeld wird nicht erhoben:

1. von Pferden und Maultieren, welche den Hofhaltungen des Königlichen Hauses, oder den Königlichen Gestüten angehören;[1]

2. von Armeefuhrwerken und von Fuhrwerken und Tieren, welche Militär auf dem Marsche bei sich führt; von Pferden, welche von Offizieren oder in deren Kategorie stehenden Militärbeamten im Dienst und in Dienstuniform geritten werden; imgleichen von den unangespannten etatsmäßigen Dienstpferden der Offiziere, wenn dieselben zu dienstlichen Zwecken die Offiziere begleiten, oder besonders geführt werden, jedoch im letzteren Falle nur, sofern die Führer sich durch die von der Regierung ausgestellte Marschroute, oder durch die von der oberen Militärbehörde erteilte Ordre ausweisen;

3. von Fuhrwerken und Tieren, deren mit Freikarten versehene öffentliche Beamte auf Dienstreisen innerhalb ihrer Geschäftsbezirke, oder Pfarrer bei Amtsverrichtungen innerhalb ihrer Parochie sich bedienen;

4. von ordinären Posten, einschließlich der Schnell-, Kariol- und Reitposten, nebst Beiwagen; imgleichen von öffentlichen Couriern und Estafetten, und von allen, von Postbeförderungen leer zurückkehrenden Wagen und Pferden;[2]

5. von Fuhrwerken und Tieren, mittels deren Transporte für unmittelbare Rechnung des Staates geschehen,

auf Vorzeigung von Freipässen; von Vorspannfuhren auf der Hin- und Rückreise, wenn sie sich als solche durch die Bescheinigung der Ortsbehörde, ingleichen von Lieferungsfuhren, ebenfalls auf der Hin- und Rückreise, wenn sie sich als solche durch den Fuhrbefehl ausweisen;

6. von Feuerlöschungs-, Kreis- und Gemeindehilfsfuhren; von Armen- und Arrestantenfuhren;

7. a) bei allen Hebestellen von Fuhren[3] mit tierischem Dünger (Stalldünger, Mist);[4]

b) bei den Hebestellen in der Gemeinde- oder Gutsfeldmark[5] und bei den Hebestellen in der Feldmark, wo die bewirtschafteten Grundstücke oder Weiden liegen, von Wirtschaftsvieh[6] und von Bestellungs- und Erntefuhren,[7] einschließlich der Fuhren mit Asche, Gips, Kalk usw. zur Düngung;[8]

c) bei den Hebestellen in der Gemeinde- oder Gutsfeldmark[9] von Fuhren mit Baumaterialien[10] zum eigenen Bedarf und mit Brennmaterialien zum eigenen Heizungs- und gewöhnlichen landwirtschaftlichen Bedarf,[11] einschließlich desjenigen für die mit der Landwirtschaft verbundenen Brau- und Brennereien, insofern diese Bau- und Brennmaterialienfuhren mit eignem Gespann, oder durch Frondienste verrichtet werden;

8. von Kirchen-[12] und Leichenfuhren innerhalb der Parochie;

9. von Fuhrwerken, die Chaussee-Baumaterialien anfahren,[13] sofern nicht durch den Minister der Finanzen und des Handels Ausnahmen angeordnet werden.

[1] Für die Befreiung der Pferde der Kgl. Gestüte ist es gleichgültig, zu welchem Zwecke die Pferde verwendet werden und ob sie angespannt sind oder nicht, OTr.GA. 22 S. 154.

[2] Vgl. § 16 d. RGes. v. 28. Oktober 1871.

[3] Ob es sich um Fuhren mit eigenem Gespann oder um Lohnfuhren handelt, ist gleichgültig, OTr.GA. 27 S. 572. Leere, zum Abholen des Düngers ausgeschickte Fuhrwerke sind nicht befreit, OTr.GA. 20 S. 601.

[4] Über den Begriff „tierischer Dünger" vgl. Jhrb. 4 S. 304, 10 S. 231, OV. 13 S. 565.

[5] Gemeint ist die Gemeinde- oder Gutsfeldmark des Wohnorts des Fuhrherrn, OV. 11 S. 270, 13 S. 676; über den Begriff der Gutsfeldmark vgl. OTr.GA. 17 S. 816 (unten A. 9).

[6] Aber nur, wenn es geführt, nicht wenn es gefahren wird, OV. 9 S. 568.

[7] Die Befreiung der Bestellungs- und Erntefuhren bezieht sich nur auf solche Fuhren, welche unmittelbar der Bebauung des Ackers oder der Gewinnung der Früchte dienen und ist nicht auf alle Wirtschaftsfuhren, insbesondere auf solche Fuhren auszudehnen, welche nur die Beaufsichtigung der Bestellungs- oder Erntefuhren bezwecken, Jhrb. 12 S. 219. Bei den Erntefuhren wird vorausgesetzt, daß die Früchte während des Transports sich noch im Eigentum oder Besitz des Erntenden befinden, Jhrb. 13 S. 343, vgl. auch OTr.GA. 19 S. 842.

[8] Aus dem Wort „einschließlich" ergibt sich, daß auch die letztgenannten Fuhren zur Düngung Bestellungsfuhren sein müssen, OTr.GA. 14 S. 219.

[9] Verschiedene demselben Besitzer gehörige, aneinander grenzende und gemeinschaftlich bewirtschaftete Güter können als dieselbe Feldmark bildend im Sinne dieser Vorschrift angesehen werden, OTr.GA. 17 S. 816.

[10] Dazu gehört auch Drainierungsmaterial, OV. 9 S. 429.

[11] Vgl. OTr.GA. 18 S. 201.

[12] Nur unmittelbar von der Wohnung zur Kirche und zurück gehende Fuhren sind befreit, OV. 6 S. 248.

[13] Die Befreiung bezieht sich nur auf diejenigen Strecken, welche mit Chausseebaumaterialien beladene Wagen zu befahren haben, um mit der Ladung an ihren Bestimmungsort zu gelangen, sowie auf solche, welche jene Wagen nach erfolgter Abladung zurück-

zupassieren haben, um neue Ladung aufzunehmen, nicht auf die Fahrt vom Heimatsort nach dem Ort der Ladung und nicht auf Fuhrwerke mit Pferdefutter, Jhrb. 3 S. 317.

Zusätzliche Vorschriften.

Vorbemerkung: Die zusätzlichen Vorschriften sind nur auf solche Chausseen anwendbar, welche durch die Amtsblätter bekannt gemacht sind, Jhrb. 18 S. 270, sie finden aber auch auf den innerhalb des Stadtgebiets liegenden Teil einer Chaussee Anwendung, OR. 15 S. 834, Jhrb. 9 S. 238, 27 C S. 10.

Die Regierungspräsidenten sind befugt, die Bestimmungen wegen der Chausseepolizeivergehen durch entsprechende Amtsblattbekanntmachung auf solche in ihren Bezirken gelegenen Wege für anwendbar zu erklären, welche gemäß § 12 Nr. 3 des Ges. v. 30. Juni 1887 (unter Nr. 21 abgedruckt) auf Antrag des Unterhaltungspflichtigen als Kunststraßen staatlich von dem Oberpräsidenten anerkannt worden sind (MinErl. v. 24. August 1906 — MBl. f. d. i. V. 1908 S. 61).

I. In betreff der Erhebung.

1. Die Einrichtung der Chausseegeldhebestellen, sowie die Bestimmung des, als Hebestrecke einer jeden, zu betrachtenden Teiles der Chaussee und des hiernach jeder Stelle beizulegenden Hebesatzes liegt dem Finanzministeriums ob.

Dasselbe kann örtliche Verhältnisse nach Befinden durch Ermäßigung des Hebesatzes für einen bestimmten Verkehr oder durch Gestattung von Abonnements berücksichtigen, und hat zur Verhinderung von Mißbräuchen in betreff der gestatteten Erleichterungen oder der angeordneten Befreiungen die erforderlichen Maßregeln vorzuschreiben.

2. Jeder muß bei den Hebestellen anhalten, auch wenn er nicht verpflichtet ist, Chausseegeld zu entrichten.[1]

Nur hinsichtlich der Postillone, welche preußische Postfuhrwerke oder Postpferde führen, findet, wenn sie zuvor in das Horn stoßen, eine Ausnahme statt.

3. Das Chausseegeld ist bei Berührung der Hebestelle für die ganze, ihr zugewiesene Hebestrecke zu erlegen.[2] — Zu der für den Betrag maßgebenden Bespannung eines Fuhrwerkes werden sowohl die, zur Zeit der Berührung der Hebestelle angespannten, als auch alle diejenigen Tiere gerechnet, welche, ohne augenscheinlich eine andere Bestimmung zu haben, bei dem Fuhrwerke befindlich sind.

Ist die Chaussee vor Berührung der Hebestelle mit stärkerer Bespannung befahren, als mit welcher die Hebestelle passiert werden soll, so muß das Chausseegeld für die von dem Führer des Fuhrwerks dem Erheber (Chausseegeldpächter) anzuzeigende Gesamtzahl der gebrauchten Zugtiere gezahlt werden.

4. Jeder hat eine Quittung über das von ihm bezahlte Chausseegeld (Chausseezettel) zu fordern, dieselbe den Zoll-, Steuer-, Polizei- oder Wege-Aufsichtsbeamten auf Verlangen jederzeit vorzuzeigen, und bei Vermeidung nochmaliger Zahlung bei der nächsten von ihm berührten Chausseegeldstelle abzugeben.

Die Fortsetzung der Fahrt bis zur nächsten Hebestelle darf jedoch in keinem Falle und selbst dann nicht gehindert werden, wenn sich eine Kontravention (zu 5) ergeben sollte.

5. 6.[3] — — — — — — — — — — — — — — — — —

[1] Diejenigen, für welche eine Verpflichtung zur Entrichtung

des Chausseegeldes überhaupt nicht besteht, sind zum Anhalten nicht verpflichtet, KG. DJZ. 03 S. 107.

[2] Dafür, ob zwei sich kreuzende Chausseen, die am Kreuzungspunkte von derselben Hebestelle beherrscht werden, als selbständige Chausseen oder ob sie bezw. Teile derselben als eine und dieselbe Chaussee anzusehen sind, ist die Art der Verwaltung maßgebend, Jhrb. 16 S. 395.

[3] Nr. 5 und 6 sind aufgehoben durch Ges. v. 2. Mai 1900 (abgedruckt unter Nr. 22) Jhrb. 24C S. 38, dagegen sind die Vorschriften darüber, wann und unter welchen Voraussetzungen Chausseegeld zu entrichten ist und auf welche Weise die Sicherung seines Eingangs bewirkt werden soll, unberührt geblieben, Jhrb. 34C S. 23.

II. In polizeilicher Beziehung.

7. Jedermann muß den Posten auf den Stoß in das Horn ausweichen, bei Vermeidung einer Strafe von fünf bis fünfzig Talern.

8.[1] — — — — — — — — — — — — — — — —

9. Holz darf auf Chausseen nicht geschleppt, Pflüge, Eggen und ähnliche Gegenstände dürfen darauf nur auf Schleifen fortgeschafft werden.

10. Wer, um zu hemmen, das Umdrehen der Räder nicht bloß in seiner Schnelligkeit vermindern, sondern völlig hindern will, darf sich dazu auf Chausseen nur der Hemmschuhe mit ebener Unterfläche bedienen. Die Anwendung von Klapperstöcken, imgleichen das Anhängen und Schleifen schwerer Gegenstände am Hinterteile des Wagens ist verboten.

11. Die Fahrbahn darf nicht durch Anhalten[2] oder auf irgend eine andere Weise gesperrt oder verengt werden.

Weder auf der Fahrbahn, den Brücken, oder den Banquets, noch in den Seitengräben dürfen Gegenstände niedergelegt werden,[3] oder liegen bleiben, welche nicht der Chausseeverwaltung angehören. Ebensowenig dürfen Scherben, Kehricht, Unkraut oder anderer Unrat hinauf- oder hineingeworfen werden.[4]

12. Niemand darf auf der Fahrbahn, den Brücken, den Banquets[5] oder in den Seitengräben Vieh füttern oder anbinden, oder dasselbe auf den Banquets, Böschungen, oder in den Seitengräben laufen oder weiden lassen, oder treiben. Es ist verboten, auf den Banquets, den Böschungen und in den Gräben zu fahren,[6] oder zu reiten, oder auf den Böschungen oder in den Gräben zu gehen.[7]

13. Wo durch Warnungstafeln das schnelle Fahren oder Reiten untersagt ist, darf nur im Schritt gefahren oder geritten werden.

14. Der Führer eines Fuhrwerks darf sich von demselben, wenn er anhält, nicht über fünf Schritte entfernen, ohne die Pferde abzusträngen. Auch während des Fahrens muß derselbe entweder stets auf dem Fuhrwerke, das Leitseil in der Hand, oder auf einem der Zugtiere, oder in ihrer unmittelbaren Nähe bleiben und das Gespann fortwährend unter Aufsicht halten.

15. Beim Fahren dürfen niemals mehr als zwei Fuhrwerke aneinander gebunden sein.[8]

16. Innerhalb zwei Fuß vom Grabenrande darf nicht geackert[9] werden.

17. Wer den Vorschriften unter 8 bis 16 entgegenhandelt, hat außer dem Schadensersatze eine Strafe von zehn Silbergroschen bis fünf Talern verwirkt.

18. Wer die Chaussee,[10] die dazu gehörigen Gebäude, Brückendurchlässe oder sonstigen Vorrichtungen,[11] als: Meilenzeiger, Wegweiser, Tafeln, Schlagbäume, Prellsteine und Pfähle, imgleichen wer die Pflanzungen oder Materialien beschädigt[12] oder die letzteren in Un-

ordnung bringt, muß insofern er nach den allgemeinen Strafgesetzen nicht eine härtere Strafe verwirkt hat, außer dem Schadensersatze eine Strafe von einem bis fünf Talern erlegen.

19. Beschädigungen der Chausseebäume sind, wenn die allgemeinen Gesetze keine härtere Strafe bestimmen, vorbehaltlich des Schadensersatzes, mit einer Strafe von fünf Talern für jeden durch Verschulden beschädigten Baum zu ahnden.[13]

20. In Ansehung der Radfelgenbreite und der Belastung der Frachtfuhrwerke, des Verbots gewölbter oder mit Kopfnägeln usw. versehener Radbeschläge, der zulässigen Breite der Ladung, der Länge der Hufeisenstollen und des Verbots des Spurhaltens bewendet es überall bei den Bestimmungen der Verordnung, den Verkehr auf den Kunststraßen betreffend, vom 17. März 1839 (GS. für 1839 S. 80ff.).[14]

[1] Nr. 8 ist aufgehoben durch Ges. v. 29. Mai 1901 (GS. S. 135).

[2] Das Anhalten ist nur insofern strafbar, als dadurch der freie Verkehr beschränkt wird, OR. 6 S. 271, Jhrb. 9 S. 237.

[3] Im Einsetzen eines Brettes in den Chausseegraben kann das „Niederlegen" eines Gegenstandes gefunden werden, Jhrb. 16 S. 397.

[4] Nr. 11 ist durch § 366 Nr. 9 StGB. nicht aufgehoben, OTr. GA. 22 S. 712. Unter Nr. 11 fällt auch das unbefugte Zusammenkehren von bereits auf der Chaussee befindlichem Unrat, Jhrb. 8 S. 207, vgl. auch Jhrb. 1 S. 208.

[5] Banquet ist der nicht zum Teil des Planums gehörige übrige Teil der Chaussee, der zur Niederlegung des Unterhaltungsmaterials und für die Fußgänger bestimmt ist, Jhrb. 16 S. 396.

[6] Die Vorschrift der Nr. 12, eine Sonderschutzbestimmung für die Chausseen, ist durch § 30 Nr. 2 FFPG. nicht berührt worden,

RG. GA. 48 S. 364; der Ansicht des KG. (GA. 43 S. 436), wonach die Bestimmung, insoweit sie sich auf das Befahren der Banquets bezieht, durch § 30 Nr. 2 FFPG. ersetzt ist, ist nicht beizutreten.

Über gepflasterte Rinnen (Gossen) als Chausseegräben vgl. KG. GA. 43 S. 77.

[7] Der Jagdberechtigte ist nicht befugt, die sein Jagdrevier durchschneidenden öffentlichen Wege und Chausseen in anderer als der allgemein zulässigen Weise zu benutzen, insbesondere die Chausseegräben behufs Ausübung der Jagd zu betreten, Jhrb. 3 S. 328.

[8] Diese Vorschrift steht dem Erlaß einer Polizeiverordnung, durch welche auch schon das Fahren von zwei aneinander gebundenen Fuhrwerken im Interesse der Sicherheit des Verkehrs verboten wird, nicht entgegen, Jhrb. 27 C S. 10.

[9] Ackern umfaßt jede Bearbeitung der an den Chausseegraben grenzenden 2 Fuß Boden durch die ihren Acker bebauenden Eigentümer, insbesondere auch das Abgraben des Ackers, Jhrb. 17 S. 653. Vgl. auch KA. GA. 43 S. 78.

[10] Strafbar ist auch die Beschädigung des Chausseegrabenrandes, KG. GA. 43 S. 78.

[11] Hierunter fallen auch die zum Zweck einer gleichmäßigen Abnutzung der Chaussee hingelegten sogenannten Verlegsteine, Jhrb. 8 S. 208.

[12] Fahrlässigkeit genügt zur Strafbarkeit, OR. 11 S. 200.

[13] Die Bestimmung der Nr. 19 ist nicht als eine zur Erhaltung der Sicherheit auf öffentlichen Wegen erlassene Polizeiverordnung im Sinne des § 366 Nr. 10 StGB. anzusehen, ihren Grund und Gegenstand bildet vielmehr die Verletzung fremden Eigentums; sie charakterisiert sich als ein nach § 2 Abs. 2 EG. StGB. nicht aufgehobenes Spezialgesetz und ist deshalb auch soweit sie in bewußter Abweichung vom allgemeinen Strafrecht auch die nicht vorsätzlich erfolgte Beschädigung von Chausseebäumen unter Strafe stellt, durch das StGB. nicht außer Kraft gesetzt, OTr. GA. 22 S. 56. Es ist also auch die durch Fahrlässigkeit verschuldete Beschädigung strafbar, Jhrb. 2 S. 251, vgl. auch Jhrb. 8 S. 209. Durch § 30 Nr. 5 FFPG. ist Nr. 19 unberührt geblieben, Jhrb. 17 S. 401.

[14] Die noch gültigen Bestimmungen der V. vom 17. März 1839 sind abgedruckt in der Vorbem. zum Art. II des Ges. v. 20. Juni 1887 (unten Nr. 21).

III. Im allgemeinen.

21. Im Unvermögensfalle tritt verhältnismäßiges Gefängnis[1] an die Stelle der vorstehend zu 5 bis 20 angeordneten Geldstrafen.

22. Widersetzlichkeiten gegen Beamte, zu denen auch die Chausseegeldpächter zu zählen sind, werden nach den allgemeinen Gesetzen bestraft.

23. Unsichere oder ungekannte Übertreter sind zur Haft zu bringen und an die zuständigen Behörden abzuliefern.

[1] Jetzt Haft; Art. VIII Abs. 3 EG. z. Preuß. StGB. v. 14. April 1851.

4. Strafgesetzbuch für die Preußischen Staaten.

(Auszug.)

Vom 14. April 1851 (GS. S. 101).

Vorbemerkung: Der nachfolgende § 270 ist in Kraft geblieben, da er keine Materie betrifft, welche Gegenstand des StGB. ist, RGStrafs. 10 S. 220, 17 S. 202, 27 S. 106, Rchtspr. 10 S. 713, RGZ. 18 S. 219, 26 S. 311, 32 S. 261, 51 S. 401; GA. 45 S. 360, 57 S. 228; Jhrb. 14 S. 154 und 407, KG. Recht 08, 252; vgl. auch RGStrafs. 35 S. 392 und 37 S. 139. Er ist in die 1866 erworbenen Landesteile eingeführt (V. v. 13. Mai, 22. Mai, 25. Juni 1867 — GS. S. 700, 729, 921). RGZ. 51 S. 401, Jhrb. 33 C S. 93.

§ 270. Wer andere vom Mitbieten oder Weiterbieten bei [1] den von öffentlichen Behörden oder Beamten vorgenommenen Versteigerungen,[2] dieselben mögen Verkäufe, Verpachtungen, Lieferungen, Unternehmungen oder Geschäfte irgendeiner Art betreffen, durch Gewalt oder Drohung, oder durch Zusicherung oder Gewährung eines Vorteils[3] abhält,[4] wird mit Geldbuße bis zu dreihundert Talern oder mit Gefängnis bis zu sechs Monaten bestraft.

[1] Auch das Abhalten vor der Versteigerung ist strafbar OR. 2 S. 73.

[2] Auch die Aufforderung zur Abgabe von Angeboten auf Lieferung von Waren (Submission) fällt unter den allgemeinen Begriff der Versteigerung, und zwar auch dann, wenn sich die Aufforderung auf eine bestimmte Personenzahl beschränkt, Jhrb. 33 C S. 92, RG. Recht 08 S. 424.

Nicht erforderlich ist, daß die Versteigerung eine solche ist, welche nur von einer öffentlichen Behörde oder einem öffentlichen Beamten vorgenommen werden kann, RGStraff. 35 S. 392, ebensowenig, daß die Versteigerung oder Submission eine öffentliche ist; es genügt, wenn sie seitens einer öffentlichen Behörde erfolgt, Jhrb. 33 C S. 92.

[3] Hinreichend ist die bedingungsweise erfolgte Zusicherung eines Vorteils, OR. 6 S. 302. Vgl. auch OR. 8 S. 790. Als Vorteil ist auch die Abwendung eines Vermögensschadens, der Ersatz eines bei der Versteigerung zu besorgenden Verlustes anzusehen, Jhrb. 25 C S. 90, RG. Recht 08 S. 252. Auch in dem Erwerb einer Hypothek im Bietungstermin in der Absicht, den betreffenden Gläubiger vom Mitbieten abzuhalten, gegen Zahlung der vollen Valuta liegt die Gewährung eines Vorteils, weil der Hypothekengläubiger von der Gefahr des Ausfalls befreit wird, RG. Recht 1911 S. 256.

[4] Abhalten kann nur verstanden werden in dem Sinne einer vorsätzlichen bewußten Einwirkung auf andere mit dem Zweck und der Folge, daß ihr Wille zur Nichtausübung der ihnen sonst freistehenden Bietungsbefugnis bestimmt wird; selbst wenn der Bieter schon vorher entschlossen gewesen ist, unter gewissen Bedingungen ein weiteres Mitbieten zu unterlassen, kann in der vorsätzlichen Herbeiführung des Eintritts dieser Bedingungen ein „Abhalten" gefunden werden, RG. GA. 42 S. 245, vgl. auch OTr. GA. 1 S. 411, RGStraff. 35 S. 392. Ein Abhalten liegt auch vor, wenn sich jemand bereit erklärt, gegen eine Entschädigung auf die Abgabe eines Gebots bei einer Submission zu verzichten, und hierauf eingegangen wird, RG. Recht 07 S. 785. Nicht unter die Strafbestimmung fällt die Vereinbarung mehrerer, sich nicht zu überbieten und die Gegenstände, welche einzelne der Beteiligten erstehen würden, demnächst unter sich zu versteigern RG. GA. 45 S. 360. Ebenso ist nicht strafbar ein Vertrag von Bauunternehmern darauf gerichtet, gemeinschaftlich eine Erhöhung der bei den Submissionen üblich gewordenen niedrigen Preise zu erzielen RG. Recht 08 S. 424.

Gewinnsüchtige Absicht oder Zufügung eines Schadens ist nicht erforderlich OR. 11 S. 94; ebensowenig, sofern der Täter mit voller Kenntnis der zum Tatbestand gehörigen Umstände handelt, das Bewußtsein der Rechtswidrigkeit, des Verbotenseins oder Unerlaubtseins seines Handelns RGStraff. 37 S. 139.

Das Vergehen ist vollendet, wenn der vom Bieten Abgehaltene tatsächlich nicht mitgeboten hat; auf das Endergebnis kommt es nicht an, es ist deshalb unerheblich, wenn der Täter, nachdem die Abhaltung des anderen bereits wirksam geworden war, während des Bietungstermins das Mitbieten gestattet und dieses auch erfolgt RG. GA. 57 S. 228.

Die Vorschriften des StGB. über die Teilnahme finden Anwendung. Derjenige, der sich vom Mitbieten abhalten läßt, ist nicht mit Strafe bedroht; er tritt jedoch aus dem Verhältnis der straflosen notwendigen Teilnahme heraus, wenn er seinerseits auf den Täter einwirkt, um ihn zur Ausführung der Tat zu veranlassen; er kann sich dadurch der Anstiftung schuldig machen, RGRchtspr. 10 S. 713, RG. GA. 42 S. 245. Vgl. auch RGStrafs. 17 S. 202, 39 S. 134 (gegen OTr. GA. 18 S. 647).

5. Gesetz über die Presse.

(Auszug.)

Vom 12. Mai 1851 (GS. S. 273).

Vorbemerkung: §§ 9, 10, 41 sind durch § 30 Abs. 2 des Reichs-Preßgesetzes vom 7. Mai 1874 aufrecht erhalten, welcher lautet:

„Das Recht der Landesgesetzgebung, Vorschriften über das öffentliche Anschlagen, Anheften, Ausstellen, sowie die öffentliche, unentgeltliche Verteilung von Bekanntmachungen, Plakaten und Aufrufen zu erlassen, wird durch dieses Gesetz nicht berührt." Jhrb. 2 S. 242, 3 S. 250, 5 S. 286, OVG. 5 S. 413.

Die Bestimmungen gelten auch in den 1866 erworbenen Landesteilen (V. v. 13. Mai, 22. Mai, 25. Juni 1867 — GS. S. 700, 729, 921).

§ 9. Anschlagezettel und Plakate,[1] welche einen anderen Inhalt haben, als Ankündigungen über gesetzlich nicht verbotene Versammlungen, über öffentliche Vergnügungen, über gestohlene, verlorene oder gefundene Sachen, über Verkäufe oder andere Nachrichten für den gewerblichen Verkehr,[2] dürfen nicht angeschlagen, angeheftet oder in sonstiger Weise öffentlich ausgestellt[3] werden.

Auf die amtlichen Bekanntmachungen öffentlicher Behörden sind die vorstehenden Bestimmungen nicht anwendbar.

[1] Darunter fallen nicht nur durch die Presse hergestellte, sondern auch geschriebene Anschlagezettel Jhrb. 2 S. 242, nicht aber der politische Teil einer nur im gewerblichen Interesse zu Reklamezwecken der Kenntnisnahme des Publikums zugänglich gemachten Zeitungs-

nummer KG. GA. 39 S. 376. Der **Begriff des Plakats** setzt voraus, daß die dasselbe darstellende Schrift schon als solche unabhängig von äußeren Umständen eine dem Publikum verständliche Mitteilung enthält, deshalb fallen vor einem Wahllokal aufgestellte Tafeln mit dem Namen einer Partei nicht darunter, Jhrb. 19 S. 304, ebensowenig Schilder mit Sinnsprüchen allgemeiner Art, die nicht als Mitteilungen tatsächlichen Inhalts aufzufassen sind KG. DJZ. 1911 S. 1095. Dagegen ist zum Begriff des Plakats nicht erforderlich, daß es zum Anschlag bestimmt ist; auch wird die Eigenschaft eines Plakats nicht dadurch ausgeschlossen, daß sein Inhalt nur an einen bestimmten Personenkreis gerichtet ist KG. DJZ. 1910 S. 1469.

[3] Bei der Entscheidung, welche Plakate angeschlagen, angeheftet oder in sonstiger Weise öffentlich ausgestellt werden dürfen, ist nur der **Inhalt des Plakats** maßgebend, auf die Zwecke des Ausstellers kommt es nicht an Jhrb. 31 C S. 36.

Ein Plakat, welches die Aufforderung zum Beitritt zu einer Vereinigung von Handwerkern nebst Angaben über den Zweck der Vereinigung enthält, ist keine **Nachricht für den gewerblichen Verkehr** Jhrb. 20 C S. 32. Nachrichten für den gewerblichen Verkehr verlieren den rein geschäftlichen Charakter, wenn sie mit einem politischen Hinweise verbunden werden (Plakat mit dem Bestätigungsvermerk des einen politischen Charakter habenden Verbandes der Bäcker und Berufsgenossen Deutschlands — Plakat in einem Wirtslokale mit dem Inhalt: „Hier wird boykottfreies Bier verzapft") KG. DJZ. 09 S. 213, Jhrb. 31 C S. 36, OVG. 54 S. 241.

Wahlaufrufe dürfen überhaupt nicht öffentlich angeheftet werden KG. Recht 08 S. 47.

[4] Über den **Begriff der Öffentlichkeit** vgl. KG. GA. 38 S. 466; dahin gehört auch der Flur eines Privathauses, wenn der Hauseigentümer den Zutritt einem jeden, der vom Inhalte des Plakats Kenntnis nehmen will, unbeschränkt gestattet. **Öffentliches Ausstellen** liegt vor, wenn ein Radfahrer auf der Straße eine auf einem Stabe befestigte, allen sichtbare Tafel trägt KG. DJZ. 1910 S. 1469.

§ 10.[1] Niemand darf auf öffentlichen Wegen, Straßen,

Plätzen oder an anderen öffentlichen Orten[2] Druckschriften oder andere Schriften oder Bildwerke ausrufen, verkaufen, verteilen,[3] anheften oder anschlagen,[4] ohne daß er dazu die Erlaubnis der Ortspolizeibehörde erlangt hat, und ohne daß er den Erlaubnisschein, in welchem sein Name ausgedrückt sein muß, bei sich führt. Die Erlaubnis kann jederzeit zurückgenommen werden.

[1] Die Vorschrift ist durch § 30 des Reichs-Preßgesetzes (vgl. Vorbem.) nur insoweit aufrechterhalten, als sie das öffentliche Anschlagen, Anheften, Ausstellen und die öffentliche unentgeltliche Verteilung von Bekanntmachungen, Plakaten und Aufrufen betrifft.

Unter Aufruf ist jede an die Öffentlichkeit gerichtete Aufforderung zu bestimmten Handlungen zu verstehen, Jhrb. 14 S. 361.

Bekanntmachung ist jede Mitteilung von nicht sonst schon bekannten Tatsachen oder von solchen Tatsachen, welche die Verfasser für nicht bekannt oder nicht genügend bekannt halten, gleichviel zu welchen Zwecken die Mitteilung erfolgt, Jhrb. 13 S. 374.

Unentgeltliche Verteilung liegt vor, wenn die Empfänger kein Entgelt zu zahlen haben OVG. 57 S. 305. Die von dem regelmäßigen Wortsinn abweichende Auslegung des Kammergerichts, wonach eine unentgeltliche Verteilung dann anzunehmen sein soll, wenn der Verteiler für die Arbeit des Verteilens von seinem Auftraggeber keinen Lohn erhält (Jhrb. 27 C S. 63, Recht 1910 S. 677, DJZ. 1911 S. 1095), wird durch genügende Gründe nicht gestützt.

§ 10 ist ferner beschränkt durch § 43 der GewO.; Abs. 1 und 2 dieses Paragraphen knüpfen das gewerbsmäßige Ausrufen, Verkaufen, Verteilen, Anheften oder Anschlagen von Druckschriften oder anderen Schriften oder Bildwerken auf öffentlichen Wegen, Straßen Plätzen oder an anderen öffentlichen Orten an ortspolizeiliche Erlaubnis und ersetzen insoweit die Vorschrift des § 10; Abs. 3–5 des § 43 GewO. lauten:

„Zur Verteilung von Stimmzetteln und Druckschriften zu

Wahlzwecken bei der Wahl zu gesetzgebenden Körperschaften ist eine polizeiliche Erlaubnis in der Zeit von der amtlichen Bekanntmachung des Wahltags bis zur Beendigung des Wahlakts nicht erforderlich.

Dasselbe gilt auch bezüglich der nichtgewerbsmäßigen Verteilung von Stimmzetteln und Druckschriften zu Wahlzwecken.

In geschlossenen Räumen ist zur nichtgewerbsmäßigen Verteilung von Druckschriften oder anderen Schriften oder Bildwerken eine Erlaubnis nicht erforderlich."

Während also das unentgeltliche Verteilen von Druckschriften, soweit sie sich als Bekanntmachungen, Aufrufe und Plakate darstellen, auf öffentlichen Straßen usw. nach § 10 ohne polizeiliche Erlaubnis nicht gestattet und das gewerbsmäßige Verteilen von Druckschriften nach § 43 GewO. an polizeiliche Erlaubnis geknüpft ist, besteht keine entsprechende Vorschrift für ein entgeltliches, aber nicht gewerbsmäßiges Verteilen von Druckschriften KG. Recht 1910 S. 91. Über das Verhältnis des § 43 Abs. 5 GewO. zum § 10 vgl. RGStrafs. 35 S. 53, KG. GA. 43 S. 435, Jhrb. 26 C S. 73. Nach § 43 Abs. 5 GewO. findet auf die Verteilung von Druckschriften in Wirtschaften und Hausfluren § 10 keine Anwendung, KG. GA. 41 S. 438 und in der Note, Jhrb. 14 S. 364, 18 S. 303, Recht 09 S. 614, vgl. auch KG. GA. 45 S. 376; dagegen hat das KG. in einer anderen Entscheidung (GA. 41 S. 438) das unentgeltliche Verteilen von Druckschriften durch Niederlegung in den in unverschlossenen, jedermann zugänglichen Hausfluren befindlichen Briefkästen für strafbar erachtet.

Im Verhältnis zum § 9 bildet § 10 eine Ergänzung, so daß also auch das an sich nicht verbotene Anschlagen und Anheften von Druckschriften, anderen Schriften und Bildwerken der polizeilichen Genehmigung bedarf, KG. GA. 37 S. 321, 39 S. 207, 43 S. 434. Eine Einschränkung des § 9 wird aber durch § 10 nicht bewirkt Jhrb. 33 C S. 48.

Über die Zulässigkeit der Regelung des Plakatwesens durch Polizeiverordnung vgl. Jhrb. 25 C S. 65, KG. DJZ. 08 S. 141, Recht 08 S. 47.

[2] Über den Begriff des „öffentlichen Orts" vgl. Jhrb. 14 S. 367. Unter die Vorschrift fällt eine Verteilung von Druckschriften vom Ufer aus an die Schiffsbewohner ebenso wie die Übermittlung einer Druckschrift von der Straße aus durch ein geöffnetes Fenster in die Wohnung KG. Recht 07 S. 78. Das Anbringen eines Plakats innerhalb der Schaufenster wird durch § 10 nicht betroffen, KG. GA. 43 S. 434, wohl aber das Anheften von Druckschriften seitens eines Gewerbetreibenden zu beiden Seiten der Eingangstür in seinen Laden, sofern er lediglich den Zweck verfolgt, den Inhalt möglichst zur allgemeinen Kenntnis zu bringen, nicht aber kund zu tun, daß er die Schrift zu verkaufen habe; letzterenfalls greift § 43 GewO. Platz, da dann das Erfordernis der Gewerbsmäßigkeit gegeben ist, KG. GA. 45 S. 72.

[3] Das Verteilen von Schriften setzt eine Mehrheit von Personen voraus, denen die Schrift zugänglich gemacht wird oder wenigstens bekannt gemacht werden soll, und zwar dadurch, daß die Schrift in die Hände dieser Personen gelangt Jhrb. 14 S. 366, KG. DJZ. 04 S. 749. In der Übergabe von Exemplaren eines Aufrufs an Kinder zum Zweck der Weiterverbreitung in Werkstätten kann noch nicht der Beginn einer Verteilung gefunden werden KG. DJZ. 05 S. 1066.

[4] Auch das Anheften und Anschlagen von auf die Reichstagswahl bezüglichen Druckschriften fällt unter § 10, denn § 43 Abs. 3 GewO. bezieht sich nur auf das Verteilen, nicht aber auf das Anheften und Anschlagen, KG. DJZ. 1896 S. 367, 04 S. 749. Das Umhertragen von Reklametafeln mit nach § 9 zulässigen Ankündigungen auf öffentlichen Straßen fällt nicht unter das Gesetz, Jhrb. 20 C S. 85.

Ob die Tatsachen, deren Kundgebung der Täter bezweckt, bereits allgemein bekannt sind, ist unerheblich, seine Absicht, die seiner Meinung nach noch nicht oder nicht genügend bekannten Tatsachen der Öffentlichkeit zu übergeben, ist entscheidend, Jhrb. 13 S. 374.

§ 41. Wer den Vorschriften der §§ 8, 9 und 10 zuwiderhandelt, hat eine Strafe bis fünfzig Taler oder eine Gefängnisstrafe[1] bis zu sechs Wochen verwirkt.[2]

[1] Statt Gefängnis jetzt Haft, Art. VIII Abs. 3 EG. z. Preuß. StGB. vgl. oben S. 33 A. 1.

[2] Die Verjährung der Übertretung des § 9 beginnt erst mit dem Aufhören des rechtswidrigen Zustandes, der so lange andauert, als das Plakat angeschlagen, angeheftet oder sonst ausgestellt ist, Jhrb. 20 C S. 31, 34 C S. 40.

Dagegen liegt im Falle des § 10 die Gesetzesverletzung in der Handlung des Anschlagens usw. eines Plakats mit erlaubtem Inhalt ohne polizeiliche Genehmigung und ist daher vollendet, sobald das Anschlagen usw. erfolgt ist Jhrb. 34 C S. 40.

6. Gesetz über den Belagerungszustand.

Vom 4. Juni 1851 (GS. S. 451).

Vorbemerkung: Das Gesetz gilt für den Umfang der Monarchie und außerdem nach Art. 68 d. Reichsverfassung als Reichsgesetz (außer in Bayern).

Nach § 24 des Reichs-Vereinsges. vom 19. April 1908 (RGBl. S. 151) sind die Vorschriften des Landesrechts in bezug auf Vereine und Versammlungen für die Zeiten der Kriegsgefahr, des Krieges, des erklärten Kriegs-(Belagerungs-)Zustandes oder innerer Unruhen (Aufruhr) unberührt geblieben.

§ 1. Für den Fall eines Krieges ist in den von dem Feinde bedrohten oder teilweise schon besetzten Provinzen jeder Festungskommandant befugt, die ihm anvertraute Festung mit ihrem Rayonbezirke, der kommandierende General aber den Bezirk des Armeekorps oder einzelne Teile desselben zum Zweck der Verteidigung in Belagerungszustand zu erklären.[1]

[1] Die Befugnis zur Erklärung des Kriegszustandes ist nach Art. 68 Reichsverf. auf den Kaiser übergegangen (streitig).

§ 2. Auch für den Fall eines Aufruhrs[1] kann, bei dringender Gefahr für die öffentliche Sicherheit, der Belagerungszustand sowohl in Kriegs- als in Friedenszeiten erklärt werden.

Die Erklärung des Belagerungszustandes geht alsdann vom Staatsministerium aus, kann aber provisorisch und vorbehaltlich der sofortigen Bestätigung oder Beseitigung durch dasselbe, in dringenden Fällen, rücksichtlich einzelner Orte und Distrikte, durch den obersten Militärbefehlshaber in denselben, auf den Antrag des

Verwaltungschefs des Regierungsbezirks, wenn aber Gefahr im Verzuge ist, auch ohne diesen Antrag erfolgen.

In Festungen geht die provisorische Erklärung des Belagerungszustandes von dem Festungskommandanten aus.[2]

[1] Aufruhr vgl. § 115 StGB.

[2] Auch für die Fälle dieses Paragraphen ist nur der Kaiser nach Art. 68 Reichsverf. zur Erklärung des Belagerungszustandes befugt (streitig.)

§ 3. Die Erklärung des Belagerungszustandes ist bei Trommelschlag oder Trompetenschall zu verkünden, und außerdem durch Mitteilung an die Gemeindebehörde, durch Anschlag an öffentlichen Plätzen und durch öffentliche Blätter ohne Verzug zur allgemeinen Kenntnis zu bringen. — Die Aufhebung des Belagerungszustandes wird durch Anzeige an die Gemeindebehörde und durch die öffentlichen Blätter zur allgemeinen Kenntnis gebracht.

§ 4. Mit der Bekanntmachung der Erklärung des Belagerungszustandes geht die vollziehende Gewalt an die Militärbefehlshaber über. Die Zivilverwaltungs- und Gemeindebehörden haben den Anordnungen und Aufträgen der Militärbefehlshaber Folge zu leisten.

Für ihre Anordnungen sind die betreffenden Militärbefehlshaber persönlich verantwortlich.

§ 5. Wird bei Erklärung des Belagerungszustandes für erforderlich erachtet, die Artikel 5, 6, 7, 27, 28, 29, 30 und 36 der Verfassungsurkunde, oder einzelne derselben zeit- und distriktweise außer Kraft zu setzen, so müssen die Bestimmungen darüber ausdrücklich in die Bekanntmachung über die Erklärung des Belagerungszustandes aufgenommen, oder in einer besonderen, unter der nämlichen

Form (§ 3) bekannt zu machenden Verordnung verkündet werden.

Die Suspension der erwähnten Artikel oder eines derselben ist nur für den Bezirk zulässig, der in Belagerungszustand erklärt ist und nur für die Dauer des Belagerungszustandes.

§ 6. Die Militärpersonen stehen während des Belagerungszustandes unter den Gesetzen, welche für den Kriegszustand erteilt sind. — Auch finden auf dieselben die §§ 8 und 9 dieser Verordnung Anwendung.

§ 7. In den, in Belagerungszustand erklärten Orten oder Distrikten hat der Befehlshaber der Besatzung (in den Festungen der Kommandant) die höhere Militärgerichtsbarkeit[1] über sämtliche zur Besatzung gehörende Militärpersonen.

Auch steht ihm das Recht zu, die wider diese Personen ergehenden kriegsrechtlichen Erkenntnisse zu bestätigen. Ausgenommen hiervon sind nur in Friedenszeiten die Todesurteile; diese unterliegen der Bestätigung des kommandierenden Generals der Provinz.

Hinsichtlich der Ausübung der niederen Gerichtsbarkeit[1] verbleibt es bei den Vorschriften des Militär-Strafgesetzbuches.

[1] Über höhere Gerichtsbarkeit vgl. § 15 Abs. 2, §§ 17, 20, 49 ff., über niedere Gerichtsbarkeit §§ 15, 16, 19, 45 der Reichs-Militärstrafgerichtsordnung vom 1. Dezember 1898 (RGBl. S. 1189).

(§ 8. Wer in einem in Belagerungszustand erklärten Orte oder Distrikte der vorsätzlichen Brandstiftung, der vorsätzlichen Verursachung einer Überschwemmung, oder des Angriffs oder des Widerstandes gegen die bewaffnete Macht oder Abgeordnete der Zivil- oder Militärbehörde in offener Gewalt und mit Waffen oder gefährlichen Werkzeugen versehen sich schuldig macht, wird mit dem Tode bestraft.

Sind mildernde Umstände vorhanden, so kann, statt der Todesstrafe, auf zehn- bis zwanzigjährige Zuchthausstrafe erkannt werden.)

[1] Aufgehoben durch § 4 EG.StGB., welcher lautet:

„Bis zum Erlasse der in den Artikeln 61 und 68 der Verfassung des Deutschen Reiches (Norddeutschen Bundes) vorbehaltenen Reichs-(Bundes-)Gesetze sind die in den §§ 81, 88, 90, 307, 311, 312, 315, 322, 323 und 324 des StGB. für das Deutsche Reich mit lebenslänglichem Zuchthaus bedrohten Verbrechen mit dem Tode zu bestrafen, wenn sie in einem Teile des Bundesgebiets, welchen der Kaiser (Bundesfeldherr) in Kriegszustand (Art. 68 der Verfassung) erklärt hat, oder während eines gegen das Deutsche Reich ausgebrochenen Krieges auf dem Kriegsschauplatze begangen werden."

Anderer Ansicht OTr. OR. 12 S. 91.

§ 9. Wer in einem in Belagerungszustand erklärten Orte oder Distrikte

a) in Beziehung auf die Zahl, die Marschrichtung oder angeblichen Siege der Feinde oder Aufrührer wissentlich falsche Gerüchte ausstreut oder verbreitet, welche geeignet sind, die Zivil- oder Militärbehörden hinsichtlich ihrer Maßregeln irre zu führen, oder

b) ein bei Erklärung des Belagerungszustandes oder während desselben vom Militärbefehlshaber im Interesse der öffentlichen Sicherheit erlassenes Verbot übertritt, oder zu solcher Übertretung auffordert oder anreizt, oder

c) zu dem Verbrechen des Aufruhrs, der tätlichen Widersetzlichkeit, der Befreiung eines Gefangenen, oder zu anderen § 8 vorgesehenen Verbrechen, wenn auch ohne Erfolg, auffordert oder anreizt, oder

d) Personen des Soldatenstandes zu Verbrechen gegen die Subordination oder Vergehungen gegen die militärische Zucht und Ordnung zu verleiten sucht,

soll, wenn die bestehenden Gesetze keine höhere Freiheitsstrafe bestimmen, mit Gefängnis bis zu Einem Jahre bestraft werden.

§ 10. Wird unter Suspension des Artikels 7 der Verfassungsurkunde zur Anordnung von Kriegsgerichten geschritten, so gehört vor dieselben die Untersuchung und Aburteilung der Verbrechen des Hochverrats, des Landesverrats, des Mordes, des Aufruhrs, der tätlichen Widersetzung, der Zerstörung von Eisenbahnen und Telegraphen, der Befreiung von Gefangenen, der Meuterei, des Raubes, der Plünderung, der Erpressung, der Verleitung der Soldaten zur Untreue und der in den §§ 8 und 9 mit Strafe bedrohten Verbrechen und Vergehen, insofern alle genannten Verbrechen und Vergehen nach der Erklärung und Bekanntmachung des Belagerungszustandes begangen oder fortgesetzte Verbrechen sind.

(Als Hochverrat und Landesverrat sind bis zur rechtlichen Geltung eines Strafgesetzbuchs für die ganze Monarchie in dem Bezirke des Rheinischen Appellationshofes zu Köln die Verbrechen und Vergehen wider die innere und äußere Sicherheit des Staats (Artikel 75 bis 108 des Rheinischen Strafgesetzbuches) anzusehen.)[1]

Ist die Suspension des Art. 7 der Verfassungsurkunde nicht vom Staatsministerium erklärt, so bleibt in Friedenszeiten bei den von dem Kriegsgerichte eingeleiteten Untersuchungen die Vollstreckung des Urteils ausgesetzt, bis die Suspension vom Staatsministerium genehmigt ist.

[1] Abs. 2 ist veraltet.

§ 11. Die Kriegsgerichte bestehen aus fünf Mitgliedern, unter denen zwei von dem Vorstande des Zivilgerichts des Ortes zu bezeichnende richterliche Zivilbeamte und drei von dem Militärbefehlshaber, welcher am Orte den Befehl führt, zu ernennende Offiziere sein müssen. Die Offiziere sollen mindestens Hauptmannsrang haben; fehlt es an Offizieren dieses höheren Ranges, so ist die Zahl aus Offizieren des nächsten Grades zu ergänzen.

Sofern in einer vom Feinde eingeschlossenen Festung die erforderliche Zahl von richterlichen Zivilbeamten nicht vorhanden ist, soll dieselbe von dem kommandierenden Militärbefehlshaber aus den Mitgliedern der Gemeindevertretung ergänzt werden. Ist kein richterlicher Zivilbeamter in der Festung vorhanden, so ist stets ein Auditeur Zivilmitglied des Kriegsgerichts.

Die Zahl der Kriegsgerichte richtet sich, wenn eine ganze Provinz oder ein Teil derselben in Belagerungszustand erklärt ist, nach dem Bedürfnis, und den Gerichtssprengel eines jeden dieser Gerichte bestimmt in derartigen Fällen der kommandierende General.

§ 12. Den Vorsitz in den Sitzungen der Kriegsgerichte führt ein richterlicher Beamter.

Von dem Vorsitzenden werden, bevor das Gericht seine Geschäfte beginnt, die zu Mitgliedern desselben bestimmten Offiziere und eintretenden Falls diejenigen Zivilmitglieder, welche dem Richterstande nicht angehören, dahin vereidigt,

daß sie die Obliegenheiten des ihnen übertragenen Richteramtes mit Gewissenhaftigkeit und Unparteilichkeit, den Gesetzen gemäß, erfüllen wollen.

Der Militärbefehlshaber, welcher die dem Offizierstande angehörigen Mitglieder des Kriegsgerichts ernennt, beauftragt als Berichterstatter einen Auditeur, oder in dessen Ermangelung einen Offizier. Dem Berichterstatter liegt ob, über die Anwendung und Handhabung des Gesetzes zu wachen, und durch Anträge die Ermittelung der Wahrheit zu fördern. Stimmrecht hat derselbe nicht.

Als Gerichtsschreiber wird zur Führung des Protokolls ein von dem Vorsitzenden des Kriegsgerichts zu bezeichnender und von ihm zu vereidigender Beamter der Zivilverwaltung zugezogen.

§ 13. Für das Verfahren vor den Kriegsgerichten gelten folgende Bestimmungen:

1. Das Verfahren ist mündlich und öffentlich; die Öffentlichkeit kann vom Kriegsgerichte durch einen öffentlich zu verkündigenden Beschluß ausgeschlossen werden, wenn es dies aus Gründen des öffentlichen Wohles für angemessen erachtet.
2. Der Beschuldigte kann sich eines Verteidigers bedienen. — Wählt er keinen Verteidiger, so muß ihm ein solcher von Amtswegen von dem Vorsitzenden des Gerichts bestellt werden, insofern es sich um solche Verbrechen oder Vergehen handelt, bei welchen nach dem allgemeinen Strafrecht eine höhere Strafe als Gefängnis bis zu Einem Jahre eintritt.
3. Der Berichterstatter trägt in Anwesenheit des Beschuldigten die demselben zur Last gelegte Tatsache vor.

   Der Beschuldigte wird aufgefordert, sich darüber zu erklären, demnächst wird zur Erhebung der anderweiten Beweismittel geschritten.

   Sodann wird dem Berichterstatter zur Äußerung

über die Resultate der Vernehmungen und die Anwendung des Gesetzes, und zuletzt dem Beschuldigten und seinem Verteidiger das Wort gestattet.

Das Urteil wird bei sofortiger nicht öffentlicher Beratung des Gerichts nach Stimmenmehrheit gefaßt und unmittelbar darauf dem Beschuldigten verkündigt.

4. Das Gericht erkennt auf die gesetzliche Strafe, oder auf Freisprechung, oder Verweisung an den ordentlichen Richter.

Der Freigesprochene wird sofort der Haft entlassen. Die Verweisung an den ordentlichen Richter findet statt, wenn das Kriegsgericht sich für nicht kompetent erachtet; es erläßt in diesem Falle über die Fortdauer oder Aufhebung der Haft im Urteile zugleich besondere Verfügung.

5. Das Urteil, welches den Tag der Verhandlung, die Namen der Richter, die summarische Erklärung des Beschuldigten über die ihm vorgehaltene Beschuldigung, die Erwähnung der Beweisaufnahme und die Entscheidung über die Tatfrage und den Rechtspunkt, sowie das Gesetz, auf welches das Urteil begründet ist, enthalten muß, wird von den sämtlichen Richtern und dem Gerichtsschreiber unterzeichnet.

6. Gegen die Urteile der Kriegsgerichte findet kein Rechtsmittel statt. Die auf Todesstrafe lautenden Erkenntnisse unterliegen jedoch der Bestätigung des im § 7 bezeichneten Militärbefehlshabers, und zwar in Friedenszeiten der Bestätigung des kommandierenden Generals der Provinz.

7. Alle Strafen, mit Ausnahme der Todesstrafe, werden binnen 24 Stunden nach der Verkündigung des Erkenntnisses, Todesstrafen binnen gleicher Frist nach Bekanntmachung der erfolgten Bestätigung an den Angeschuldigten zum Vollzug gebracht.

8. Die Todesstrafe wird durch Erschießen vollstreckt. Sind Erkenntnisse, welche auf Todesstrafe lauten, bei Aufhebung des Belagerungszustandes noch nicht vollzogen, so wird diese Strafe von den ordentlichen Gerichten in diejenige Strafe umgewandelt, welche, abgesehen von dem Belagerungszustande, die gesetzliche Folge der von dem Kriegsgerichte als erwiesen angenommenen Tat gewesen sein würde.

§ 14. Die Wirksamkeit der Kriegsgerichte hört mit der Beendigung des Belagerungszustandes auf.

§ 15. Nach aufgehobenem Belagerungszustande werden alle vom Kriegsgerichte erlassenen Urteile samt Belagstücken und dazu gehörenden Verhandlungen, sowie die noch schwebenden Untersuchungssachen an die ordentlichen Gerichte abgegeben; diese haben in den von dem Kriegsgerichte noch nicht abgeurteilten Sachen nach den ordentlichen Strafgesetzen, und nur in den Fällen des § 9 nach den in diesem getroffenen Strafbestimmungen zu erkennen.

§ 16. Auch wenn der Belagerungszustand nicht erklärt ist, können im Falle des Krieges oder Aufruhrs, bei dringender Gefahr für die öffentliche Sicherheit die Artikel 5, 6, 27, 28, 29, 30 und 36 der Verfassungsurkunde oder einzelne derselben vom Staatsministerium zeit- und distriktweise außer Kraft gesetzt werden.

§ 17. Über die Erklärung des Belagerungszustandes,

sowie über jede, sei es neben derselben (§ 5) oder in dem Falle des § 16 erfolgte Suspension auch nur eines der §§ 5 und 16 genannten Artikel der Verfassungsurkunde, muß den Kammern sofort, beziehungsweise bei ihrem nächsten Zusammentreten, Rechenschaft gegeben werden.[1]

[1] Von der Genehmigung der Kammern, jetzt des Reichstags, ist aber die Gültigkeit der Anordnungen nicht abhängig.

§ 18. Alle diesem Gesetze entgegenstehenden Vorschriften werden aufgehoben.

Das gegenwärtige Gesetz tritt an die Stelle der Verordnung vom 10. Mai 1849 und der Deklaration vom 4. Juli 1849 (GS. S. 165 und 250).

7. Gesetz, betr. die Verletzungen der Dienstpflichten des Gesindes und der ländlichen Arbeiter.

Vom 24. April 1854 (GS. S. 214).

Vorbemerkung: Das Gesetz gilt nicht in Hohenzollern und Hannover. In den Bezirk des vormals Hessen-Homburgschen Oberamts Meisenheim und die vormals bairische Enklave Kaulsdorf ist es eingeführt (V. vom 13. und 22. Mai 1867 — GS. S. 700, 729). In Schleswig-Holstein und Hessen-Nassau gelten die ähnlichen Gesetze vom 6. Februar 1878 (GS. S. 86) bezw. vom 27. Juni 1886 (GS. S. 173).

§ 1. Gesinde[1], welches hartnäckigen[2] Ungehorsam oder Widerspenstigkeit gegen die Befehle der Herrschaft oder der zu seiner Aufsicht bestellten Personen sich zu schulden kommen läßt, oder ohne gesetzmäßige Ursache[3] den Dienst versagt[4] oder verläßt[5], hat auf den Antrag der Herrschaft[6], unbeschadet deren Rechts zu seiner Entlassung oder Beibehaltung, Geldstrafe bis zu fünf Talern oder Gefängnis[7] bis zu drei Tagen verwirkt.

Dieser Antrag kann nur innerhalb vierzehn Tagen seit Verübung der Übertretung, oder, falls die Herrschaft wegen der letzteren das Gesinde vor Ablauf der Dienstzeit entläßt, vor dieser Entlassung gemacht werden[8].

(Den Antrag auf Grund des Gesetzes vom 14. Mai 1852 bei der Lokalpolizeibehörde anzubringen ist nur dann zulässig, wenn weder die Herrschaft, noch ein von ihr bestellter Stellvertreter oder ein Beamter der Herrschaft die Lokalpolizei verwaltet. An Stelle der Lokalpolizei tritt in diesem Falle der Landrat[9].)

Bis zum Anfang der Vollstreckung der Strafe ist die Zurücknahme des Antrags zulässig.

[1] Der Begriff des Gesindes ist nach der für das betreffende Rechtsgebiet maßgebenden Gesindeordnung zu beurteilen, RG. GA. 46 S. 54. Nach der Gesindeordnung vom 8. November 1810 sind darunter zu verstehen Personen, die sich einem anderen unter Eintritt in seine häusliche Gemeinschaft zur Leistung häuslicher oder wirtschaftlicher Dienste auf bestimmte Zeit gegen eine bestimmte Belohnung verpflichtet haben. Ein wesentliches Merkmal ist die Zugehörigkeit zur häuslichen Gemeinschaft und Unterwerfung unter die Zucht und Hausordnung des Dienstherrn, RG. Recht 08 S. 215, OVG. VerwBl. 23 S. 808. Nicht unbedingt erforderlich ist zum Begriff des Gesindes, daß der Dienstpflichtige im Hause des Dienstherrn wohnt und schläft; der Dienstpflichtige kann auch ohnedies als Glied der häuslichen Gesellschaft des Dienstherrn gelten und seiner Hausgewalt unterstellt sein, OVG. DJZ. 08 S. 431. Nicht zum Gesinde gehören Markthelfer, Kontorboten, Aufwartefrauen, Laufburschen, Tagelöhner, bei denen eine Zugehörigkeit zur Hausgemeinschaft nicht in Frage kommt; ebensowenig Personen, deren Dienste ausschließlich oder wesentlich auf den Gewerbebetrieb des Arbeitgebers sich beziehen, RG. GA. 45 S. 439. Eine Hausnäherin ist kein Gesinde, weil sie sich zu gewerblichen Dienstleistungen verbunden hat, RG. Recht 09 S. 411, ebensowenig die Kochmamsell in einer Gast- oder Speisewirtschaft, wohl aber die Kochmamsell in einem Privathaushalt, OVG. Verw.-Bl. 27 S. 375. Die wirtschaftlichen Dienste, die neben den häuslichen den Gegenstand des Gesindedienstvertrags bilden, sind von den gewerblichen zu unterscheiden; die Veräußerung der in der Landwirtschaft erzeugten Rohprodukte gehört nicht mehr der Wirtschaft, sondern dem Gewerbe des Landwirts an, OVG. VerwBl. 23 S. 661. Eine Vereinbarung, daß der Lohn nur für Arbeitstage gezahlt und die Beköstigung auf diese Tage beschränkt sein solle, spricht gegen die Annahme eines Gesindeverhältnisses, OVG. VerwBl. 30 S. 41. Über Hausoffizianten vgl. § 4.

Ein zivilrechtlich gültiger Gesindevertrag wird vorausgesetzt, Jhrb. 9 S. 221, KG. GA. 37 S. 321. Die bisherigen Vorschriften der GesO. vom 8. November 1810 über die Form des Vertrags (Geben und Nehmen des Mietgeldes) sind, da sie nur einen erleichternden Ersatz für die allgemeine Schriftform des ALR. gewährten, mit der Aufhebung dieser durch das BGB. gleichfalls in Wegfall gekommen, es genügt also die formlose Willenseinigung beider Teile, Jhrb. 26 C S. 79, KG. Recht 07 S. 1000, OVG. 43 S. 424, 52 S. 275, vgl. auch OVG. VerwBl. 25 S. 849. Bei Minderjährigen ist die Einwilligung des gesetzlichen Vertreters notwendig (§§ 107, 113 BGB., die nach Art. 95 EG.BGB. Anwendung finden), vgl. OVG. VerwBl. 30 S. 355, 32 S. 732; über Ermächtigung im Sinne des § 113 BGB.; vgl. OVG. VerwBl. 24 S. 134, 27 S. 6, 32 S. 92.

[2] Nach den Motiven soll hiermit nicht sowohl der dauernde oder rückfällige Ungehorsam, als vielmehr die innere Stärke des Willens, nicht zu gehorchen, und das Bewußtsein dieses Willens bezeichnet werden; eine Mehrzahl von Ungehorsamsakten ist nicht erforderlich, OR. 17 S. 11, KG. DJZ. 96 S. 263. Dagegen liegt nach KG. GA. 41 S. 319 hartnäckiger Ungehorsam erst dann vor, wenn der Dienstbote wiederholten Befehlen den Gehorsam zu Unrecht verweigert hat und er sich der Widerrechtlichkeit seiner Handlungsweise bewußt war. Nicht strafbar ist der Ungehorsam, wenn die befohlene Handlung gegen das Gesetz verstößt, Jhrb. 9 S. 223.

[3] Über gesetzmäßige Ursachen zum Verlassen des Dienstes ohne Kündigung vgl. GesO. v. 8. November 1810 (GS. S. 101) §§ 136 fg., GesO. für Neu-Vorpommern und Rügen v. 11. April 1845 (GS. S. 391) §§ 130 ff., GesO. f. d. Rheinprovinz v. 19. August 1844 (GS. S. 410) § 33; bezüglich der nicht unter die Gesindeordnungen fallenden Dienstverträge vgl. § 626 BGB. Nach der GesO. vom 8. November 1810 (§ 140) ist eine gesetzmäßige Ursache zum Verlassen des Dienstes ohne Kündigung nicht nur die Verweigerung des erforderlichen Quantums an Kost, sondern auch qualitativ ungenügende Beköstigung, sofern die Verweigerung genügender Kost von der Dienstherrschaft selbst oder im Auftrage und mit Genehmigung derselben geschehen ist, Jhrb. 9

S. 224. Darüber, wer als Dienstherrschaft anzusehen ist, vgl. OVG. 30 S. 433. Rückgabe des Mietgeldes an die Herrschaft ist keine gesetzmäßige Ursache zum Verlassen des Dienstes (§ 46 der GesO. v. 8. 11. 1810), KG. DJZ. 05 S. 1065.

Ein Instmann (vgl. § 2c) darf den Dienst ohne Einhaltung einer Kündigungsfrist verlassen, wenn ihm die erforderlichen Lebensmittel, auf die er nach dem Dienstvertrage Anspruch hat, vom Dienstherrn vorenthalten werden, mag dies auch geschehen, weil der Instmann die ihm obliegende Arbeit verweigert, OVG. 46 S. 410. Über Vorliegen eines wichtigen Grundes zum vorzeitigen Verlassen des Dienstes seitens ländlicher Arbeiter (vgl. § 2 d), vgl. KG. Recht 08 S. 496.

[4] Unter Versagen des Dienstes ist das Versagen einer bestimmten Dienstleistung oder der Fortsetzung des Dienstes überhaupt, mag dies nun in Ungehorsam und Widerspenstigkeit oder Trägheit und Zuchtlosigkeit seinen Grund haben, zu verstehen, Jhrb. 11 S. 254, DJZ. 1896 S. 387. Ungesetzliche Weigerung, den Dienst anzutreten, fällt nicht unter das Gesetz, KG. GA. 41 S. 320, wird vielmehr nach § 51 der GesO. v. 8. November 1810 mit Geldstrafe von sechs bis deißig Mark bestraft. In der Weigerung des Dienstverpflichteten sich in Beziehung auf ein zwischen ihm und dem Dienstherrn streitiges Rechtsverhältnis (Räumung eines Stalles) dessen Entscheidung zu unterwerfen, ist ein Versagen des Dienstes nicht zu erblicken, KG. DJZ. 09 S. 381.

[5] Vorsätzliches Verlassen ist zur Strafbarkeit erforderlich; irrtümlicher Glaube, zum Verlassen des Dienstes berechtigt zu sein, schließt die Strafbarkeit aus (§ 59 StGB.); eventueller Vorsatz ist aber als ausreichend anzusehen.

Die Strafbestimmung bezieht sich auch auf ein vorübergehendes Verlassen des Dienstes, Jhrb. 8 S. 185, KG. GA. 44 S. 75, Recht 07 S. 785. Strafbar ist auch ein für eine bestimmte Zeit auf Probe gemieteter Dienstbote, wenn er ohne vorherige gesetzliche Kündigung und ohne Einwilligung der Dienstherrschaft den Dienst verläßt, Jhrb. 15 S. 347. Eine Kündigung gegenüber der Ehefrau des Dienstherrn schließt die Bestrafung nicht aus, Jhrb. 17 S. 453, denn der Ehefrau ist zwar durch § 3 der GesO. v. 8. November 1810 das Recht zur Annahme, nicht aber zur Entlassung gegeben und diese Bestimmung ist durch Art. 95 EG.BGB. trotz § 1357 BGB. aufrecht erhalten. Dagegen ist ein Dienstbote, der wegen schwerer Krankheit den Dienst verläßt, auch dann nicht strafbar, wenn er imstande ist, leichtere Arbeiten, als sein Dienst, zu dem er angenommen ist, erfordert, zu verrichten, Jhrb. 19 S. 346, OVG. DJZ. 07 S. 603.

Betritt ein entlaufener Dienstbote die Wohnung der Herrschaft wieder, so befindet er sich ohne weiteres wieder im Dienst, ohne daß es darauf ankommt, durch welche Ursache das Wiederbetreten der Wohnung veranlaßt ist, jedes wiederholte Verlassen ist eine neue Übertretung, KG. GA. 43 S. 429; namentlich unterscheidet sich das durch polizeilichen Zwang wiederhergestellte Dienstverhältnis seiner rechtlichen Natur nach in keiner Weise von dem freiwilligen, Jhrb. 10 S. 224. Nimmt der Dienstverpflichtete die vertragliche Gegenleistung, z. B. ein Deputatknecht die Deputatwohnung, weiter in Anspruch, so liegt in der Verweigerung zur Verrichtung der Dienste kein Verlassen, sondern nur ein Versagen des Dienstes und der Dienstverpflichtete kann sich deshalb durch wiederholte Dienstverweigerung von neuem strafbar machen, KG. DJZ. 06 S. 489.

[8] Unter Herrschaft ist sowohl der Dienstherr wie die Dienstherrin zu verstehen, letztere ist auch für sich, namentlich bei weiblichem Gesinde, berechtigt, den Strafantrag zu stellen, KG. GA. 40 S. 209; vgl. auch OVG. GA. 44 S. 433. Auch der durch Generalvollmacht zur selbständigen Bewirtschaftung des Gutes und Annahme bzw. Entlassung des Gesindes ermächtigte Gutsinspektor ist antragsberechtigt, Jhrb. 12 S. 209, KG. Recht 09 S. 223. Voraussetzung der Strafbarkeit ist aber ein unmittelbares Vertragsverhältnis zwischen Gutsbesitzer und ländlichem Arbeiter; hat eine Witwe sich verpflichtet, ihren Sohn als Tagelöhner zu stellen, so kann gegen letzteren, wenn er die Arbeit weigert, strafrechtlich nicht eingeschritten werden, KG. DJZ. 1898 S. 410. Hat ein Gutsbesitzer mit den sogenannten Sachsengängern nicht unmittelbar kontrahiert, sondern nur mit dem Vorschnitter einen Vertrag auf Stellung von Arbeitskräften geschlossen, so kann er

gegen die einzelnen Sachsengänger, welche die Arbeit verlassen, nicht wirksam Strafantrag stellen, KG. DJZ. 04 S. 519.

[7] Jetzt Haft nach Art. VIII Abs. 3 EG. z. Preuß. StGB., RG.Strafs. 13 S. 93.

[8] Unter „Machen" ist das „Stellen" des Antrags gemeint, welches erst vorliegt, wenn der Antrag bei der zuständigen Behörde eingeht, KG. DJZ. 08 S. 650.

Die Strafvorschrift des § 168 der GesO. v. 8. November 1810 ist durch das Gesetz v. 24. April 1854 aufgehoben und ersetzt, Jhrb. 26 C S. 81.

[9] Abs. 3 ist veraltet; an die Stelle des Gesetzes vom 14. Mai 1852 ist das Gesetz vom 23. April 1883 (abgedruckt im Anhang) getreten.

§ 2. Die Bestimmungen des § 1 finden auch Anwendung:

a) auf die bei Stromschiffern in Dienst stehenden Schiffsknechte (Gesetz vom 23. September 1835, GS. S. 222);

b) auf das Verhältnis zwischen den Personen, welche von den zu Diensten verpflichteten bäuerlichen Besitzern zur Verrichtung dieser Dienste gestellt werden, und den Dienstberechtigten[1] oder den von ihnen bestellten Aufsehern;

c) auf das Verhältnis zwischen dem Besitzer eines Landgutes oder einer andern Acker- oder Forstwirtschaft, sowie den von ihm zur Aufsicht über die Wirtschaftsarbeiten bestellten Personen und solchen Dienstleuten, welche gegen Gewährung einer Wohnung in den ihm gehörigen oder auf dem Gute befindlichen Gebäuden und gegen einen im voraus bestimmten Lohn behufs der Bewirtschaftung angenommen sind (Instleute,[2] herrschaftliche Tagelöhner, Einlieger, Kathenleute u. dergl.);[3]

d) auf das Verhältnis zwischen solchen Handarbeitern, welche sich zu bestimmten land- oder forstwirtschaftlichen Arbeiten,[4] wie z. B. Erntearbeiten auf Acker und Wiese, Meliorationsarbeiten, Holzschlagen usw. verdungen haben, und dem Arbeitsgeber oder den von ihm bestellten Aufsehern.

[1] Als dienstberechtigt ist auch ein Gemeindevorsteher angesehen worden, der die Arbeiten für die Anlage des Brunnens des Gemeindeschulhauses anzuordnen und zu vergeben hatte, KG. DJZ. 1896 S. 387.

[2] Der Begriff „Instleute" trifft nicht zu, wenn die gewählte Wohnung nicht in einem dem Dienstherrn gehörigen oder auf dem Gute befindlichen Gebäude sich befindet, vielmehr eine außerhalb des Gutes belegene Mietswohnung ist, Jhrb. 12 S. 212, KG. GA. 39 S. 381. Dagegen schließt, wenn dem Arbeiter vom Gutsherrn vertraglich eine Wohnung in den auf dem Gut befindlichen Gebäuden versprochen und beim Dienstantritt auch gewährt ist, eine vorübergehende spätere Unterbringung des Arbeiters durch den Dienstherrn in einer Wohnung, die sich weder in einem diesem gehörigen noch in einem auf dem Gute gelegenen Gebäude befindet, die Strafbarkeit nicht aus, Jhrb. 35 C S. 50. Die Hofmänner (Hofmeister) in Ost- und Westpreußen gehören zu den Instleuten, OVG. VerwBl. 26 S. 446.

[3] § 2 c stellt die daselbst bezeichneten Dienstleute nicht allgemein, sondern nur hinsichtlich der Anwendbarkeit des § 1 dem Gesinde gleich; seine Anwendung setzt stets einen zwischen dem Tagelöhner und dem Gutsherrn oder dessen Stellvertreter geschlossenen Dienst- oder Arbeitsvertrag voraus, Jhrb. 12 S. 213, OTr. GA. 13 S. 511, vgl. auch § 1 A 6.

Gewährung einer Wohnung liegt auch dann vor, wenn der ländliche Arbeiter für die ihm gewährten Wohnräume eine geringe Miete bezahlt, Jhrb. 5 S. 374. Die Annahme zur Bewirtschaftung erfordert nicht direkte Dienste für das Landgut, sondern es genügen auch Dienste, welche indirekt im Interesse der Landwirtschaft erfolgen z. B. Kochen für die Instleute, Schmiede- und Stellmacherarbeiten, RG. GA. 41 S. 320, 44 S. 75, Jhrb. 15 S. 349, vgl. auch OVG. 42 S. 395. Auch schließt der Umstand, daß ein Arbeiter außer den Arbeiten für die Gutsherrschaft noch Arbeiten für Dritte fertigt, seine Zugehörigkeit zu den im § 2 c genannten Personen nicht aus, RG. GA. 44 S. 75. Nicht unter die Dienstleistungen des § 2 c fällt die kontraktliche Verpflichtung zur Gestellung herrschaftlicher Tagelöhner gegen Gewährung von Wohnung und Naturalien, Jhrb. 8 S. 183. Ebensowenig gehören Gestütswärter hierher, da sie nicht zur Bewirtschaftung eines „Landguts" angenommen sind, Jhrb. 19 S. 345.

[4] Unter den „bestimmten" Arbeiten sind nur solche zu verstehen, die ihrer Gattung nach im Vertrage bestimmt worden sind; ländliche Arbeiter, die sich zu jeder landwirtschaftlichen Arbeit verdungen haben, fallen nicht unter die Vorschrift, Jhrb. 36 C S. 98.

§ 3. Gesinde, Schiffsknechte,[1] Dienstleute oder Handarbeiter der § 2a, b, c, d bezeichneten Art, welche die Arbeitsgeber oder die Obrigkeit zu gewissen Handlungen oder Zugeständnissen dadurch zu bestimmen suchen, daß sie die Einstellung der Arbeit oder die Verhinderung derselben bei einzelnen oder mehreren Arbeitsgebern verabreden, oder zu einer solchen Verabredung andere auffordern, haben Gefängnisstrafe bis zu Einem Jahre verwirkt.[2]

[1] Nach § 21 des RGes. betr. die privatrechtlichen Verhältnisse der Binnenschiffahrt vom 15. Juni 1895 (Fassung vom 20. Mai 1898) und § 17 d. RGes. betr. die privatrechtlichen Verhältnisse der Flößerei vom gleichen Datum untersteht Schiffs- und Floßmannschaft der GewO.; es ist deshalb hinsichtlich dieser Personen das Verbot der Koalition durch § 152 GewO. beseitigt.

Nach § 24 des Reichs-Vereinsg. vom 19. April 1908 (RGBl. S. 151) bleiben die Vorschriften des Landesrechts in bezug auf

Verabredungen ländlicher Arbeiter und Dienstboten zur Einstellung oder Verhinderung der Arbeit unberührt.

² Strafbar ist die Aufforderung zur Verabredung der Arbeitseinstellung, nicht die Aufforderung zur Arbeitseinstellung, Jhrb. 17 S. 454.

§ 4. Hausoffizianten (§ 177 seq. Titel 5 Teil II des Allg. Landrechts) sind den Strafvorschriften dieses Gesetzes nicht unterworfen.[1]

¹ Hausoffizianten sind nach § 177 II, 5 ALR. Personen, denen „nur ein gewisses bestimmtes Geschäft in der Haushaltung oder Wirtschaft oder die Aufsicht über einen gewissen Teil derselben aufgetragen ist". Die Stellung als Hausoffiziant setzt eine mehr intellektuelle Tätigkeit voraus, OVG. VerwBl. 23 S. 182; es ist deshalb erforderlich, daß das übertragene Geschäft einen gewissen Grad von selbständiger Beurteilung verlangt, keine rein handwerksmäßige Tätigkeit ist, Jhrb. 15 S. 349. Eine als Stütze der Hausfrau engagierte Person ist als Hausoffiziant anzusehen, OVG. VerwBl. 27 S. 802.

§ 5. Die festgesetzten Geldstrafen fließen zur Ortsarmenkasse.

8. Gesetz über die Bestrafung unbefugter Gewinnung oder Aneignung von Mineralien.

Vom 26. März 1856 (GS. S. 203).

Vorbemerkung: Das Gesetz ist für den Umfang der Monarchie erlassen und in die 1866 erworbenen Landesteile eingeführt.

Es beschränkt sich auf den von einer Verleihung oder sonstiger bergrechtlicher Genehmigung abhängigen sog. frei erklärten Bergbau im Gegensatze zu den auf dem Verfügungsrecht des Grundeigentümers beruhenden Bergbau, der durch § 370 Nr. 2 StGB. geschützt wird, RG. GA. 43 S. 152.

§ 1. Wer ohne Befugnis bergbauliche Anlagen zur Gewinnung von Mineralien[1] macht, welche der Staat sich vorbehalten hat, oder zu deren Gewinnung es einer Verleihung, einer Konzession, oder einer Erlaubnis der Behörde bedarf, wird mit Geldbuße bis zu zweihundert Talern oder Gefängnis bis zu drei Monaten bestraft.

Die Strafe ist Geldbuße bis zu fünfhundert Talern oder Gefängnis bis zu sechs Monaten, wenn die mittels der Anlagen gewonnenen Mineralien weggenommen sind.[2]

[1] Vgl. § 1 d. Allgem. Berggesetzes v. 24. Juni 1865 in der Fassung des Ges. v. 18. Juni 1907 (GS. S. 119).

[2] Auch der Eigentümer des Bodens kann sich nach § 1 strafbar machen, OR. 7 S. 389.

§ 2. Wer ohne Befugnis, jedoch ohne Errichtung bergbaulicher Anlagen, anstehende Mineralien,[1] welche der Staat sich vorbehalten hat, oder zu deren Gewinnung es einer Verleihung, einer Konzession, oder einer Erlaubnis der Behörde bedarf, in der Absicht wegnimmt, dieselben sich zuzueignen, wird mit Geldbuße bis zu fünfzig Talern oder mit Gefängnis[2] bis zu sechs Wochen bestraft.

Der Versuch, die Teilnahme, die Hehlerei und die Begünstigung wird mit gleicher Strafe bestraft.

[1] Anstehende Mineralien sind solche, welche noch im natürlichen ungetrennten Zusammenhang mit dem Gebirge (ihren Lagerstätten) stehen, sich also noch an dem ihnen von der Natur angewiesenen Orte befinden; nicht darunter fallen die auf der Halde einer Steinkohlenzeche gesammelten Steinkohlen, RGStrafs. 18 S. 188.

[2] Jetzt Haft, Art. VIII Abs. 3 EG. z. Preuß. StGB. v. 14. April 1851.

§ 3. Wer bei Benutzung seines Bergeigentums fahrlässigerweise die Grenzen seines Grubenfeldes überschreitet, hat Geldbuße bis zu fünfzig Talern oder Gefängnis[1] bis zu sechs Wochen verwirkt.

Geschieht eine soche Überschreitung der Grenze vorsätzlich, so finden die in dem § 1 angedrohten Strafen Anwendung.[2]

[1] Jetzt Haft. Vgl. § 2 A. 2.

[2] Die Strafbestimmungen des § 3 finden Anwendung auf alle Personen, welche entweder als Bergbauberechtigte selbst oder als deren Teilnehmer und Gehilfen im allgemeinen strafrechtlichen Sinne oder als deren Stellvertreter in. besonderen bergrechtlichen Sinne sich bei Benutzung verliehenen Bergeigentums einer fahrlässigen oder vorsätzlichen Grenzüberschreitung schuldig machen, RGStrafs. 5 S. 182.

§ 4. Die rechtswidrige Zueignung schon gewonnener Mineralien ist nach den Bestimmungen des Strafgesetzbuchs über Diebstahl oder Unterschlagung zu bestrafen.

---

9. Gesetz, betr. die Errichtung öffentlicher, ausschließlich zu benutzender Schlachthäuser.

(Auszug.)

Vom 18. März 1868 (GS. S. 277).

Vorbemerkung: Das Gesetz gilt in der durch Ges. v. 9. März 1881 (GS. S. 273) und Ges. v. 29. Mai 1902 (GS. S. 162) abgeänderten Fassung für den Umfang der Monarchie.

Über seine Rechtsgültigkeit gegenüber der GewO. vgl. RGStraff. 18 S. 351. Vgl. ferner zu demselben RGes., betr. die Schlachtvieh- und Fleischbeschau, vom 3. Juni 1900 (RGBl. S. 547) und AG. hierzu vom 28. Juni 1902 (GS. S. 229).

§ 1.[1] In denjenigen Gemeinden, für welche eine Gemeindeanstalt zum Schlachten von Vieh (öffentliches Schlachthaus) errichtet ist, kann durch Gemeindebeschluß angeordnet werden, daß innerhalb des ganzen Gemeindebezirks oder eines Teiles desselben das Schlachten sämtlicher oder einzelner Gattungen von Vieh, sowie gewisse mit dem Schlachten in unmittelbarem Zusammenhange stehende, bestimmt zu bezeichnende Verrichtungen,[2] ausschließlich in dem öffentlichen Schlachthaus oder in den öffentlichen Schlachthäusern vorgenommen werden dürfen.[3])

In dem Gemeindebeschlusse kann bestimmt werden, daß das Verbot der ferneren Benutzung anderer als der in einem öffentlichen Schlachthause befindlichen Schlachtstätten:

1. auf die im Besitze und in der Verwaltung von Innungen oder sonstigen Korporationen befindlichen gemeinschaftlichen Schlachthäuser,

2. auf das nicht gewerbsmäßig betriebene Schlachten keine Anwendung finde.

[1] Abs. 1 hat seine jetzige Fassung durch Gesetz vom 29. Mai 1902 (GS. S. 162) erhalten. Während nach der früheren Fassung Voraussetzung des Schlachtzwanges war, daß in der Gemeinde ein öffentliches Schlachthaus sich befand, genügt es nach der neuen Fassung, daß für die Gemeinde ein solches besteht. Ein Schlachthauszwang kann nach Errichtung eines öffentliches Schlachthauses durch Beschluß der beteiligten Gemeinden auch für diejenigen Ortschaften begründet werden, für die das Schlachthaus nicht schon vor oder bei der Errichtung, sondern erst später durch Beschluß der beteiligten Gemeinden bestimmt worden ist, Jhrb. 35 C S. 47. Vgl. auch § 23 Abs. 2 GewO.

[2] Hierunter fällt das Salzen und Trocknen von Häuten, Jhrb. 19 S. 333.

[3] Genügt die Einrichtung des Schlachthauses nicht für den Umfang des Geschäftsbetriebs eines Gemeindemitgliedes, so ist dasselbe dennoch dem Schlachtzwange und den darauf bezüglichen Strafvorschriften unterworfen, Jhrb. 19 S. 334.

§ 2.[1] Durch Gemeindebeschluß kann nach Errichtung eines öffentlichen Schlachthauses angeordnet werden:[2]

1. daß alles in dasselbe gelangende Schlachtvieh zur Feststellung seines Gesundheitszustandes sowohl vor als nach dem Schlachten einer Untersuchung durch Sachverständige zu unterwerfen ist;[3]
2.[4] daß alles nicht im öffentlichen Schlachthause ausgeschlachtete frische Fleisch[5] in dem Gemeindebezirke nicht eher feilgeboten[6] werden darf, bis es einer Untersuchung[7] durch Sachverständige gegen eine zur Gemeindekasse fließende Gebühr unterzogen ist;
3.[4] daß in Gastwirtschaften und Speisewirtschaften

frisches Fleisch, welches von auswärts bezogen ist, nicht eher zum Genusse zubereitet werden darf, bis es einer gleichen Untersuchung unterzogen ist;

4. daß sowohl auf den öffentlichen Märkten als in den Privatverkaufsstätten das nicht im öffentlichen Schlachthause ausgeschlachtete frische Fleisch von dem daselbst ausgeschlachteten Fleisch gesondert feilzubieten ist;[8]
5. daß in öffentlichen, im Eigentum und in der Verwaltung der Gemeinde stehenden Fleischverkaufshallen frisches Fleisch von Schlachtvieh nur dann feilgeboten werden darf, wenn es im öffentlichen Schlachthause ausgeschlachtet ist;
6. daß diejenigen Personen, welche in dem Gemeindebezirk das Schlächtergewerbe oder den Handel mit frischem Fleisch als stehendes Gewerbe betreiben,[9] innerhalb des Gemeindebezirks das Fleisch von Schlachtvieh, welches sie nicht in dem öffentlichen Schlachthause, sondern an einer anderen innerhalb eines durch den Gemeindebeschluß festzusetzenden Umkreises gelegenen Schlachtstätte geschlachtet haben, oder haben schlachten lassen, nicht feilbieten dürfen.[10]

Die Regulative für die Untersuchung (Nr. 1, 2 und 3) und der Tarif für die zu erhebende Gebühr (Nr. 2 und 3) werden gleichfalls durch Gemeindebeschluß festgesetzt und zur öffentlichen Kenntnis gebracht. In dem Regulativ für die Untersuchung des nicht im öffentlichen Schlachthause ausgeschlachteten Fleisches (Nr. 2) kann angeordnet werden, daß das der Untersuchung zu unterziehende Fleisch dem Fleischbeschauer in größeren Stücken (Hälften,

Vierteln) [11] und, was Kleinvieh anbelangt, in unzerteiltem Zustande vorzulegen ist; die in dem Tarife (Nr. 2 und 3) festzusetzenden Gebühren dürfen die Kosten der Untersuchung nicht übersteigen.

Die Anordnungen zu Nr. 2—6 können nur in Verbindung mit der Anordnung zu Nr. 1 und dem Schlachtzwang (§ 1) beschlossen werden, sie bleiben für diejenigen Teile des Gemeindebezirks und diejenigen Gattungen von Vieh, welche gemäß § 1 von dem Schlachtzwange ausgenommen sind, außer Anwendung.

Im übrigen steht es den Gemeinden frei, die unter Nr. 2—6 aufgeführten Anordnungen sämtlich oder teilweise, und die einzelnen Anordnungen in ihrem vollen, durch das Gesetz begrenzten Umfange oder in beschränktem Umfange zu beschließen.[12]

[1] In der Fassung d. Gesetzes vom 9. März 1881 (GS. S. 273).

[2] Das Gesetz bezeichnet das Höchstmaß derjenigen Beschränkungen, welche nach Errichtung eines öffentlichen Schlachthauses für das Schlachten und den Fleischhandel eingeführt werden dürfen, eine weitere Beschränkung kann auch durch eine Polizeiverordnung nicht angeordnet werden, Jhrb. 19 S. 337; insbesondere kann weder durch Gemeindebeschluß noch durch Polizeiverordnung ein Schlachtzwang für auswärts zu schlachtendes Vieh, mag es auch aus dem Gemeindebezirk herstammen und das Fleisch zur Wiedereinfuhr in den Gemeindebezirk bestimmt sein, eingeführt werden, Jhrb. 25 C S. 41. Das Gesetz gestattet nicht den Erlaß von Vorschriften, welche sich auf den Transport von Fleisch beziehen; eine Polizeiverordnung, welche bestimmt: Wer Fleisch in die Stadt einbringt usw., hat an dem Transportmittel an sichtbarer Stelle eine Tafel mit der Aufschrift „Eingebrachtes Fleisch" zu befestigen, ist daher ungültig, KG. VerwBl. 24 S. 91.

[3] Für Gemeinden mit Schlachthauszwang ist Nr. 1 ersetzt durch § 4 des AG. z. Schlachtvieh- und Fleischbeschaugesetz vom 28. Juni 1902 (GS. S. 229), welcher lautet: „In Gemeinden mit

Schlachthauszwang unterliegen alle in das öffentliche Schlachthaus gelangenden Tiere vor und nach der Schlachtung einer amtlichen Untersuchung, auch insoweit nach dem Reichsgesetz und den Ausführungsbestimmungen des Bundesrats ein Untersuchungszwang nicht besteht."

Die Anordnung, daß alles in das Schlachthaus gelangende Schlachtvieh dort auch geschlachtet werden müsse, kann durch Gemeindebeschluß nicht getroffen werden, wohl aber die Bestimmung, daß kranke oder krankheitsverdächtige Tiere nicht in den allgemeinen Schlachthallen geschlachtet werden dürfen, vielmehr nach Anweisung der untersuchenden Beamten entweder in den Stall oder in den Schlachtraum für krankes Vieh geschafft werden müssen, Jhrb. 14 S. 263.

[4] Hier greift ein § 5 des AG. z. Schlachtvieh- und Fleischbeschaugeſ. vom 28. Juni 1902 (GS. S. 229), welcher mit dem ihm durch Gesetz vom 23. September 1904 (GS. S. 257) gegebenen Zusatz lautet: „Frisches Fleisch, welches einer amtlichen Untersuchung durch approbierte Tierärzte nach Maßgabe der §§ 8—16 des Reichsgesetzes unterlegen hat, darf einer abermaligen amtlichen Untersuchung auch in Gemeinden mit Schlachthauszwang nur zu dem Zweck unterworfen werden, um festzustellen, ob das Fleisch inzwischen verdorben ist oder sonst eine gesundheitsschädliche Veränderung seiner Beschaffenheit erlitten hat.

Die Vorschriften im Art. 1 § 2 Abs. 1 Nr. 2 und 3 des Gesetzes zur Abänderung und Ergänzung des Gesetzes vom 18. März 1868, betr. die Errichtung öffentlicher ausschließlich zu benutzender Schlachthäuser (GS. 1868 S. 277) vom 9. März 1881 (GS. S. 273) und die auf Grund dieser Vorschriften gefaßten Gemeindebeschlüsse finden auf das vorstehend bezeichnete frische Fleisch keine Anwendung.

Eine doppelte Untersuchung auf Trichinen ist in allen Fällen ausgeschlossen."

[5] Unter Fleisch im Sinne des Schlachthausgesetzes und der darauf beruhenden Gemeindebeschlüsse sind alle diejenigen Teile des Schlachtviehs zu verstehen, die zum menschlichen Genusse geeignet sind, also auch das Fett (Flomen), Jhrb. 26 C S. 77.

Frisches Fleisch ist dasjenige, welches nicht durch gewollte Einflüsse (Zubereitungen) in seinem natürlichen Zusammenhange verändert ist, mag es durch Kochen, Dämpfen, Braten, Rösten lediglich für den sofortigen Genuß, oder durch Haltbarmachen auf längere Zeit, besonders Kochen und Räuchern, Dörren, Pökeln, für den späteren Gebrauch zubereitet sein, Jhrb. 28 C S. 69, KG. Recht 08 S. 759, vgl. auch Jhrb. 14 S. 400, KG. DJZ. 1898 S. 82). Durch Salzen kann die Eigenschaft des Fleisches als eines frischen beseitigt werden, nämlich dann, wenn das Salz das Innere des Fleisches durchdrungen und damit dessen natürliche Zusammensetzung dauernd verändert hat, Jhrb. 28 C S. 69. Die Eigenschaft des Frischseins verliert das Fleisch nicht schon dadurch, daß es zerkleinert und in Wurstform gebracht wird, Jhrb. 8 S. 187, 31 C S. 42. Das Verbot der Einfuhr von frischer Wurst in Schlachthausgemeinden ist nicht anwendbar auf Wurst aus Fleisch, das innerhalb des Reichs der amtlichen Untersuchung nach Maßgabe der §§ 8—16 des Reichsges. betr. Schlachtvieh- und Fleischbeschau unterlegen hat; der Beweis dieser Untersuchung ist an besondere Beweisregeln nicht gebunden, es genügte aber nicht der Beweis, daß das Fleisch durch einen approbierten Tierarzt untersucht worden ist, denn ein Tierarzt kann, auch wenn er approbiert ist, nichtamtliche Untersuchungen ohne Beobachtung der vorerwähnten reichsgesetzlichen Vorschriften vornehmen, Jhrb. 31 C S. 42.

• Unter Feilbieten ist das Bereitstellen und Zugänglichmachen der Ware unter positiven, zum Kauf anregenden Handlungen zu verstehen; die Erfüllung einer übernommenen Verpflichtung, die Übersendung einer bestellten Ware ist kein Feilbieten, KG. VerwBl. 24 S. 91, Jhrb. 25 C S. 6, 36 C S. 84, 39 C S. 77.

Unzulässig ist ein Gemeindebeschluß, welcher alles nicht gewerbsmäßig geschlachtete Fleisch der Untersuchung unterwirft, auch dann, wenn es gar nicht feilgeboten ist oder feigeboten werden sollte, KG. GA. 42 S. 159; ebenso die Bestimmung, daß alles zur gewerbsmäßigen Verwertung bestimmte Fleisch dem Untersuchungszwang unterliegt, Jhrb. 36 C S. 84. Auch die Bestimmung eines Ortsstatuts, welche verbietet, das nicht im öffentlichen Schlachthause ausgeschlachtete Fleisch außer auf Bestellung zu verkaufen, überschreitet die gesetzliche Grenze und ist auch nicht insoweit rechtswirksam, als sie zulässigerweise das Feilbieten untersagt, Jhrb. 39 C S. 77. Demjenigen, welcher frisches Fleisch zum Zwecke des Verkaufs oder der Verwendung in Gast- und Schankwirtschaften einführt, kann die Beibringung bestimmter Nachweise über eine vorher erfolgte Untersuchung nicht vorgeschrieben werden, Jhrb. 36 C S. 84. Ungültig ist die Bestimmung eines Regulativs, wonach Wurstmacher den Nachweis vorgängiger Untersuchung des von ihnen zu verarbeitenden Fleisches zu erbringen und zu diesem Zweck Bücher über den Bezug frischen, nicht im Schlachthaus ausgeschlachteten Fleisches zu führen haben, KG. Jhrb. 40 C S. 451.

[7] Auch für das nicht im öffentlichen Schlachthaus geschlachtete Fleisch kann eine Untersuchung vor und nach dem Schlachten vorgeschrieben werden, vgl. RGStrafs. 17 S. 94, Jhrb. 8 S. 193.

[8] Eine solche Sonderung oder Sonderbezeichnung darf aber nur für das auf den öffentlichen Märkten oder in den Privatverkaufsstätten feilzubietende eingebrachte Fleisch, nicht auch für den Transport oder für das nicht feilzubietende Fleisch eingeführt werden, Jhrb. 25 C S. 6.

[9] Unter stehendem Gewerbebetrieb ist das in den Betriebsstätten für stehendes Gewerbe am Orte betriebene Gewerbe zu verstehen, der Wochenmarktverkehr fällt nicht darunter; es dürfen also auf dem Wochenmarkt Händler, welche auswärts ihr Gewerbe betreiben, auch das nicht im Schlachthause geschlachtete Fleisch feilbieten, OVG. 32 S. 103.

[10] Die Bestimmung eines Ortsstatuts, daß das Feilbieten frischen Fleisches von solchem Schlachtvieh, welches an einer außerhalb des Schlachthauses, aber innerhalb eines Umkreises von 40 km vom Mittelpunkt der Stadt gelegenen Schlachtstätte geschlachtet worden ist, den im Gemeindebezirk der Stadt das Schlächtergewerbe betreibenden Personen ganz allgemein, also auch insoweit verboten wird, als sie jenes Schlachtvieh weder selbst geschlachtet haben noch haben schlachten lassen, entbehrt der Rechtsgültigkeit, Jhrb. 14 S.2 66.

[11] Es ist in das Ermessen der Gemeinden gestellt, die Größe und Art dieser Stücke näher zu bestimmen, KG. GA. 42 S. 160.

[12] Nach § 20 Abs. 2 d. RGes. vom 3. Juni 1900 bleiben „landesrechtliche Vorschriften, nach denen für Gemeinden mit öffentlichen Schlachthäusern der Vertrieb frischen Fleisches Beschränkungen, insbesondere dem Beschauzwang innerhalb der Gemeinde unterworfen werden kann, mit der Maßgabe unberührt, daß ihre Anwendbarkeit nicht von der Herkunft des Fleisches abhängig gemacht werden darf". Vgl. auch KG. AG. 42 S. 161.

§ 3. Die in den §§ 1 und 2 bezeichneten Gemeindebeschlüsse bedürfen zu ihrer Gültigkeit der Genehmigung der Bezirksregierung.[1]

Das Verbot der Benutzung anderer als der im öffentlichen Schlachthause befindlichen Schlachtstätten (§ 1) tritt sechs Monate nach der Veröffentlichung des genehmigten Gemeindebeschlusses in Kraft, sofern nicht in diesem Beschlusse selbst eine längere Frist bestimmt ist.[2]

Neue Privatschlachtanstalten dürfen von dem Tage dieser Veröffentlichung ab nicht mehr errichtet werden.[3]

[1] Jetzt des Bezirksausschusses § 131 d. Zuständigkeitsges. v. 1. August 1883.

[2] Die Veröffentlichung des Gemeindebeschlusses über die Einführung des Schlachtzwanges kann schon vor Eröffnung des Schlachthauses mit rechtlicher Wirkung stattfinden; der Schlachtzwang wird aber nicht eher wirksam, als bis im Schlachthause tatsächlich geschlachtet werden kann, OVG. 57 S. 287; der Ansicht des KG. (Jhrb. 38 C S. 58), die vor Eröffnung des Schlachthauses erfolgte Veröffentlichung äußere eine Wirkung erst vom Tage der Eröffnung an, so daß erst von diesem Tage an die sechsmonatige Frist laufe, ist nicht beizutreten.

[3] Abs. 3 ist angefügt durch Ges. v. 9. März 1881.

§ 4. Die Gemeinde ist verpflichtet, das öffentliche,

ausschließlich zu benutzende Schlachthaus den örtlichen Bedürfnissen entsprechend einzurichten und zu erhalten.[1]

Will die Gemeinde die Anstalt eingehen lassen, so ist der Termin der Aufhebung von der Genehmigung der Regierung[2] abhängig.

[1] Über die Art der Ausführung der Schlachtvieh- und Fleischbeschau im Schlachthause vgl. § 6 des Ges. v. 28. Juni 1902 (GS. S. 229).

[2] Vgl. § 3 A. 1.

§ 5. Die Gemeinde ist befugt, für die Benutzung der Anstalt, sowie für die Untersuchung des Schlachtviehes, beziehungsweise des Fleisches, Gebühren zu erheben. Der Gebührentarif wird durch Gemeindebeschluß auf mindestens einjährige Dauer festgesetzt und zur öffentlichen Kenntnis gebracht.

Die Höhe der Tarifsätze ist so zu bemessen, daß

1. die für die Untersuchung (§ 2) zu entrichtenden Gebühren die Kosten dieser Untersuchung,
2. die Gebühren für die Schlachthausbenutzung den zur Unterhaltung der Anlagen, für die Betriebskosten, sowie zur Verzinsung und allmählichen Amortisation des Anlagekapitals und der etwa gezahlten Entschädigungssumme (§ 7) erforderlichen Betrag

nicht übersteigen.

Ein höherer Zinsfuß als fünf Prozent jährlich und eine höhere Amortisationsquote als ein Prozent nebst den jährlich ersparten Zinsen darf hierbei nicht berechnet werden.[1]

[1] Die Bestimmungen über Höhe der Gebühren sind abgeändert durch § 11 Abs. 2 u. 3 d. Kommunalabgabengesetzes vom 14. Juli

1893 (GS. S. 152). Vgl. auch § 14 d. G. v. 28. Juni 1902 (GS. S. 229).

§ 6. Die Benutzung der Anstalt darf bei Erfüllung der allgemein vorgeschriebenen Bedingungen niemandem versagt werden.[1]

[1] Die Vorschrift hat nicht die Bedeutung, daß dem Magistrat der Stadt, welchem die Verwaltung des Schlachthofs und die Aufrechterhaltung der Ordnung darin obliegt, die Ausübung des Hausrechts habe abgeschnitten werden sollen OLG. Celle GA. 52 S. 434.

§§ 7–11. (Betr. die Entschädigungsansprüche der Privatschlachtanstalten.)

§ 12. Die Bestimmungen des gegenwärtigen Gesetzes finden auch auf den Fall Anwendung, in welchem die Gemeinde das öffentliche, ausschließlich zu benutzende Schlachthaus nicht selbst errichtet, sondern die Errichtung desselben einem anderen Unternehmer überläßt. In diesem Falle verbleiben der Gemeinde die ihr in diesem Gesetze auferlegten Verpflichtungen. Das gegenseitige Verhältnis zwischen der Gemeinde und dem Unternehmer ist durch einen Vertrag zu regeln, welcher der Bestätigung der Bezirksregierung[1] unterliegt.

[1] Vgl. § 3 A. 1.

§ 13. (Veraltet.)

§ 14. Wer der nach § 1 getroffenen Anordnung zuwider außerhalb des öffentlichen Schlachthauses entweder Vieh schlachtet oder eine der sonstigen im Gemeindebeschlusse näher bezeichneten Verrichtungen vornimmt, ferner wer den Anordnungen zuwiderhandelt, welche durch die in § 2 erwähnten Gemeindebeschlüsse getroffen worden sind, wird für jeden Übertretungsfall mit Geldstrafe bis zu einhundertundfünfzig Mark oder mit Haft bestraft.

[1] In der Fassung des Ges. v. 9. März 1881.

10. Gesetz, den Betrieb der Dampfkessel betreffend.

Vom 3. Mai 1872 (GS. S. 515).

Vorbemerkung: Das Gesetz gilt für den Umfang der Monarchie mit Ausnahme von Helgoland.

§ 1. Die Besitzer von Dampfkesselanlagen oder die an ihrer statt zur Leitung des Betriebes bestellten Vertreter,[1] sowie die mit der Bewartung von Dampfkesseln beauftragten Arbeiter sind verpflichtet, dafür Sorge zu tragen, daß während des Betriebes die bei Genehmigung der Anlage oder allgemein vorgeschriebenen Sicherheitsvorrichtungen bestimmungsmäßig benutzt, und Kessel, die sich nicht in gefahrlosem Zustande befinden, nicht im Betriebe erhalten werden.

[1] Aus der Fassung des Gesetzes, insbesondere aus der Alternative, die durch das Wort „oder" zum Ausdruck gebracht ist, geht hervor, daß nicht jeder Besitzer einer Dampfkesselanlage ohne weiteres verantwortlich zu machen ist, sondern nur derjenige Besitzer, welcher selbst mit der Leitung des Betriebes etwas zu tun hat; in solchen Fällen, in denen der Betrieb der Kesselanlage nicht von den Besitzern geleitet wird, können nicht diese, sondern nur die an ihrer Stelle tätigen Vertreter die gesetzliche Verantwortlichkeit tragen, KG. DJZ. 97 S. 474.

§ 2. Wer den ihm nach § 1 obliegenden Verpflichtungen zuwiderhandelt, verfällt in eine Geldstrafe bis zu 200 Talern oder in eine Gefängnisstrafe bis zu drei Monaten.

§ 3. Die Besitzer von Dampfkesselanlagen sind verpflichtet, eine amtliche Revision des Betriebes durch

Sachverständige zu gestatten, die zur Untersuchung der Kessel benötigten Arbeitskräfte und Vorrichtungen bereit zu stellen und die Kosten der Revision zu tragen.

Die näheren Bestimmungen über die Ausführung dieser Vorschrift hat der Minister für Handel, Gewerbe und öffentliche Arbeiten zu erlassen.

§ 4. Alle mit diesem Gesetze nicht im Einklange stehenden Bestimmungen, insbesondere das Gesetz, den Betrieb der Dampfkessel betreffend, vom 7. Mai 1856 (GS. S. 295) werden aufgehoben.

11. Fischereigesetz für den Preußischen Staat.

(Auszug.)

Vom 30. Mai 1874 (GS. S. 197).

Vorbemerkung: Das Gesetz gilt in der durch Ges. vom 30. März 1880 (GS. S. 228) abgeänderten Fassung für den Umfang der Monarchie mit Ausnahme von Helgoland.

Folgende Ausführungsverordnungen sind ergangen:

1. V. vom 23. Juli 1886 für den Regierungsbezirk Wiesbaden (GS. S. 197);

2. V. vom 8. August 1887 für Ostpreußen (GS. S. 337), Westpreußen (GS. S. 348), Pommern (GS. S. 360), Schleswig-Holstein und Hannover (GS. S. 376 u. 385) — abgeändert durch V. vom 4. Juli 1894 (GS. S. 29) —, Brandenburg und den Stadtkreis Berlin (GS. S. 397), Schlesien (GS. S. 406), Sachsen (GS. S. 414), Westfalen (GS. S. 423), Hohenzollern (GS. S. 433) und den Regierungsbezirk Kassel (GS. S. 441);

3. V. vom 13. Mai 1888 für Posen (GS. S. 105).

4. V. vom 3. Mai 1897 für die Rheinprovinz (GS. S. 107).

Geltungsbereich.

§ 1. Das nachfolgende Fischereigesetz findet Anwendung auf die Küsten- und Binnenfischerei[1] in allen unter Unserer Hoheit befindlichen Gewässern.

[1] Vgl. § 3.

§ 2. Zu dem Fischfange im Sinne dieses Gesetzes gehört auch der Fang von Krebsen, Austern, Muscheln und anderen nutzbaren Wassertieren, soweit sie nicht Gegenstand des Jagdrechts sind.

Wo in diesem Gesetz der Ausdruck „Fische" gebraucht ist, sind darin die vorbezeichneten Tiere mitbegriffen.

§ 3. Unter Küstenfischerei im Sinne dieses Gesetzes ist diejenige Fischerei verstanden, welche in den Unserer Hoheit unterworfenen Teilen der Nord- und Ostsee, in den offenen Meeresbuchten, den Haffen und in den größeren Strömen vor ihrer Einmündung in das Meer betrieben wird.

Binnenfischerei im Sinne dieses Gesetzes ist diejenige Fischerei, welche in den übrigen Gewässern, in den Flüssen bis abwärts zu dem Punkte, wo die Küstenfischerei beginnt, betrieben wird.

Die Grenzen der Küsten- und Binnenfischerei werden für jede der beteiligten Provinzen nach Anhörung der Provinzialvertretung im Wege landesherrlicher Verordnung festgestellt.

§ 4. Geschlossene Gewässer im Sinne dieses Gesetzes sind:

1. alle künstlich angelegten Fischteiche, mögen dieselben mit einem natürlichen Gewässer in Verbindung stehen oder nicht;
2. alle solche Gewässer, denen es an einer für den Wechsel der Fische [1] geeigneten Verbindung [2] fehlt;

wenn in denselben (Nr. 1 und 2) der Fischfang Einem Berechtigten zusteht.

Streitigkeiten über die Frage, ob ein Gewässer im Sinne dieser Vorschrift als ein geschlossenes anzusehen ist, werden mit Ausschluß des Rechtsweges im Verwaltungswege [2] entschieden.

[1] Es genügt eine wenn auch Unterbrechungen erleidende, aber doch regelmäßig wiederkehrende Verbindung, welche für den Wechsel der Fische geeignet ist; daß ein sog. Rückwechsel stattfinde, ist nicht erforderlich, Jhrb. 13 S. 356. Ein geschlossenes Gewässer ist auch dann nicht vorhanden, wenn nur zeitweise eine durch Hoch-

wasser hervorgerufene Verbindung mit einem öffentlichen Strom besteht und dadurch den Fischen die Möglichkeit gegeben wird, herüber und hinüber zu wechseln, KG. Recht 08 S. 647.

[2] Dem Erfordernis der fehlenden Verbindung wird nicht durch ein Hindernis genügt, welches der Eigentümer des Gewässers nach seinem freien Belieben jeden Augenblick schließen und öffnen kann und welches seiner ganzen Einrichtung nach nicht zur dauernden Abschließung eines Gewässers bestimmt ist, sondern dazu, dem wechselnden Bedürfnisse zur Aufhebung oder Wiederherstellung der Verbindung zu dienen, OVG. DJZ. 00 S. 97; vgl. ferner KG. DJZ. 05 S. 1173.

[3] Jetzt durch den Bezirksausschuß § 102 Nr. 1 d. Zuständigkeits-Ges. v. 1. August 1883.

Einschränkung der Fischereiberechtigungen und Beseitigung der wilden Fischerei.

§§ 5—7. (Betreffen Beschränkungen bestehender Fischereiberechtigungen und Beseitigung der wilden Fischerei.)

§ 8. Gemeinden können die ihnen zustehende Binnenfischerei nur durch besonders angestellte Fischer oder durch Verpachtung nutzen.

Das Freigeben des Fischfanges ist verboten.

Die Dauer der Pachtverträge darf in der Regel nicht unter sechs Jahren bestimmt werden; Ausnahmen von dieser Bestimmung können unter besonderen Umständen von der Aufsichtsbehörde [1] zugelassen werden.

Die Trennung der einer Gemeinde zustehenden zusammenhängenden Fischwasser in einzelne Pachtbezirke bedarf der Genehmigung der Aufsichtsbehörde,[1] welche darauf zu sehen hat, daß einer unwirtschaftlichen Zerstückelung der Fischerei vorgebeugt wird.

Die Aufsichtsbehörde [1] ist befugt, zu bestimmen,

welche Zahl der zulässigen Fanggeräte in jedem Pachtbezirke nicht überschritten werden darf.[2]

Sind zwei oder mehrere Gemeinden in den ihre Gemarkung begrenzenden Gewässern gemeinsam berechtigt, so können sie die Fischerei nur auf gemeinschaftliche Rechnung nutzen.

Ist eine Einigung der Gemeinden über die Art der Nutzung nicht zu erreichen, so steht die Entscheidung darüber der Aufsichtsbehörde[1] zu.

[1] Vgl. § 46.

[2] Strafbestimmung § 50 Nr. 1.

Genossenschaften.

§§ 9, 10. (Betreffen die Bildung von Genossenschaften.)

Erlaubnisscheine.

§ 11. Wer die Fischerei in den Revieren anderer Berechtigter oder über die Grenzen der eigenen Berechtigung, beziehungsweise des freien Fischfangs hinaus betreiben will, muß mit einem nach Vorschrift der folgenden Paragraphen ausgestellten und beglaubigten Erlaubnisscheine versehen sein, welchen er bei Ausübung der Fischerei zu seiner Legitimation stets mit sich zu führen und auf Verlangen des Aufsichtspersonals und der Lokalpolizeibeamten vorzuzeigen hat.[1]

[1] Die sog. Adjazentenfischerei ist durch das Fischereigesetz nicht schlechtweg beseitigt; der Verwalter eines anliegenden Grundstücks darf aber ohne Erlaubnisschein die Fischerei nicht ausüben, weil er weder der Fischereiberechtigte selbst, noch der Fischereipächter ist, KG. GA. 41 S. 322; vgl. auch KG. GA. 45 S. 379.

§ 12. Zur Ausstellung eines Erlaubnisscheins sind nur der Fischereiberechtigte und der Fischereipächter innerhalb der Grenzen ihrer Berechtigung befugt.

Soweit in genossenschaftlichen Revieren eine gemeinschaftliche Bewirtschaftung und Nutzung der Fischwasser stattfindet, tritt der Vorstand der Genossenschaft an die Stelle der einzelnen Berechtigten.

Der Erlaubnisschein muß auf die Person, auf ein oder mehrere bestimmt bezeichnete Gewässer und auf bestimmte Zeit, welche den Zeitraum dreier Jahre nicht überschreiten darf, lauten. Er kann Beschränkungen in Beziehung auf die Art und die Zahl der Fanggeräte und die Zahl der beim Fischfange zu verwendenden Fahrzeuge enthalten.

Die Zahl der auszustellenden Erlaubnisscheine (Legitimationsscheine) kann für nicht geschlossene Gewässer von der Aufsichtsbehörde bestimmt werden.[1]

[1] Abs. 4 ist angefügt durch Ges. vom 30. März 1880 (GS. S. 228).

§ 13. Fischerei-Erlaubnisscheine bedürfen der Beglaubigung[1] und zwar:

1. für den Fischereibetrieb in den zu genossenschaftlichen Revieren gehörigen Gewässern durch den zur Handhabung der Fischereiaufsicht berufenen Genossenschaftsvorstand (§ 9);
2. für den Fischereibetrieb in den übrigen Gewässern durch diejenige Ortspolizeibehörde, in deren Bezirke der Aussteller wohnt.

Ausgenommen von dieser Vorschrift sind, soweit nicht für genossenschaftliche Reviere durch das Statut etwas anderes bestimmt wird, diejenigen Fischerei-Erlaubnisscheine, welche von einer öffentlichen Behörde, von einem öffentlichen Beamten innerhalb seiner Amtsbefugnisse, einem Gemeindevorstande oder dem zur

Beglaubigung der Erlaubnisscheine berufenen Vorstande einer Fischereigenossenschaft ausgestellt sind.

[1] Auch die Erlaubnisscheine eines Pfarrers zum Fischen auf Pfarr- und Schulländereien bedürfen der Beglaubigung, KG. GA. 41 S. 322.

§ 14. Die Beglaubigung des Erlaubnisscheins bezieht sich nur auf die Unterschrift des Ausstellers und enthält kein Anerkenntnis für die Berechtigung desselben.

§ 15. Die Beglaubigung der Erlaubnisscheine durch die Ortspolizeibehörde erfolgt stempel- und kostenfrei.

In genossenschaftlichen Revieren kann jedoch für die Beglaubigung der Erlaubnisscheine eine Gebühr bis zu Einer Mark zugunsten der Genossenschaft erhoben werden. Das Nähere hierüber bestimmt das Genossenschaftsstatut.

§ 16. Wer die Fischerei aus eigenem Rechte oder als Pächter in nicht geschlossenen Gewässern (§ 4) betreiben will, hat davon der Aufsichtsbehörde, in genossenschaftlichen Revieren (§ 9) dem Vorstande derselben vorher Anzeige zu machen, erhält hierüber kosten- und stempelfrei eine Bescheinigung und hat dieselbe beim Fischen stets bei sich zu führen.[1]

[1] Strafbestimmung § 49 Nr. 1.

§ 17. Das bei dem Fischen in Gegenwart des Fischereiberechtigten, des Fischereipächters oder des Inhabers eines Erlaubnisscheins beschäftigte Hilfspersonal[1] bedarf keiner Legitimation.

[1] Unter Hilfspersonal sind alle Personen zu verstehen, welche beim Fischfang überhaupt Hilfe leisten, wobei es keinen Unterschied macht, ob sie dem Fischereiberechtigten unmittelbar zur Hand gehen oder ob sie selbständig fischen z. B. angeln, ferner ob sie

auf Grund eines Dienstverhältnisses oder aus Gefälligkeit oder aus reinem Vergnügen am Fischfang in Tätigkeit treten; wesentlich ist nur, daß der Fischfang für den Fischereiberechtigten erfolgt, KG. VerwBl. 26 S. 114.

§ 18. An Stelle der vorstehenden §§ 11 bis 17 bleibt der § 41 der Fischereiordnung für die in der Provinz Pommern belegenen Teile der Oder, das Haff und dessen Ausflüsse vom 2. Juli 1859 (GS. S. 453)[1] und der § 49 der Fischereiordnung für den Regierungsbezirk Stralsund vom 30. August 1865 (GS. S. 941)[1] für den Geltungsbereich dieser Gesetze in Kraft; es können jedoch die darin bestimmten Obliegenheiten des Königlichen Fischmeisters (Oberfischmeisters) in genossenschaftlichen Revieren auf den zur Handhabung der Fischereiaufsicht berufenen Genossenschaftsvorstand (§ 9) durch das Statut übertragen werden; in diesem Falle findet auf die Ausstellung und Bescheinigung der Legitimationsscheine (Willzettel, Fischzettel) der zweite Absatz des § 15 dieses Gesetzes Anwendung.

Die Zahl der auszustellenden Erlaubnisscheine (Legitimationsscheine) kann für nicht geschlossene Gewässer von der Aufsichtsbehörde bestimmt werden.[2]

[1] § 41 lautet wie folgt: „Wer Fischerei betreibt, muß einen Legitimationsschein (Willzettel, Fischzettel) bei sich führen und dem Fischereiaufsichtsbeamten auf Verlangen vorzeigen.

Der Legitimationsschein des nicht aus eigenem Recht Fischenden muß von demjenigen, der die Befugnis dazu erteilt hat, ausgestellt und von dem Oberfischmeister mit dem Vermerk der erhaltenen Kenntnis und mit einer Nummer versehen sein.

Demjenigen, der die Fischerei aus eigenem Rechte betreibt, wird auf bloße Anmeldung vom Oberfischmeister der Legitimationsschein erteilt, der aber auf die Beurteilung der Berechtigung im Falle eines Streites ohne Einfluß ist.

Diese Legitimationsscheine, deren Ausstellung kostenfrei erfolgt, und die niemand an einen anderen überlassen darf, sind nur für die Personen und deren Leute, die Zeiträume, die Reviere, die Arten und Zahl der Fischergezeuge, die Zahl der Kähne und Böte gültig, auf welche sie lauten.

Legitimationsscheine zum Betriebe der Fischerei mit dem Aalspeere haben nur für diejenigen Personen Gültigkeit, auf deren Namen dieselben ausgestellt sind."

§ 49 lautet, von einigen Abweichungen in der Fassung abgesehen, ebenso.

[3] Abs. 2 ist angefügt durch Ges. vom 30. März 1880. Strafbestimmung § 49 Nr. 1.

Bezeichnung der zum Fischfange ausliegenden Fischerzeuge.

§ 19. Die ohne Beisein des Fischers zum Fischfange ausliegenden Fischerzeuge müssen mit einem Kennzeichen versehen sein, durch welches die Person des Fischers ermittelt werden kann.[1] Über die Art der Kennzeichnung sind die näheren Vorschriften für genossenschaftliche Reviere durch das Genossenschaftsstatut, für andere Reviere im Wege der Polizeiverordnung zu erlassen.

[1] Strafbestimmung § 49 Nr. 2.

Beseitigung der Hindernisse für den Wechsel der Fische.

§ 20. Die Breite der Gewässer darf zum Zwecke des Fischfanges durch ständige Fischereivorrichtungen[1] niemals auf mehr als auf die Hälfte der Wasserfläche[2] bei gewöhnlichem niedrigen Wasserstande vom Ufer aus gemessen, für den Wechsel der Fische versperrt werden. Solche Vorrichtungen dürfen nicht so nahe aneinander angebracht sein, daß der Zug der Fische dadurch behindert wird.

Diese Vorschriften finden in Grenzgewässern nur soweit Anwendung, als in dem Nachbarlande ein gleiches Vorgehen beobachtet wird; auch ist der Minister für die landwirtschaftlichen Angelegenheiten ermächtigt, dieselben zeitweilig für solche Gewässer außer Kraft zu setzen, welche streckenweise Unserer Hoheit nicht unterworfen sind.

Die bereits bestehenden ständigen Fischereivorrichtungen unterliegen diesen Vorschriften nicht, wenn mit denselben eine auf dieses besondere Fangmittel gerichtete Fischereiberechtigung verbunden ist; im anderen Falle müssen dieselben, soweit sie den Vorschriften dieses Paragraphen nicht entsprechen, längstens innerhalb zweier Jahre nach Erlaß dieses Gesetzes von den Besitzern, welche dazu erforderlichenfalls im Verwaltungswege anzuhalten sind, abgeändert werden[3].

Unter ständigen Fischereivorrichtungen zum Zwecke des Fischfangs sind Fangvorrichtungen gemeint; Gitter und Fischrechen ohne eine Fangvorrichtung unterliegen dem § 20 nicht, OVG. VerwBl. 28 S. 296. Eine Stauanlage behindert zwar den Wechsel der Fische, ist aber solange keine Fischereivorrichtung als nicht in ihr oder an ihr eine Einrichtung für den Fischfang angebracht ist; sofern es geschieht, ist sie eine Fischereivorrichtung, und zwar eine ständige, da das Wehr eine ständige Anlage ist, OVG. VerwBl. 30 S. 339. Dagegen hat das KG. (Jhrb. 13 S. 357) den § 20 auf eine Stauanlage dann für unanwendbar erachtet, wenn die Rinne, in der Aalfänge für den Fischfang angebracht sind, nicht die halbe Breite des Gewässers einnimmt. Zu den ständigen Fischereivorrichtungen gehören auch solche Vorrichtungen, welche nur für bestimmte Jahreszeiten oder für die Dauer der Wanderungen gewisser Fischarten mehr als die Hälfte der Wasserfläche für den Wechsel der Fische versperren, OVG. Verw.Bl. 29

S. 242. Eine ständige Anlage, die das Gewässer auf seiner ganzen Breite oder doch über die Hälfte versperrt, darf niemals, auch nicht vorübergehend zum Zweck des Fischfangs benutzt werden, sofern nicht, wie Abs. 3 besagt, ein Recht hierauf erworben ist, OVG. VerwBl. 30 S. 339.

[2] Die Frage, ob die Fischereivorrichtung die Hälfte des Gewässers überschreitet, richtet sich nicht nach der Gesamtbreite des Hauptstroms, einschließlich der Abzweigungen, sondern danach, ob gerade das Gewässer, in dem sich die Fischereivorrichtung befindet, sei es der Hauptstrom oder eine Abzweigung, über die Hälfte für den Wechsel der Fische gesperrt ist, OVG. Recht 09 S. 182; dagegen hält KG. Jhrb. 13 S 357 die Breite des Gesamtstroms für maßgebend.

[3] Über die Ausnahmevorschrift des Abs. 3 vgl. OVG. 39 S. 261.

Verbot schädlicher Fangmittel.

§ 21. Beim Fischfange ist die Anwendung schädlicher oder explodierender Stoffe (giftiger Köder oder Mittel zur Betäubung oder Vernichtung der Fische, Sprengpatronen oder anderer Sprengmittel usw.) verboten.[1]

[1] Vgl. § 296 StGB., der nur den unbefugten Fischfang betrifft. Strafbestimmung § 50 Nr. 3. Über Einziehung vgl. Vfg. d. Min. f. Landw. v. 18. Dezember 1893 (MBl. f. d. i. V. 1894 S. 23).

Fischereipolizeiliche Vorschriften.

§ 22. Im Wege landesherrlicher Verordnung wird nach Anhörung der betreffenden Provinzialvertretung vorgeschrieben:

1. welche Fische mit Rücksicht auf ihr Maß oder Gewicht nicht gefangen werden dürfen;
2. zu welchen Tages- und Jahreszeiten die Fischerei überhaupt oder in gewissen Erstreckungen der Gewässer oder bezüglich gewisser Fangarten oder Fischgattungen verboten sein soll;

3. welche Fangarten und welche Arten von Fanggeräten beim Fischfange nicht angewendet werden dürfen.

Berechtigungen auf die Benutzung ständiger Fischereivorrichtungen (§§ 5 und 20) können durch diese Vorschriften nicht getroffen werden; ebensowenig unterliegen denselben Berechtigungen auf den Gebrauch anderer bestimmter Fangmittel, wenn der Berechtigte nur mit diesem Fangmittel die Fischerei ausüben darf;

4. von welcher Beschaffenheit die erlaubten Fanggeräte sein müssen, und mit welchen Beschränkungen die letzteren zum Fischfange gebraucht werden können;

5. welche Ordnung von den Fischern zur Vermeidung gegenseitiger Störungen, ferner im Interesse des öffentlichen Verkehrs und der Schiffahrt und endlich gegenüber den Aufsichtsbeamten und zur Erleichterung der Aufsichtsführung zu beobachten ist;

6. in welchen Jahreszeiten und an welchen Orten die Werbung der Seegewächse verboten sein soll.

Für Übertretungen kann eine Geldstrafe bis zu 150 Mark Reichsmünze oder Haft und die Einziehung der bei der Ausübung der Fischerei verwandten unerlaubten Fanggeräte angedroht werden.

Bis zum Erlasse der in diesem Paragraphen vorgesehenen landesherrlichen Verordnungen bleiben die bezüglichen, zurzeit bestehenden, auf Gesetz oder Verordnung beruhenden Vorschriften in Kraft.

Vorschrift über Schonzeiten und den Schutz der jungen Fische.

§ 23. In den nach § 22 Nr. 2 anzuordnenden Schonzeiten soll die Fischerei nicht über das Maß hinaus beschränkt werden, welches zur Erhaltung des Fischbestandes unter Berücksichtigung der durch dieses Gesetz gegebenen anderweiten Schonungsmittel unbedingt geboten ist.

Insbesondere soll dieselbe in denjenigen Strecken der Gewässer, wo die Rücksicht auf Erhaltung des Fischbestandes es gestattet, außer an den Sonn- und Festtagen, höchstens an drei Tagen in der Woche untersagt werden dürfen.

Der Fang einzelner Fischgattungen und der Gebrauch bestimmter Fangmittel kann auch in diesem Falle für die ganze Dauer der Schonzeit verboten werden.

§ 24. Gelangen Fische, deren Fang zurzeit oder mit Rücksicht auf ihr Maß oder Gewicht überhaupt verboten ist, lebend in die Gewalt des Fischers, so sind dieselben sofort wieder in das Wasser zu setzen.[1]

[1] Strafbestimmung § 51.

§ 25. Die Vorschriften der §§ 19 bis 24 finden auf geschlossene Gewässer (§ 4) keine Anwendung.

§ 26. Ist der Fang von Fischen unter einem bestimmten Maße oder Gewichte verboten, so dürfen solche Fische im Geltungsbereiche des Verbots unter diesem Maße oder Gewichte weder feilgeboten, noch verkauft, noch versandt werden.[1]

[1] Und zwar auch dann nicht, wenn sie außerhalb des Geltungsbereichs der betreffenden Ausführungsverordnung oder in einem geschlossenen Gewässer gefangen sind, Jhrb. 9 S. 270, 36 C S. 48, KG. Recht 09 S. 647.

Auch die vom Fänger selbst ausgeführte Beförderung von einem Orte zum andern ist als Versendung im Sinne des Gesetzes anzusehen, KG. Recht 09 S. 647. **Der Begriff des Verkaufens** ist nicht im zivilrechtlichen, sondern lediglich im tatsächlichen Sinne zu verstehen; Verkäufer ist jeder, der das Verkaufsgeschäft, sei es selbst, sei es durch einen Boten, ausführt, einerlei ob ihm die verkauften Fische gehören oder nicht, KG. DJZ. 09 S. 1445.

Die Anwendung der Strafvorschrift in § 51 setzt aber ein Verschulden voraus, also ein mindestens fahrlässiges Verhalten, KG. DJZ. 09 S. 1445.

§ 27. Auf die in den Fischzucht-Anstalten vorhandene junge Fischbrut finden die Vorschriften der §§ 24 und 26 keine Anwendung.

Auch kann die Aufsichtsbehörde im Interesse wissenschaftlicher Untersuchungen oder gemeinnütziger Versuche und für Zwecke der künstlichen Fischzucht, soweit erforderlich, unter geeigneten Kontrollmaßregeln Ausnahmen von den Vorschriften der §§ 24 und 26 gestatten.

Den Besitzern geschlossener Gewässer (§ 4) ist der Verkauf und Versand von jungen Satzlingen zu Zuchtzwecken gestattet.

§ 28. Während der Dauer der Schonzeiten müssen die durch dieses Gesetz nicht beseitigten ständigen Fischereivorrichtungen (§§ 5 und 20) in nicht geschlossenen Gewässern hinweggeräumt oder abgestellt sein.

Die Besitzer derselben sind dazu erforderlichenfalls im Verwaltungswege anzuhalten.

Soweit die Rücksicht auf Erhaltung des Fischbestandes es gestattet, kann der Regierungspräsident (Landdrost) Ausnahmen von der im ersten Absatz getroffenen Bestimmung zulassen.[1]

[1] Abs. 3 ist angefügt durch Ges. v. 30. März 1880. Strafbestimmung § 50 Nr. 4.

Schonreviere.

§ 29. Nach Anhörung der beteiligten Fischereiberechtigten und in genossenschaftlichen Revieren nach Anhörung des Genossenschaftsvorstandes[1] können zu Schonrevieren erklärt werden:

1. solche Strecken der Gewässer, welche nach sachverständigem Ermessen vorzugsweise geeignete Plätze zum Laichen der Fische und zur Entwicklung der jungen Brut bieten (Laichschonreviere);[2]
2. solche Strecken der Gewässer, welche den Eingang der Fische aus dem Meere in die Binnengewässer beherrschen (Fischschonreviere).

Die Feststellung der Schonreviere erfolgt durch Verfügung des Ministers für die landwirtschaftlichen Angelegenheiten, und zwar, wenn solche Strecken der Gewässer zu Schonrevieren erklärt werden sollen, in welchen dem Staate die Fischereigerechtigkeit zusteht, im Einverständnisse mit dem Finanzminister.

Die betreffende Verfügung ist durch öffentliche Bekanntmachung zur Kenntnis der Beteiligten zu bringen; auch sind die Schonreviere, soweit es die Örtlichkeit gestattet, durch Aufstellung besonderer Zeichen erkennbar zu machen.[3]

[1] Die Vorschrift des Abs. 1 ist nur instruktionell, so daß die nicht erfolgte Anhörung die Rechtsbeständigkeit der Verfügung des Ministers nicht beeinträchtigt, KG. Recht 07 S. 471.

[2] Die Beschränkung der Fischereiausübung im Laichschonrevier geschieht im fischereipolizeilichen Interesse; der Fischereiberechtigte unterliegt ihr auch dann, wenn das betreffende Fischwasser in seinem Privateigentum steht, KG. Recht 07 S. 913.

[3] Auch die Vorschrift des Abs. 3 ist nur instruktionell und die Prüfung, ob die Örtlichkeit die Aufstellung gestattet, der Polizeibehörde überlassen, KG. DJZ. 07 S. 970.

§ 30. In Schonrevieren ist jede Art des Fischfangs untersagt, welche nicht für Zwecke der Schonung oder andere gemeinnützige oder wirtschaftliche Zwecke von der Aufsichtsbehörde angeordnet oder gestattet wird.[1]

[1] Strafbestimmung § 50 Nr. 5.

§ 31. In Laichschonrevieren (§ 29 Nr. 1) muß die Räumung, das Mähen von Schilf und Gras, die Ausführung von Sand, Steinen, Schlamm usw. und jede anderweite, die Fortpflanzung der Fische gefährdende Störung während der Laichzeit der vorherrschenden Fischgattungen unterbleiben, soweit es die Interessen der Vorflut und der Landeskultur gestatten. Das Nähere hierüber, über die Beaufsichtigung und den Schutz der Schonreviere ist erforderlichenfalls durch ein von der Bezirksregierung[1] zu erlassendes Regulativ festzustellen.[2]

[1] Jetzt Bezirksausschuß § 98 Nr. 1 b. Zuständigkeits-Ges. vom 1. August 1883.

[2] Strafbestimmung § 50 Nr. 5.

§§ 32—34. (Betreffen Festsetzung und Aufhebung der Schonreviere.)

Fischpässe.

§§ 35—41. (Betreffen die Fischpässe.)

§ 42. In den für den Durchzug der Fische angelegten Fischpässen ist jede Art des Fischfangs, insbesondere auch das Einhängen oder Einsetzen von Fischkörben, Netzen, Reusen und anderen Fangvorrichtungen verboten. Oberhalb und unterhalb des Fischpasses muß in einer nach den örtlichen Verhältnissen von der Regierung[1] zu bestimmenden angemessenen Ausdehnung für die Zeit, während welcher der Fischpaß geöffnet ist, jede Art des Fischfanges verboten werden.[2] Werden durch dieses Verbot Rechte des Fischereiberechtigten beeinträchtigt, so muß dafür volle Entschädigung geleistet werden.

[1] Jetzt Bezirksausschuß § 98 Nr. 3 d. Zuständigkeits-Ges. v. 1. August 1883.

[2] Strafbestimmung § 50 Nr. 6.

Verunreinigung der Fischwasser.

§ 43. Es ist verboten, in die Gewässer aus landwirtschaftlichen oder gewerblichen Betrieben Stoffe von solcher Beschaffenheit und in solchen Mengen einzuwerfen, einzuleiten oder einfließen zu lassen, daß dadurch fremde Fischereirechte geschädigt werden können.[1]

Bei überwiegendem Interesse der Landwirtschaft oder der Industrie kann das Einwerfen oder Einleiten solcher Stoffe in die Gewässer gestattet werden. Soweit es die örtlichen Verhältnisse zulassen, soll dabei dem Inhaber der Anlage die Ausführung solcher Einrichtungen aufgegeben werden, welche geeignet sind, den Schaden für die Fischerei möglichst zu beschränken.

Ergibt sich, daß durch Ableitungen aus landwirtschaftlichen oder gewerblichen Anlagen, welche bei Erlaß dieses Gesetzes bereits vorhanden waren, oder in Gemäßheit des vorstehenden Absatzes gestattet worden sind, der Fischbestand der Gewässer vernichtet oder erheblich beschädigt wird, so kann dem Inhaber der Anlage auf den Antrag der durch die Ableitung benachteiligten Fischereiberechtigten im Verwaltungswege die Auflage gemacht werden, solche ohne unverhältnismäßige Belästigung seines Betriebes ausführbaren Vorkehrungen zu treffen, welche geeignet sind, den Schaden zu heben oder doch tunlichst zu verringern.

Die Kosten der Herstellung solcher Vorkehrungen sind dem Inhaber der Anlage von den Antragstellern zu erstatten.

Die letzteren sind verpflichtet, auf Verlangen vor der Ausführung Vorschuß oder Sicherheit zu leisten.

Die Entscheidung über die Gestattung von Ableitungen nach Absatz 2, sowie über die in Gemäßheit des Absatzes 3 anzuordnenden Vorkehrungen erfolgt, sofern die betreffende Ableitung Zubehör einer der im § 16 der Gewerbeordnung für den Norddeutschen Bund vom 21. Juni 1869 (BGBl. S. 245) als genehmigungspflichtig bezeichneten Anlagen ist, in dem für die Zulassung dieser Anlagen angeordneten gesetzlichen Verfahren, (in anderen Fällen nach demjenigen Verfahren, welches über die Genehmigung von Stauanlagen für Wassertriebwerke festgesetzt ist.)[2]

[1] Es bedarf nicht der Feststellung, daß eine Schädigung tatsächlich eingetreten ist, vielmehr genügt die Feststellung, daß das Einfließen der Stoffe geeignet ist, auf die Fische unter gewissen Voraussetzungen schädlich zu wirken, Jhrb. 13 S. 353.

Das Verbot des § 43 findet auch neben der Bestimmung des § 44 auf das Röten von Flachs und Hanf in geschlossenen Gewässern insoweit Anwendung, als die dabei abgesonderten schädlichen Stoffe nicht durch abfließendes Wasser weiter in ein nicht geschlossenes Wasser geleitet werden dürfen, Jhrb. 7 S. 276.

[2] Die Entscheidung erfolgt durch den Bezirksausschuß. Die Schlußbestimmung ist aufgehoben durch § 99 Nr. 1 b. Zuständigkeits-Ges. vom 1. August 1883.

§ 44. Das Röten von Flachs und Hanf in nicht geschlossenen Gewässern ist verboten.[1]

Ausnahmen von diesem Verbote kann die Bezirksregierung[2] (Landdrostei), jedoch immer nur widerruflich, für solche Gemeindebezirke oder größere Gebietsteile zulassen, wo die Örtlichkeit für die Anlage zweckdienlicher Rötegruben nicht geeignet ist und die Benutzung nicht geschlossener Gewässer zur Flachs- und Hanfbereitung zurzeit nicht entbehrt werden kann.

[1] Vgl. § 27 FFPO. Strafbestimmung § 50 Nr. 7.

[2] Jetzt Bezirksausschuß § 99 Nr. 2 d. Zuständigkeits-Ges. vom 1. August 1883.

Berechtigung zum Töten und Fangen schädlicher Tiere.

§ 45. Dem Fischereiberechtigten ist gestattet, Fischottern, Taucher, Eisvögel, Reiher, Kormorane und Fischaare ohne Anwendung von Schußwaffen zu töten oder zu fangen und für sich zu behalten.[1]

Wenn in einzelnen Landesteilen durch die bestehende Gesetzgebung den Fischereiberechtigten der Fang jagdbarer, der Fischerei schädlicher Tiere in weiterem Umfange gestattet ist, behält es dabei sein Bewenden.

[1] Abs. 1 in der Fassung des Gesetzes vom 30. März 1880.

Beaufsichtigung der Fischerei.

§ 46. Wo in diesem Gesetze die Aufsichtsbehörde erwähnt wird, ist darunter die ordentliche Obrigkeit des Bezirks innerhalb ihrer Zuständigkeit verstanden.

Die Beaufsichtigung der Binnenfischerei, der Schonreviere und der Fischpässe kann durch besondere, vom Staate bestellte Beamte ausgeübt werden.[1] Die von Fischereiberechtigten, Fischereigenossenschaften oder Gemeinden bestellten Aufseher sind verpflichtet, den Anordnungen dieser Beamten innerhalb der Vorschriften dieses Gesetzes nachzukommen.

In genossenschaftlichen Revieren liegt die unmittelbare Beaufsichtigung der Fischerei dem Vorstande der Genossenschaft, in allen nicht genossenschaftlichen Binnenfischereirevieren der Gemeinde innerhalb ihrer Gemarkung neben den staatlichen Sicherheits- und Lokalpolizeibeamten ob.

Fischereiaufseher, welche von Fischereiberechtigten, Fischereigenossenschaften oder von Gemeinden bestellt werden, sind auf deren Antrag amtlich zu verpflichten, falls gegen ihre Zuverlässigkeit kein Anstand obwaltet.

Die unmittelbare Beaufsichtigung der Küstenfischerei außerhalb genossenschaftlicher Reviere wird von den Organen der Staatsverwaltung geführt.

[1] Der Regierungspräsident ist zur Anstellung eines staatlichen Fischereiaufsehers zuständig. Über die Grenzen der örtlichen Zuständigkeit der Fischereiaufseher vgl. RG. Strafs. 25 S. 112.

§ 47. Die amtlich verpflichteten Aufsichtsbeamten haben bei der Ermittelung und Verfolgung von Übertretungen gegen die Bestimmungen dieses Gesetzes und die sonst bestehenden fischereipolizeilichen Vorschriften innerhalb ihres Aufsichtsbezirks die Befugnisse und Verpflichtungen der Lokalpolizeibeamten; insbesondere sind dieselben zu jeder Zeit befugt, die beim Fischfange im Gebrauch befindlichen Fanggeräte, sowie die in Fischerfahrzeugen vorhandenen Fanggeräte und Fische einer Untersuchung zu unterziehen.

Auch können von denselben Fischbehälter, welche in nicht geschlossenen Gewässern ausgelegt sind, jederzeit durchsucht werden.

§ 48. Wird jemand bei einer Übertretung oder gleich

nach derselben betroffen oder verfolgt, so sind die der Einziehung unterliegenden Gegenstände, welche er bei sich führt, in Beschlag zu nehmen.[1] In den nämlichen Fällen können die bei der Übertretung gebrauchten Fischergeräte und Fahrzeuge gepfändet werden.[2]

Diese der Einziehung nicht unterliegenden Gegenstände sind dem nächsten Ortsvorstande auf Gefahr und Kosten des Eigentümers zur Aufbewahrung zu überliefern, jedoch gegen Niederlegung einer der Höhe nach vom Ortsvorstande zu bestimmenden baren Summe, welche dem Geldbetrage der etwa erfolgenden Verurteilung nebst den Kosten der Aufbewahrung oder dem Werte des Pfandstücks gleichkommt, zurückzugeben. Die Niederlegung kann bei dem Ortsvorstande oder gerichtlich erfolgen. Geschieht die Niederlegung nicht innerhalb acht Tagen, so kann der gepfändete Gegenstand auf Verfügung des zuständigen Richters öffentlich versteigert werden.

[1] Über das Verfahren vgl. Min.-Erl. v. 18. Dezember 1893 (MBl. f. d. i. V. S. 23).

[2] Die Pfändung ist nur dann zulässig, wenn nicht bloß § 296 StGB., sondern auch eine fischereipolizeiliche Vorschrift übertreten ist, OLG. Stettin GA. 42 S. 438.

Zur Anwendung fischereipolizeilicher Vorschriften genügt regelmäßig fahrlässiges Verschulden, KG. DJZ. 05 S. 1173.

Strafbestimmungen.

§ 49. Mit Geldstrafe bis zu 30 Mark Reichsmünze oder mit Haft bis zu Einer Woche wird bestraft:

1. wer in den Fällen des § 11 bei Ausübung der Fischerei[1] ohne einen nach Vorschrift der §§ 12 und 13 ausgestellten und beglaubigten Erlaubnis-

schein, oder ohne die im § 16 vorgeschriebene Bescheinigung oder im Geltungsbereiche der Fischereiordnungen für die in der Provinz Pommern belegenen Teile der Oder, das Haff und dessen Ausflüsse vom 2. Juli 1859 und für den Regierungsbezirk Stralsund vom 30. August 1865 ohne einen vorschriftsmäßig ausgestellten und bescheinigten Legitimationsschein (Willzettel, Fischzettel) betroffen wird (§ 18);[2]

2. wer den Vorschriften im § 19 zuwider Fischerzeuge ohne die vorgeschriebene Kennzeichnung auslegt.

[1] Der Begriff des Fischens umfaßt neben der Okkupation selbst alle Handlungen, durch welche Fische aufgesucht oder verfolgt werden oder ihnen nachgestellt wird, um sie zu erlangen, einzufangen oder in Besitz zu nehmen, ohne Rücksicht auf den Erfolg; auch das Liegenlassen nichtständiger Fangvorrichtungen wie der Fischreusen gehört zum Fischen, Jhrb. 16 S. 413, ferner das Stehenlassen von Aalsäcken, KG. GA. 40 S. 210; vgl. auch RGRchtspr. 4 S. 132, 9 S. 563.

[2] Das Betreffen drückt einen rein tatsächlichen Zustand aus, dessen Nachweis auf jede beliebige Weise erbracht werden kann, so daß es sich nicht um die Schuld-, sondern um eine Beweisfrage handelt, KG. GA. 41 S. 322, vgl. auch Jhrb. 6 S. 274. Zur Abwendung der Strafe genügt weder der Besitz eines auf unbestimmte Zeit lautenden oder nur vom Ortsvorsteher beglaubigten Fischereierlaubnisscheins, noch der Besitz eines von der Aufsichtsbehörde gemäß § 16 hinterher für ungültig erklärten Legitimationsscheins, Jhrb. 2 S. 280.

§ 50. Mit Geldstrafe bis zu 150 Mark Reichsmünze oder mit Haft wird bestraft:

1. wer als Pächter einer Gemeindefischerei die von der Aufsichtsbehörde festgestellte Zahl der zulässigen Fanggeräte überschreitet (§ 8);

2. wer einen Erlaubnis- oder Legitimationsschein unberechtigt ausstellt und aus Händen gibt (§§ 12 und 18);
3. wer bei Ausübung der Fischerei in nicht geschlossenen Gewässern die im § 21 verbotenen Mittel anwendet;
4. wer den Vorschriften im § 28 zuwider ständige Fischereivorrichtungen nicht rechtzeitig wegräumt oder abstellt oder denselben vorschriftswidrig eine größere als die nach § 20 zulässige Ausdehnung gibt;
5. wer in Schonrevieren verbotswidrig die Fischerei ausübt (§ 30) oder den zum Schutze derselben erlassenen reglementarischen Vorschriften zuwider handelt (§ 31);
6. wer in den für den freien Durchzug der Fische angelegten Fischpässen, sowie in den oberhalb und unterhalb derselben gelegenen, dem Fischfange entzogenen Teilen der Gewässer irgendeine Art des Fischfangs ausübt (§ 42);
7. wer den Vorschriften des § 43 oder den zur Ausführung desselben getroffenen Anordnungen zuwider den Gewässern schädliche, die Fischerei gefährdende Stoffe zuführt[1] oder verbotswidrig Hanf und Flachs in nicht geschlossenen Gewässern rötet (§ 44).

[1] Zum Tatbestande genügt fahrlässiges Verhalten, Jhrb. 13 S. 353.

§ 51. Mit Geldstrafe bis zu 90 Mark Reichsmünze oder mit Haft bis zu 4 Wochen werden bestraft:

alle Zuwiderhandlungen gegen die Vorschriften der §§ 24 und 26 dieses Gesetzes.

Neben der Strafe ist auf Einziehung aller verbotswidrig feil gebotenen, verkauften oder versandten Fische zu erkennen, ohne Unterschied, ob sie dem Verurteilten gehören oder nicht.[1]

[1] Auf die Einziehung kann nicht selbständig, sondern nur neben der Hauptstrafe erkannt werden, weil § 42 StGB. sich auf Übertretungen nicht bezieht, Jhrb. 19 S. 289.

§ 52. Wer zur Begehung einer durch dieses Gesetz[1] mit Strafe bedrohten Übertretung sich seiner Angehörigen, Dienstboten, Lehrlinge oder Arbeiter als Teilnehmer bedient, haftet, wenn diese nicht zahlungsfähig sind, neben der von ihm selbst verwirkten Strafe für die von denselben zu erlegenden Geldstrafen.[2]

[1] Bei Übertretung der Ausführungsverordnungen tritt die subsidiäre Haftung nicht ein, Jhrb. 11 S. 52.

[2] Hiermit ist unzweideutig die Strafbarkeit der Teilnahme zum Ausdrucke gebracht; der allgemeine Begriff „Teilnehmer" umfaßt nach den §§ 47 ff. StGB. Mittäter, Anstifter und Gehilfen. Bei Bestrafung des Gehilfen ist § 49 Abs. 2 StGB. anwendbar, Jhrb. 6 S. 271.

Schlußbestimmungen.

§ 53. Alle früher erlassenen, den Bestimmungen dieses Gesetzes entgegenstehenden[1] Vorschriften werden aufgehoben.

[1] Die den Bestimmungen dieses Gesetzes nicht widersprechenden provinzialrechtlichen Vorschriften, insbesondere solche über das Eigentum der Gewässer oder die Grenzen der Fischereiberechtigungen, sind in Kraft geblieben, Jhrb. 32 C S. 30; vgl. auch Jhrb. 32 C S. 33, 39 C S. 53.

§ 54. Der Minister für die landwirtschaftlichen Angelegenheiten ist mit der Ausführung dieses Gesetzes beauftragt.

12. Gesetz, betr. Schutzwaldungen und Waldgenossenschaften.

(Auszug.)

Vom 6. Juni 1875 (GS. S. 416).

Vorbemerkung: Das Gesetz gilt für den damaligen Umfang der Monarchie und in Lauenburg.

I. Allgemeine Bestimmung.

§ 1. Die Benutzung und Bewirtschaftung von Waldgrundstücken unterliegt nur denjenigen landespolizeilichen Beschränkungen, welche durch das gegenwärtige Gesetz vorgeschrieben oder zugelassen sind.

Die über die Beaufsichtigung, Benutzung und Bewirtschaftung der Staats-, Gemeinde-, Korporations-, Genossenschafts- und Institutenforsten, sowie der schleswig-holsteinischen sogenannten Bondenholzungen bestehenden besonderen Vorschriften bleiben jedoch in Kraft.[1]

[1] Vgl. Ges. über gemeinschaftliche Holzungen vom 14. März 1881 (unten Nr. 18); ferner OVG. 53 S. 345 und über den Begriff „Bondenholzungen" Jhrb. 39 C S. 80.

II. Schutzmaßregeln zur Abwendung von Gefahren.

§ 2. In Fällen, in denen:

a) durch die Beschaffenheit von Sandländereien benachbarte Grundstücke, öffentliche Anlagen, natürliche oder künstliche Wasserläufe der Gefahr der Versandung,

b) durch das Abschwemmen des Bodens oder durch die Bildung von Wasserstürzen in hohen Freilagen, auf Bergrücken, Bergkuppen und an Berghängen, die unterhalb gelegenen nutzbaren Grundstücke, Straßen oder Gebäude der Gefahr einer Überschüttung mit Erde oder Steingeröll, oder der Überflutung, ingleichen oberhalb gelegene Grundstücke, öffentliche Anlagen oder Gebäude der Gefahr des Nachrutschens,

c) durch die Zerstörung eines Waldbestandes an den Ufern von Kanälen oder natürlichen Wasserläufen Ufergrundstücke der Gefahr des Abbruches oder die im Schutze der Waldungen gelegenen Gebäude oder öffentlichen Anlagen der Gefahr des Eisganges,

d) durch die Zerstörung eines Waldbestandes Flüsse der Gefahr einer Verminderung ihres Wasserstandes,

e) durch die Zerstörung eines Waldbestandes in den Freilagen und in der Seenähe benachbarte Feldfluren und Ortschaften den nachteiligen Einwirkungen der Winde

in erheblichem Grade ausgesetzt sind, kann behufs Abwendung dieser Gefahren sowohl die Art der Benutzung der Gefahr bringenden Grundstücke, als auch die Ausführung von Waldkulturen oder sonstigen Schutzanlagen auf Antrag (§ 3) angeordnet werden, wenn der abzuwendende Schaden den aus der Einschränkung für den Eigentümer entstehenden Nachteil beträchtlich überwiegt.

Die Deckung und Aufforstung der Meeresdünen kann auf Grund dieses Gesetzes nicht gefordert werden.

§ 3. Der Antrag auf Erlaß der im § 2 vorgesehenen Anordnungen kann gestellt werden:

a) von jedem gefährdeten Interessenten,

b) von Gemeinde-, Amts-, Kreis- und sonstigen Kommunalverbänden in allen innerhalb ihrer Bezirke vorkommenden Fällen (§ 2),

c) von der Landespolizeibehörde.

§§ 4–6. (Betreffen Verpflichtung zur Bildung der Schutzanlagen, Kosten und Zurücknahme des Antrags.)

§ 7. Die Entscheidung darüber, ob und welche Maßregeln in jedem einzelnen Falle anzuordnen sind, sowie die Entscheidung über Entschädigung und Kosten (§ 5) erfolgt durch den Kreisausschuß, in den Hohenzollernschen Landesteilen durch den Amtsausschuß. Der Kreis- beziehungsweise Amtsausschuß führt in diesen Fällen die Bezeichnung: Waldschutzgericht.

Auf das Verfahren vor dem Waldschutzgerichte, auf die Berufung gegen die Entscheidung desselben und auf das Verfahren in den Berufungsinstanzen finden die gesetzlichen Vorschriften, betreffend die Verfassung der Verwaltungsgerichte und das Verwaltungsstreitverfahren, Anwendung.

Es treten jedoch für das Verfahren vor den Waldschutzgerichten folgende besondere Bestimmungen in Kraft.

§ 8. (Betr. Form d. Antrages u. Zuständigkeit.)

§ 9. Das Waldschutzgericht ernennt eines seiner Mitglieder oder einen anderen Sachverständigen zum Kommissar, welcher den Sachverhalt in vollem Umfange an Ort und Stelle und unter Anhörung der Beteiligten zu ermitteln und erforderlichenfalls den Beweis zu erheben hat.

10. (Betr. Vorabentscheidung, ob ein Fall des § 2 vorliegt.)

§ 11. Auf Grund seiner Ermittelungen hat der Kommissar ein Regulativ zu entwerfen, welches insbesondere folgende Punkte enthalten muß:

1. die Bestimmung der gefahrbringenden und gefährdeten Grundstücke;
2. die Einschränkungen in der Benutzung, welche den gefahrbringenden Grundstücken aufzulegen sind;
3. die Bestimmungen über die Herstellung, Unterhaltung und Aufsicht der erforderlichen Waldkulturen und sonstigen Schutzanlagen;
4. die Bestimmungen darüber, welche Entschädigungen, von wem, nach welchem Verhältnis, bis zu welchem Betrage und zu welchem Zeitpunkte dieselben, sowie die Kosten der Schutzanlagen aufzubringen sind.

§§ 12–16. (Betreffen Verfahren zur Festsetzung des Regulativs.)

§ 17. (Betr. Beitragspflicht der Grundstückseigentümer.)

§§ 18, 19. (Betreffen Kosten des Verfahrens.)

§ 20. Die Ausführung des Regulativs, insbesondere die Ausschreibung und Einziehung der festgesetzten Beiträge zu der Entschädigung und zu den Kosten der Schutzanlagen, die Auszahlung der Entschädigung und die Aufsicht darüber, daß die angeordneten Schutzanlagen regulativmäßig hergestellt und unterhalten, auch die sonstigen im Regulativ festgesetzten Anordnungen befolgt werden, liegt dem Vorsitzenden des Waldschutzgerichtes von Amtswegen ob.

Gegen Verfügungen des Vorsitzenden, welche dem

Regulativ widersprechen, kann innerhalb 10 Tagen nach erfolgter Zustellung bei dem Waldschutzgerichte Einspruch erhoben werden, welches darüber entscheidet.

§ 21. (Betr. Befugnis des Vorsitzenden zu vorläufigen Anordnungen.)

§ 22. (Betr. spätere Änderungen des Regulativs.)

III. Bestimmungen, betreffend die Bildung von Waldgenossenschaften.

§§ 23—46.

IV. Teilung gemeinschaftlicher Waldungen.

§ 47.

V. Übergangsbestimmungen.

§§ 48—52.

VI. Strafbestimmung.

§ 53. Die Eigentümer, Nutzungs-, Gebrauchs- und Servitutsberechtigten, sowie Pächter sind, wenn sie den Bestimmungen des Regulativs (§ 20) zuwider Holz einschlagen, mit einer Geldstrafe zu belegen, welche dem doppelten Wertbetrage des gefällten Holzes gleichkommt.

Wenn sie die sonstigen Festsetzungen des Regulativs, durch welche eine bestimmte Art der Benutzung vorgeschrieben oder verboten wird, übertreten, sind sie mit einer Geldbuße bis zu 100 Mark zu bestrafen.

§ 54. Der Minister für die landwirtschaftlichen Angelegenheiten ist mit der Ausführung dieses Gesetzes beauftragt.

13. Gesetz, betr. die Besteuerung des Gewerbebetriebes im Umherziehen und einige Abänderungen des Gesetzes wegen Entrichtung der Gewerbesteuer vom 30. Mai 1820.

Vom 3. Juli 1876 (GS. S. 247).

Vorbemerkung: Das Gesetz gilt für den Umfang der Monarchie mit Ausnahme von Helgoland.

Gegenstand der Besteuerung.

§ 1. Wer außerhalb seines Wohnortes,[1] ohne Begründung einer gewerblichen Niederlassung[2] und ohne vorgängige Bestellung,[3] in eigener Person[4]

1. Waren[5] irgendeiner Art, mit Ausschluß der selbstgewonnenen Erzeugnisse[6] der Land- und Forstwirtschaft,[7] des Garten- und Obstbaues, der Jagd und des Fischfanges,[8] feilbieten,[9]
2. Waren irgendeiner Art bei anderen Personen, als bei Kaufleuten,[10] oder an anderen Orten, als in offenen Verkaufsstellen[11] zum Wiederverkauf[12] ankaufen,[13]
3. Warenbestellungen aufsuchen,[14]
4. gewerbliche oder künstlerische Leistungen oder Schaustellungen, bei welchen ein höheres wissenschaftliches oder Kunstinteresse nicht obwaltet,[15] feilbieten[16]

will, unterliegt der Steuer vom Gewerbebetriebe im Umherziehen.[17]

[1] Vgl. aber § 2 Nr. 6.

Ein Hausieren kann auch in dem simulierten Wohnsitz an mehreren Orten gefunden werden, OTr. GA. 18 S. 122. Über Hausieren bei doppeltem Wohnsitz vgl. OTr. GA. 14 S. 216. Ein Umherziehen von Haus zu Haus, ein ambulanter Betrieb gehört nicht zu den begrifflichen Merkmalen des Gewerbebetriebs im Umherziehen; ebensowenig ist erforderlich, daß das Gewerbe nacheinander an mehreren Orten außerhalb des Wohnsitzes betrieben wird; es genügt der Betrieb an irgendeinem Ort, welcher nicht der Wohnsitz oder ständige Geschäftssitz des Gewerbetreibenden ist, RG. Strff. 38 S. 32; vgl. auch RG. DJZ. 06 S. 87.

² Eine gewerbliche Niederlassung ist vorhanden, wenn ein Gewerbetreibender ein zu dauerndem Gebrauche eingerichtetes, beständig oder doch in regelmäßiger Wiederkehr von ihm benutztes Lokal für den Betrieb seines Gewerbes besitzt, GewO. § 42 Abs. 2, RGStrafs. 19 S. 281, vgl. auch Jhrb. 11 S. 236. Zur Begründung ist die ernstliche Absicht, in dem betreffenden Lokale dauernd ein Gewerbe betreiben zu wollen, erforderlich. RGStrafs. 29 S. 1.

Wer zwar außerhalb seines Wohnorts, aber am Ort seiner gewerblichen Niederlassung eine der im § 1 aufgeführten Betriebshandlungen vornimmt, unterliegt auch dann nicht der Hausiergewerbesteuer, wenn er die Betriebshandlung außerhalb des Lokals seiner gewerblichen Niederlassung vornimmt; die Fassung „ohne Begründung einer gewerblichen Niederlassung" ist gleichbedeutend mit „außerhalb des Orts seiner gewerblichen Niederlassung", Jhrb. 32 C S. 17. Der Reisende, der außerhalb seines Wohnorts, aber im Gemeindebezirk der gewerblichen Niederlassung seines Geschäftsherrn für diesen Bestellungen auf Waren aufsucht, betreibt kein Gewerbe im Umherziehen; seine Tätigkeit ist Ausfluß des stehenden Gewerbes seines Geschäftsherrn, Jhrb. 37 C S. 16.

³ Unter vergängiger Bestellung kann nicht eine Bestellung der Ware verstanden werden, sondern nur die der Person des Gewerbetreibenden zum Zweck des Feilbietens oder Ankaufs von Waren, des Aufsuchens von Warenbestellungen, des Anbietens oder Feilbietens gewerblicher Leistungen. Der Bestellende braucht daher nur die Absicht kundgegeben zu haben, mit dem Bestellten

ein Geschäft der in Frage kommenden Art zu machen. Die Bestellung unterscheidet sich von der ausdrücklichen Aufforderung im § 44 Abs. 3 GewO. nur dadurch, daß erstere auch stillschweigend erfolgen kann, Jhrb. 28 C S. 13. Der Auftraggeber des § 23 ist nicht Besteller im Sinne des Gesetzes, KG. DJZ. 06 S. 149. Zum Begriff der Bestellung genügt es, wenn der Gewerbetreibende an der betreffenden Stelle (nicht an dem betreffenden Orte) nicht unaufgefordert, sondern auf Grund einer Aufforderung des Kunden erscheint, in welcher die Anwesenheit des Gewerbetreibenden zum Zweck der Vornahme der Gewerbehandlung verlangt wird, Jhrb. 39C S. 24.

Wird die bestellte Ware vom Besteller nicht angenommen und einem andern zum Kauf angeboten, so greift die Steuerpflicht Platz, RGStraff. 19 S. 281, Jhrb. 7 S. 219, vgl. auch Jhrb. 2 S. 235, 8 S. 159, 14 S. 315, 16 S. 360, GA. 46 S. 233.

⁴ Vorausgesetzt wird die persönliche Anwesenheit des Gewerbetreibenden am Betriebsorte, Jhrb. 14 S. 316. Der Steuer unterliegt auch derjenige, welcher ohne eigenen Nutzen für Rechnung einer andern physischen oder juristischen Person die im § 1 aufgeführten Handlungen vornehmen will, Jhrb. 22 C S. 28. Begleiter brauchen keinen Gewerbeschein, vgl. § 6 A. 1.

⁵ Waren sind unmittelbare Objekte des Handels im Gegensatz zu Mustern und Proben, OV. 16 S. 157; dazu gehören z. B. Brillen, Jhrb. 2 S. 238, einzelne Hefte einer Druckschrift, Jhrb. 5 S. 238, Vieh, Jhrb. 6 S. 230; nicht dazu gehören Grundstücke, Jhrb. 1 S. 187, 17 S. 377, wohl aber das Inventar eines Grundstücks, wenn es getrennt von diesem versteigert wird, Jhrb. 15 S. 255.

⁶ Vgl. § 59 Nr. 1 GewO. Das Hausieren mit rohen, nicht selbstgewonnenen Erzeugnissen der Landwirtschaft ist steuerpflichtig, Jhrb. 13 S. 317, vgl. auch MBl. f. d. i. V. 1883 S. 225. Gleichgültig ist es, ob die selbstgewonnenen Erzeugnisse in eigener Person von dem Landwirte usw. oder für seine Rechnung von einem Beauftragten feilgeboten werden, Jhrb. 10 S. 198, 20C S. 108. Hefe ist nicht als ein selbstgewonnenes Erzeugnis anzusehen, Jhrb. 18 S. 241. Der Verkauf des Fleisches von geschlachtetem Vieh, mag

dieses auch vom Verkäufer selbst gezogen und gemästet sein, ist kein Vertrieb selbstgewonnener Erzeugnisse der Landwirtschaft, Jhrb. 9 S. 200.

[7] Dazu gehören auch die Produkte der Geflügelzucht, KG. GA. 39 S. 194. Über den Handel mit Kolonialprodukten vgl. GA. 27 S. 118; über Erzeugnisse der Forstwirtschaft, Jhrb. 9 S. 209. Holz, das von Händlern lediglich zum Zweck der Weiterveräußerung erworben wird, ist nicht selbst gewonnen, KG. DJZ. 06 S. 87.

[8] Wild und Fische, die durch widerrechtliche Aneignung erworben sind, gehören nicht hierher, Jhrb. 10 S. 197.

[9] Feilbieten setzt voraus, daß der Feilbietende die Waren mit sich führt, Jhrb. 10 S. 196, KG. DJZ. 06 S. 87, Recht 09 S. 784, und durch positive Handlungen zur Abnahme der Waren auffordert, OTr. GA. 12 S. 839, Jhrb. 14 S. 313. Ein förmliches Anbieten mit ausdrücklicher Aufforderung zum Ankauf ist aber nicht erforderlich; es genügt, daß dem Publikum die Verkäuflichkeit erkennbar gemacht wird, und dies kann durch verständliche Zeichen oder ein die Aufmerksamkeit der Käufer absichtlich erregendes Benehmen geschehen. Die Aufforderung zur Abnahme von Waren braucht auch nicht durch den Händler persönlich zu geschehen; es kann auch ein anderer auf ausdrückliches oder durch konkludente Handlungen bewirktes Verlangen des anwesenden Händlers die Aufforderung ergehen lassen, KG. DJZ. 1910 S. 373. Über den Unterschied zwischen Feilbieten von Waren und Aufsuchen von Bestellungen nach mitgeführten Proben vgl. KG. DJZ. 07 S. 485. Das Anbieten von Waren, die an einem anderen Orte sich befinden, kann nur als Aufsuchen von Bestellungen (Nr. 3) angesehen werden. Die Form der Versteigerung, des Glücksspiels oder der Ausspielung schließt den Begriff des Feilbietens nicht aus, RGStrafs. 14 S. 89. Auch in der Veranstaltung eines Preiskegelns kann ein Feilbieten gefunden werden, KG. DJZ. 08 S. 975. Vgl. auch Jhrb. 5 S. 267, 11 S. 243.

[10] Über den Begriff des Kaufmanns vgl. § 1 HGB.

[11] Als offene Verkaufsstellen sind nur ständige, dem Publikum in der Regel zugängliche, dem regelmäßigen Verkauf der

Waren seitens des Handeltreibenden dienende Stellen anzusehen, Jhrb. 37 C S. 22.

[12] Nicht erforderlich ist, daß der Wiederverkauf unter den Bedingungen eines steuerpflichtigen Gewerbes stattgefunden hat, OTr. GA. 24 S. 487.

[13] Es muß ein wirklicher Ankauf stattgefunden haben, eine Ankaufsofferte genügt nicht, KG. GA. 37 S. 462.

Unter den Begriff des „Ankaufs" fällt auch ein im Wege des Tausches erfolgender Erwerb. Dabei kommt es lediglich darauf an, wo der Erwerbsvertrag abgeschlossen ist, nicht wo die Verhandlungen eingeleitet sind, KG. Recht 08 S. 344.

Jedermann, nicht nur den ein stehendes Gewerbe betreibenden Personen steht es frei, außerhalb seines Wohnsitzes ohne Begründung einer gewerblichen Niederlassung gewerbsmäßig Waren zum Wiederverkauf bei Kaufleuten in deren offenen Verkaufsstellen aufzukaufen, ohne hierfür steuerpflichtig zu sein; dem steht § 2 Nr. 1 nicht entgegen, denn § 2 enthält lediglich Ausnahmen von den im § 1 begründeten Steuerverpflichtungen, Jhrb. 37 C S. 22.

[14] Aufsuchen von Bestellungen liegt auch dann vor, wenn ein Gewerbetreibender in einem Ort außerhalb seines Wohnorts persönlich anwesend ist und von den vorher durch öffentliche Mitteilung benachrichtigten Kauflustigen durch Vorlegung von Proben oder Mustern Bestellungen zu erlangen versucht (die gegenteilige Ansicht in Jhrb. 18 S. 245 ist aufgegeben), Jhrb. 38 C S. 21, KG. Recht 1910 S. 485. Zum Aufsuchen von Warenbestellungen gehört nicht unbedingt, daß die Person, welche die Nachfrage wegen einer etwaigen Bestellung von Waren hält, mit dem Angefragten auch wirklich in eigener Person verhandelt, selbst den Verkauf abschließt oder Warenbestellungen entgegennimmt; auch dann, wenn der Anfragende eine derartige spätere Tätigkeit seines Auftraggebers, in dessen Namen und für dessen Rechnung er die Anfrage hält, vorbereitet, wenn er nach Bejahung der Anfrage seinen Auftraggeber veranlassen will, bei den befragten Personen zu erscheinen und mit diesen über den Verkauf oder über die künftige Lieferung von Waren zu verhandeln, liegt ein Aufsuchen von Warenbestellungen vor, Jhrb. 38 C S. 28.

Hierhin gehört auch das Subskribentensammeln auf ein erst herauszugebendes Werk, OR. 7 S. 495. Ein Aufsuchen liegt nicht vor, wenn eine ausdrückliche Aufforderung des Kunden zum Besuch vorausgegangen ist, mag auch die Aufforderung nur generell dahin gerichtet sein, in Zukunft den Reisenden mit Proben in die Wohnung zu schicken, und mag auch die Initiative zu dieser Aufforderung von dem Gewerbetreibenden selbst ausgegangen sein, Jhrb. 18 S. 242, vgl. aber auch Jhrb. 25 C S. 59.

[15] Unter einer gewerblichen Leistung ist nicht jede Tätigkeit gewerblicher Art, sondern nur solche Tätigkeit eines Gewerbetreibenden zu verstehen, durch welche entweder reine oder vorwiegend persönliche Dienste geleistet werden oder bewegliche Sachen angefertigt, bearbeitet oder ausgebessert werden, ohne daß dabei die gearbeitete oder bearbeitete Sache als ein Gegenstand des Handels erscheint (Anfertigen von Kreidezeichnungen nach Photographien), OLG. Celle GA. 56 S. 245. Das gewerbsmäßige Anbieten der Dienste eines Gesindevermittlers fällt nicht hierunter, Jhrb. 8 S. 159; dagegen gehört hierher das Darbieten von „Lustbarkeiten", KG. Recht 08 S. 791, DJZ. 08 S. 975; eine öffentliche Ausspielung kann nur dann als „Schaustellung" oder „Lustbarkeit" angesehen werden, wenn äußere Veranstaltungen hinzutreten, darauf berechnet, die Schaulust oder Spiellust des größeren Publikums anzureizen, die fragliche Ausspielung zum örtlichen Mittelpunkt einer am Schauen oder Spielen sich gemeinsam ergötzenden Menge zu machen, RGStrafs. 14 S. 89, vgl. Jhrb. 8 S. 164, KG. DJZ. 08 S. 975.

Die Frage, ob ein höheres wissenschaftliches oder Kunstinteresse obwaltet, ist eine tatsächliche, Jhrb. 15 S. 254, 16 S. 354. Ein höheres Kunstinteresse liegt nicht vor bei den Veranstaltungen eines Billardkünstlers, KG. DJZ. 1910 S. 518.

[16] Der Begriff des Feilbietens gewerblicher Leistungen setzt voraus, daß der Anbietende zur sofortigen Erfüllung bereit ist, Jhrb. 25C S. 61, OLG. Celle GA. 56 S. 245; außerdem, daß der Gewerbetreibende durch Worte, verständliche Zeichen oder ein die Aufmerksamkeit der Interessenten absichtlich erregendes Benehmen diese zur Entgegennahme der Leistungen auffordert; es

genügt nicht, daß der nach einem fremden Ort bestellte Gewerbetreibende die ihm aufgetragene Arbeit in einer für das Publikum sichtbaren Weise ausführt, Jhrb. 39 C S. 24. Ein lediglich passives Verhalten erfüllt den Begriff des Feilbietens ebensowenig wie ein öffentliches bloßes Bereithalten der zur Ausführung der gewerblichen Leistung dienenden Einrichtung, KG. DJZ. 1910 S. 1413.

[17] Wegen Verletzung der Vorschriften über die Entrichtung der Hausiergewerbesteuer kann nur derjenige bestraft werden, der gewerbsmäßig gehandelt hat, Jhrb. 23 C S. 93, 33 C S. 25, KG. DJZ. 06 S. 87, Recht 08 S. 344. Gewerbebetriebe, welche nicht unbedingt verboten sind, deren Ausübung aber an gewerbepolizeiliche Beschränkungen geknüpft ist, bleiben steuerpflichtig, auch wenn diese Beschränkungen überschritten werden, KG. GA. 51 S. 66. Vgl. § 20 A. 1.

Der Gewerbebetrieb im Umherziehen unterscheidet sich von dem Wanderlagerbetrieb dadurch, daß bei letzterem der Verkauf von einer festen Verkaufsstelle aus erfolgt. Vgl. auch Jhrb. 13 S. 318.

Ausnahmen.

§ 2. Der Steuer vom Gewerbebetriebe im Umherziehen nicht unterworfen sind:

1. Kaufleute, Fabrikanten und andere Personen, welche ein stehendes Gewerbe betreiben, sowie die in deren Diensten stehenden Reisenden,[1] welche außerhalb des Ortes ihrer gewerblichen Niederlassung, beziehungsweise der gewerblichen Niederlassung ihrer Geschäftsherren,
   a) Warenbestellungen suchen, wenn sie von den Waren, auf welche sie Bestellungen suchen, nur Proben oder Muster[2] mit sich führen,
   b) Waren aufkaufen, wenn sie die aufgekauften Waren nur behufs deren Beförderung nach dem Bestimmungsorte mit sich führen.[3]

   Die vorstehenden Bestimmungen finden auf

diejenigen keine Anwendung, welche nach den reichsgesetzlichen Vorschriften zum Aufsuchen von Bestellungen oder zum Ankauf von Waren eines Wandergewerbescheines bedürfen.[4]

Die Gewerbescheine für Reisende zu den vorstehend zu a und b bezeichneten Zwecken sind, wenn im Laufe des Jahres ein Wechsel in der Person des Reisenden eintritt, für den Rest ihrer Gültigkeitsdauer steuerfrei auf die Person des Nachfolgers durch Umschreibung oder anderweite Ausfertigung zu übertragen;[4]

2. diejenigen, welche ausschließlich im Meß- und Marktverkehr[5] die im § 1 unter 1 bis 3 bezeichneten Arten des Gewerbebetriebes ausüben;
3. diejenigen, welche selbstgewonnene Waren, hinsichtlich deren dies nach Landesgebrauch hergebracht ist, zu Wasser verfahren und vom Fahrzeuge aus feilbieten;
4. Gewerbetreibende,[10] welche außerhalb ihres Wohnortes bei öffentlichen Festen, Truppenzusammenziehungen und anderen außergewöhnlichen Gelegenheiten solche Waren, hinsichtlich deren dies von den zuständigen Behörden gestattet ist, feilbieten;
5. Gewerbetreibende,[10] welche in nicht größerer Entfernung als 15 Kilometer vom Wohnorte[6]
   a) selbstverfertigte[7] Waren, welche zu den Gegenständen des Wochenmarktverkehrs[8] gehören, feilbieten,[9]
   b) gewerbliche Leistungen, hinsichtlich deren dies nach Landesgebrauch hergebracht ist, anbieten,
   c) das Musikergewerbe ausüben;

6. Gewerbetreibende,[10] welche außerhalb ihres Wohnortes, aber innerhalb des Gemeindebezirks und der etwa durch besondere Anordnung der Regierung[11] dem Gemeindebezirk des Wohnortes in dieser Hinsicht gleichgestellten nächsten Umgebung desselben Waren aufkaufen, Waren oder Leistungen feilbieten, oder Warenbestellungen suchen.

[1] Darunter sind nicht bloß kaufmännische Handlungsreisende, sondern auch Gewerbegehilfen zu verstehen, Jhrb. 6 S. 228, vgl. auch Jhrb. 11 S. 240. Handlungsagenten, die ein stehendes Gewerbe betreiben, sind der Hausiersteuer nicht unterworfen, wenn sie unter den Voraussetzungen des § 44 Abs. 3 GewO. außerhalb des Orts ihrer gewerblichen Niederlassung als Vermittler oder Vertreter des Geschäftsherrn Waren aufkaufen, Jhrb. 38 C S. 31.

[2] Proben und Muster sind nur solche Gegenstände, deren ausschließliche wirtschaftliche Bestimmung darin besteht, die vertragsmäßigen Eigenschaften der Ware festzustellen, nicht darunter fallen einzelne Lieferungen einer Druckschrift, Jhrb. 23 C S. 35.

[3] Werden die Waren auf dem Transporte nach dem Bestimmungsorte verkauft, so liegt eine strafbare Hinterziehung der Gewerbesteuer vor, Jhrb. 11 S. 238.

[4] Abs. 2 u. 3 der Nr. 1 sind durch Gesetz vom 23. Dezember 1896 (GS. S. 273) angefügt.

Wer eines Wandergewerbescheins bedarf, ist bestimmt im § 55 GewO. Vgl. Jhrb. 18 S. 244, 19 S. 255, RG. Recht 1910 S. 181.

[5] Unter Märkten sind nur die in §§ 64, 70 GewO. bezeichneten und von der zuständigen Behörde angeordneten Märkte zu verstehen, Jhrb. 8 S. 161, aber nicht nur Jahr- und Wochenmärkte, sondern auch Vieh- und Wollmärkte usw. Gleichgültig ist, ob der Verkäufer die Waren selbst angefertigt oder aufgekauft hat und ob er sonst noch ein stehendes Gewerbe betreibt, Jhrb. 6 S. 227. Vgl. ferner Jhrb. 16 S. 358, 20 C S. 66. Es kommen aber dabei nur die zum Marktverkehr zugelassenen Waren in Betracht, da

ein Marktverkehr im Sinne der GewO. bezüglich anderer Waren nicht stattfindet, KG. DJZ. 07 S. 1381.

[6] Entfernung vom Wohnort bedeutet Entfernung von der Weichbildgrenze des Wohnorts, nicht Entfernung von seinem Mittelpunkt, Jhrb. 28 C S. 50.

[7] Der Begriff der selbstverfertigten Ware erfordert nicht, daß der Rohstoff selbst gewonnen ist, eine Ware ist vielmehr selbstverfertigt, wenn eine Bearbeitung oder Verarbeitung des Stoffes stattgefunden hat. Das Maß der hierbei entwickelten Tätigkeit ist nicht von entscheidender Bedeutung; bearbeitet ist der Stoff auch dann, wenn die Herstellung des Handelsgegenstandes eine besondere Mühewaltung oder Sachkunde nicht verlangt (Maiblumensträußchen) Jhrb. 35 C S. 7. Auch frisches, selbstgeschlachtetes Fleisch gehört hierher, Jhrb. 11 S. 233.

[8] Über Gegenstände des Wochenmarktverkehrs vgl. § 66 GewO.; über die einen Gegenstand des Wochenmarktverkehrs bildenden frischen Lebensmittel vgl. Jhrb. 13 S. 312, KG. DJZ. 07 S. 1149. Lebensmittel sind nur die zur Erhaltung des menschlichen Lebens bestimmten und regelmäßig verwendeten Mittel; Konditor- und Luxusbackwaren gehören nicht dazu, KG. Recht 1910 S. 182. Schweine gehören zum Kleinvieh und können deshalb auf dem Wochenmarkt verkauft werden (§ 66 Nr. 1 GewO.) KG. Recht 09 S. 680. Durch eine Anordnung der höheren Verwaltungsbehörde, welche die Fortsetzung des herkömmlichen Wochenmarktverkehrs mit bestimmten Handwerkerwaren gemäß § 64 Abs. 2 GewO. gestattet, werden diese Waren nicht zu „Gegenständen des Wochenmarktverkehrs" im Sinne der Nr. 5a, Jhrb. 29 C S. 9.

[9] Vgl. § 1 A. 9. Steuerfrei ist auch das Feilbieten durch einen Stellvertreter, sofern die Waren von dem Gewerbetreibenden selbst angefertigt sind, Jhrb. 6 S. 225, 10 S. 198, 20 C S. 108, KG. GA. 49 S. 350; vgl. auch § 4 A. 1.

[10] Die Nr. 4—6 finden nicht bloß auf Personen Anwendung, die ein stehendes Gewerbe betreiben, vielmehr ist „Gewerbetreibender" jeder, der die dort bezeichneten Tätigkeiten gewerbsmäßig ausübt, Jhrb. 35 C S. 7.

[11] Die Bestimmung, daß die Umgebung dem Gemeindebezirk eines Ortes gleichstehe, liegt dem Regierungspräsidenten ob; sie stellt also einen Verwaltungsakt dar und bildet keinen Bestandteil einer Strafrechtsnorm; der Irrtum über Normen des öffentlichen Rechts ist als ein solcher über Tatumstände im Sinne des § 59 StGB. anzusehen, RG. Recht 09 S. 847.

Gewerbebetrieb der Ausländer.

§ 3. In betreff der Angehörigen außerdeutscher Staaten, welche weder ihren Wohnsitz noch eine gewerbliche Niederlassung in einem deutschen Staate haben, treten, sofern nicht durch Verträge oder Vereinbarungen oder durch Anordnungen des Finanzministers anderweite Festsetzungen getroffen sind, nachstehende besondere Bestimmungen ein:[1]

1. Dieselben sind der Steuer vom Gewerbebetriebe im Umherziehen auch dann unterworfen, wenn sie selbstgewonnene Erzeugnisse der Land- und Forstwirtschaft, des Garten- und Obstbaues, der Jagd und des Fischfanges ohne vorgängige Bestellung in eigener Person feilbieten wollen (§ 1 Nr. 1).
2. Die Bestimmungen des § 2 finden auf dieselben und auf die in ihren Diensten stehenden Reisenden, welche für deren im Auslande betriebenes Geschäft Waren aufkaufen oder Warenbestellungen suchen (§ 2 Nr. 1), keine Anwendung.
3. Aller Handel (Verkauf und Ankauf von Waren und Suchen von Warenbestellungen) der Ausländer auf Messen und Jahrmärkten bleibt von der Gewerbesteuer frei.
4. Desgleichen ist ihnen das Feilbieten von Verzehrungsgegenständen, welche zu den Gegenständen

des Wochenmarktverkehrs gehören, und der Warenankauf auf Wochenmärkten[2] gewerbesteuerfrei gestattet.

5. Die Regierungen sind ferner ermächtigt, ihnen das Feilbieten solcher selbstgewonnenen Erzeugnisse und selbstverfertigten Waren, welche zu den Gegenständen des Wochenmarktverkehrs gehören, im Umherziehen innerhalb eines näher zu bestimmenden, nicht über 15 Kilometer von der Grenze zu erstreckenden Bezirks gewerbesteuerfrei zu gestatten.

[1] Es sind also in erster Linie Verträge oder Vereinbarungen maßgebend, beim Fehlen solcher die Anordnungen des Finanzministers und zuletzt erst die subsidiären Bestimmungen des § 3, Jhrb. 30 C S. 15.

[2] „Auf Wochenmärkten" bezieht sich sowohl auf das „Feilbieten von Verzehrungsgegenständen" als auf den „Warenankauf", es ist deshalb der Hausierhandel eines Nichtdeutschen mit zum Wochenmarktverkehr gehörigen Verzehrungsgegenständen außerhalb des Wochenmarktes steuerpflichtig, Jhrb. 13 S. 321.

Besteuerung als stehender Gewerbebetrieb.

§ 4. Die im § 2 aufgeführten, sowie alle anderen der Steuer vom Gewerbebetriebe im Umherziehen nicht unterliegenden Arten der Ausübung des Gewerbebetriebes außerhalb des Wohnortes und ohne Begründung einer gewerblichen Niederlassung werden hinsichtlich der Besteuerung der preußischen und der einem anderen deutschen Staate angehörigen Gewerbetreibenden, sowie derjenigen ausländischen Gewerbetreibenden (§ 3), welche ihren Wohnsitz oder eine gewerbliche Niederlassung in Deutschland haben, dem stehenden Gewerbebetriebe derselben zugerechnet. Preußische Gewerbetreibende, welche die vorbezeichneten Arten des Gewerbebetriebes ausüben oder durch Stellvertreter[1] ausüben lassen, ohne dasselbe Gewerbe als stehendes zu betreiben, sind verpflichtet, dieses Gewerbe vor dessen Beginn, sofern sie einen Wohnsitz in Preußen haben, bei der Kommunalbehörde ihres Wohnortes — in Ermangelung eines solchen bei der Kommunalbehörde des Ortes, wo der Gewerbebetrieb begonnen werden soll — anzumelden und unterliegen der Besteuerung vom stehenden Gewerbe in der entsprechenden Steuerklasse nach Maßgabe der für dieselbe bestehenden Vorschriften (§ 19 des Gesetzes vom 30. Mai 1820, GS. S. 147, und § 17 dieses Gesetzes).[2]

Die gleiche Anmeldungsverpflichtung und Besteuerung trifft die einem anderen deutschen Staate angehörigen Gewerbetreibenden nur dann, wenn sie nicht dasselbe Gewerbe in einem anderen deutschen Staate als stehendes betreiben.

Ausländische Gewerbetreibende, welche ihren Wohnsitz oder eine gewerbliche Niederlassung in Deutschland haben (§ 3), werden in dieser Hinsicht den Gewerbetreibenden desjenigen Staates gleichgestellt, in welchem sie ihren Wohnsitz oder eine gewerbliche Niederlassung haben.

[1] Unter Stellvertreter im Sinne dieser Vorschrift sind nicht bloß solche Personen, welche für Rechnung und im Namen des sich mit dem Gewerbebetrieb nicht befassenden Geschäftsherrn das Gewerbe in seiner Gesamtheit oder in einzelnen Zweigen ausüben, sondern auch andere Personen, wie Gehilfen, zu verstehen, Jhrb. 6 S. 225, KG. GA. 49 S. 350.

[2] Jetzt §§ 52, 70 des Gewerbesteuergesetzes vom 24. Juni 1891.

§ 5. Wer ein der Steuer vom Gewerbebetriebe im

Umherziehen unterworfenes Gewerbe nach Entrichtung dieser Steuer auch an seinem Wohnorte ohne Begründung einer gewerblichen Niederlassung vorübergehend ausübt, unterliegt dieserhalb nicht der Steuer vom stehenden Gewerbebetrieb.

Anmeldung des Gewerbebetriebes im Umherziehen und Einlösung des Gewerbescheines.

§ 6. Wer ein der Steuer vom Gewerbebetriebe im Umherziehen unterliegendes Gewerbe (§§ 1 und 3) ausüben will, ist verpflichtet, dasselbe für jedes Jahr, in welchem der Gewerbebetrieb stattfinden soll, behufs Entrichtung der Steuer anzumelden und einen die Bezeichnung der Person, der Art und des Gegenstandes des Gewerbebetriebes, der Anzahl der mitzuführenden Begleiter,[1] Fuhrwerke oder Wasserfahrzeuge, sowie die Festsetzung der Steuer und die Quittung über deren Entrichtung oder die Bescheinigung der Steuerfreiheit (§ 13) enthaltenden Gewerbeschein für das betreffende Jahr vor Beginn des Gewerbebetriebes einzulösen. Der Gewerbeschein ist nur für die Person und das Kalenderjahr gültig, für welche derselbe ausgefertigt ist.

Die Anmeldung ist, insofern es zu dem beabsichtigten Gewerbebetriebe nach den Vorschriften der Reichs-Gewerbeordnung des Legitimationsscheines[2] einer Preußischen Behörde bedarf, mit dem Antrage auf Erteilung des letzteren zu verbinden und wird alsdann regelmäßig auch der Gewerbeschein mit dem Legitimationsschein verbunden.

Andernfalls ist die Anmeldung bei der Polizeibehörde des Wohnortes des Gewerbetreibenden, und wenn derselbe innerhalb des Preußischen Staates keinen Wohnsitz hat, bei der Polizeibehörde des Ortes, an welchem er den Gewerbebetrieb in Preußen beginnen will — in Berlin stets bei der Direktion für die Verwaltung der direkten Steuern —, schriftlich oder zu Protokoll zu bewirken. Für Ortschaften der vierten Gewerbesteuer-Abteilung erfolgt die Anmeldung bei der Polizeibehörde des Kreises (Landrat, Kreishauptmann usw.). Bei der Anmeldung muß der Gegenstand des Gewerbebetriebes, die Anzahl der mitzuführenden Begleiter, Fuhrwerke oder Wasserfahrzeuge angegeben, auch auf Erfordern über die Verrichtungen der Begleiter, die Beschaffenheit und Bestimmung der Transportmittel Auskunft erteilt werden. Nach Maßgabe der Anmeldung fertigt diejenige Behörde, welcher die Festsetzung der Steuer obliegt, den Gewerbeschein aus und überweist denselben der mit der Einziehung der Steuer beauftragten Kasse zur Aushändigung gegen Erlegung der Steuer.

Die Festsetzung der Steuer erfolgt durch die Regierung, kann jedoch für einzelne Gattungen des Gewerbebetriebes im Umherziehen den der Regierung nachgeordneten Verwaltungsbehörden von dem Finanzminister übertragen werden.

Wegen der Form der Gewerbescheine, wegen der Verbindung derselben mit den Legitimationsscheinen und wegen des sonstigen Verfahrens hat der Finanzminister die erforderlichen Anordnungen zu erlassen. In die mit einem Legitimationsscheine nicht verbundenen Gewerbescheine kann auch das Signalement des Inhabers aufgenommen werden.

[1] **Begleiter** ist derjenige, welcher mit dem das Hausiergewerbe Ausübenden behufs Leistung untergeordneter Dienste in

diesem Gewerbe von Ort zu Ort zieht, nicht aber derjenige, welcher gemeinschaftlich mit ihm das Gewerbe betreibt, sei es auf gemeinsame Rechnung oder gegen ein ihm vom leitenden Unternehmer gezahltes Honorar, ebenso nicht derjenige, welcher in Abwesenheit des Gewerbetreibenden Waren feilbietet, oder derjenige, welcher ihm nur an einem einzelnen Orte vorübergehend untergeordnete Dienste leistet, Jhrb. 11 S. 241, 12 S. 196, 13 S. 320, KG. Recht 1910 S. 182. Irrtum des Begleiters über den Umfang seiner Befugnisse ist Irrtum über das Strafgesetz, Jhrb. 12 S. 194.

[3] Der Legitimationsschein führt jetzt den Namen Wandergewerbeschein (§ 55 GewO.); er ist als lediglich gewerbepolizeilicher Natur von dem gewerbesteuerlichen Gewerbeschein zu unterscheiden.

§ 7. Will der Gewerbetreibende nach Einlösung des Gewerbescheines im Laufe des Jahres ein anderes als das darin bezeichnete Gewerbe im Umherziehen beginnen oder letzteres auf andere als die im Gewerbescheine bezeichneten Gegenstände, Waren oder Leistungen ausdehnen, oder Begleiter, Fuhrwerk oder Wasserfahrzeuge mitführen, ohne daß dies im Gewerbescheine vermerkt ist, oder in größerer als der darin angegebenen Anzahl, so ist er verpflichtet, hiervon vorherige Anmeldung behufs Änderung beziehungsweise Ergänzung des eingelösten oder Erteilung eines anderen Gewerbescheines zu machen. Die Bestimmungen des § 6 finden hierbei gleichmäßige Anwendung.

Insofern die beabsichtigte Änderung des Gewerbebetriebes eine Erhöhung der Steuer (§ 9) oder die Entziehung der Steuerfreiheit (§ 13) bedingt, hat die Regierung zugleich den zu entrichtenden Steuersatz, auf welchen jedoch der für das betreffende Jahr bereits entrichtete Steuerbetrag in Anrechnung gebracht wird, anderweit festzusetzen und die Aushändigung des Gewerbescheines gegen Erlegung des Mehrbetrages zu veranlassen.

Verpflichtungen des Inhabers des Gewerbescheines.

§ 8. Der Inhaber eines Gewerbescheines ist verpflichtet, diesen während der tatsächlichen Ausübung des Gewerbebetriebes bei sich zu führen und auf Erfordern den zuständigen Behörden und Beamten vorzuzeigen; er darf weder den Gewerbeschein an einen anderen überlassen, noch Begleiter in größerer als der in dem Gewerbescheine angegebenen Anzahl mitführen.[1]

[1] Über Bestrafung vgl. § 25.

Betrag der Steuer.

§ 9. Die Steuer vom Gewerbebetriebe im Umherziehen beträgt in der Regel 48 Mark für jedes Kalenderjahr.

Die Regierungen sind jedoch ermächtigt, nach näherer Anweisung des Finanzministers

1. für Gewerbe geringerer Art (vergl. nachstehend unter a und b), sofern solche nicht in einem für dieselben ungewöhnlichen Umfange betrieben werden, sowie auch für andere Gewerbe, wenn sie in erheblich geringerem als dem gewöhnlichen Umfange betrieben werden, oder der Gewerbebetrieb durch besondere Umstände (körperliche Gebrechen, hohes Alter des Gewerbetreibenden u. dgl. m.) beeinträchtigt wird, ermäßigte Jahressteuersätze von 36, 24, 18, 12 und 6 Mark,
2. für Gewerbebetriebe von bedeutendem Umfange, wie diejenigen der Vorsteher großer Schauspieler-,

Musiker-, Kunstreiter- und ähnlicher Gesellschaften, der Pferde- und Viehhändler mit erheblichem Betriebskapital und Umsatz, der mit größeren Warenlagern umherziehenden Handeltreibenden usw. erhöhte Jahressteuersätze von 72, 96 und 144 Mark festzusetzen. Insbesondere kann zufolge der Bestimmung unter 1. die Steuer

a) für das Sammeln geringwertiger Erzeugnisse und Abgänge der Haus- und Landwirtschaft und für das Anbieten gewerblicher Leistungen von untergeordneter Beschaffenheit (Ausbessern grober Geräte usw.) und diesen gleichzustellende Gewerbebetriebe bis auf 6 Mark,

b) für das Feilbieten von Lebensmitteln, Haushaltungs- und Wirtschaftsbedürfnissen und anderen Waren von geringem Werte (groben Holz-, Eisen-, Ton-, Bürstenbinderwaren u. dgl.) und diesen gleichzustellende Gewerbebetriebe bis auf 12 Mark, ausnahmsweise auch bis auf 6 Mark

ermäßigt werden und soll, falls nicht aus der Art und Weise der Ausübung des Gewerbes (Anzahl der Begleiter u. dgl.) oder sonstigen Umständen auf einen größeren als den bei diesen Gewerben gewöhnlichen Umfang zu schließen ist, für die Gewerbebetriebe zu a und b den Steuersatz von 24 Mark nicht überschreiten.

§ 10. Den Mitgliedern von Musiker-, Schauspieler-, Kunstreiter- und ähnlichen Gesellschaften, welche aus mindestens vier Personen bestehen und unter einem Vorsteher ihr Gewerbe betreiben, können ermäßigte Steuersätze in gleicher Weise, wie den im § 9 unter b bezeichneten Gewerbetreibenden bewilligt werden. Die Gewerbescheine für die Vorsteher und die Mitglieder solcher Gesellschaften können in einen Gewerbeschein zusammengefaßt werden.[1]

[1] Diese Vorschrift befreit die Mitglieder nicht von der Verpflichtung für ihre Person einen Gewerbeschein zu lösen; wenn ein Mitglied einer Musikgesellschaft Angestellter des Direktors ist und in dessen Solde steht, findet § 23 Anwendung, KG. DJZ. 09 S. 1445.

§ 11. Die Steuer für den ausschließlich auf die Hohenzollernschen Lande beschränkten Gewerbebetrieb im Umherziehen beträgt in der Regel 10 Mark für jedes Jahr. Die Regierung in Sigmaringen ist jedoch ermächtigt, nach näherer Anweisung des Finanzministers unter den im § 9 zu 1 bezeichneten Voraussetzungen ermäßigte Steuersätze von 7, 5, 4 oder 2 Mark festzusetzen und für Mitglieder von Musiker-, Schauspieler-, Kunstreiter- und ähnlichen Gesellschaften, welche nur während einer Zeit von höchstens vier Wochen in den Hohenzollernschen Landen ihr Gewerbe ausüben, noch niedrigere Sätze anzuwenden.

Wer nach Entrichtung der Steuer vom Gewerbebetrieb im Umherziehen in den Hohenzollernschen Landen seinen Gewerbebetrieb in einem anderen Teile der Monarchie im Umherziehen ausüben will, ist verpflichtet, zuvor die Ausdehnung des Gewerbescheines durch diejenige Regierung, in deren Bezirk das Gewerbe zuerst betrieben werden soll, zu beantragen und die nach den Vorschriften im § 9 zu bestimmende Steuer, jedoch unter Anrechnung des in den Hohenzollernschen Landen erlegten Betrages, zu entrichten.

§ 12. Die Angehörigen solcher außerdeutschen Staaten (§ 3), mit denen kein Übereinkommen dieserhalb getroffen ist, haben auf eine Ermäßigung des Steuersatzes nach Maßgabe der Bestimmungen im § 9 unter 1 und im § 11 keinen Anspruch.

Befreiung von der Steuer.

§ 13. Der Finanzminister kann ausnahmsweise für gewisse Gewerbearten oder in einzelnen Fällen den Gewerbebetrieb steuerfrei gestatten und demgemäß die Regierungen zur Erteilung steuerfreier Gewerbescheine ermächtigen.

Vorbehalt wegen der nichtpreußischen Gewerbetreibenden.

§ 14. Insoweit nach der Verfassung und den Gesetzen des Deutschen Reichs oder nach besonderen Verträgen und Vereinbarungen nichtpreußische Gewerbetreibende auf Befreiung von der Gewerbesteuer oder auf Ermäßigung derselben für Ausübung des Gewerbebetriebes in Preußen Anspruch haben, wird hieran durch dieses Gesetz nichts geändert.

Ingleichen bewendet es bei der dem Finanzminister erteilten Ermächtigung für die Angehörigen solcher Länder, in welchen die diesseitigen Staatsangehörigen minder günstig als die eigenen Angehörigen behandelt und außer Verhältnis zu den von den Angehörigen anderer Länder in Preußen zu entrichtenden Steuern belastet werden, wie für diejenigen, welche für Rechnung der Angehörigen solcher Länder ein Gewerbe im Umherziehen in Preußen betreiben wollen, die Steuer bis auf das Achtfache zu erhöhen.

Erstattung der Steuer.

§ 15. Wegen Abstandnahme vom Beginn des Gewerbebetriebes, sowie wegen Einstellung, Unterbrechung oder Verminderung des Betriebes im Laufe des Jahres findet eine Erstattung der Steuer für den eingelösten Gewerbeschein oder eines Teiles derselben in der Regel nicht statt.

Ist jedoch wegen unvorhergesehener, von dem Willen des Inhabers des Gewerbescheines unabhängiger Ereignisse der Beginn des Gewerbebetriebes unterblieben oder der Betrieb eingestellt worden und wird der Gewerbeschein innerhalb einer Frist von 6 Monaten nach der Einlösung zurückgegeben, so kann die entrichtete Steuer ersterenfalls ganz, im letzteren Falle zu einem verhältnismäßigen Teile erstattet werden.

In Fällen solcher Art sind die Regierungen auch ermächtigt, auf Antrag des Inhabers des Gewerbescheines oder seiner Hinterbliebenen behufs Fortsetzung des Gewerbebetriebes für deren Rechnung einen neuen Gewerbeschein für den Rest des Jahres zu ermäßigtem Steuersatze oder steuerfrei zu erteilen.

Tritt infolge unvorhergesehener Ereignisse eine allgemeine Unterbrechung der Ausübung des Gewerbebetriebes im Umherziehen oder einzelner Gattungen desselben, wenn auch nur in einem Teile der Monarchie, ein, so ist der Finanzminister ermächtigt, den davon betroffenen Gewerbetreibenden die erlegte Gewerbesteuer ganz oder teilweise erstatten zu lassen.

Verlust des Gewerbescheines.

§ 16. Ist es glaubhaft gemacht, daß ein Gewerbeschein verloren, vernichtet oder unbrauchbar geworden, so kann die Erteilung einer neuen Ausfertigung desselben gegen Erstattung der Auslagen einschließlich der etwaigen Amortisationskosten verlangt werden. Durch das Vorzeigen beglaubigter Abschriften kann den Vorschriften des § 8 nicht genügt werden.

Strafbestimmungen.

§ 17. (Ersetzt durch § 70 d. Gewerbesteuergesetzes vom 24. Juni 1891.)

§ 18. Wer, ohne einen Gewerbeschein[1] eingelöst[2] zu haben, ein der Steuer vom Gewerbebetriebe im Umherziehen unterworfenes Gewerbe betreibt,[3] wird mit einer dem doppelten Betrage der Jahressteuer für das betriebene Gewerbe gleichen Geldstrafe bestraft.[4]

[1] Der Wandergewerbeschein ersetzt den Gewerbeschein nicht, und zwar auch dann nicht, wenn der Gewerbeschein steuerfrei zu erteilen gewesen wäre, OTr. GA. 24 S. 707.

[2] Die bloße Nachsuchung genügt nicht, Jhrb. 10 S. 195. Über Verdeckung des Hausiergewerbes durch Anmeldung eines stehenden Gewerbes vgl. OR. 15 S. 864, 14 S. 594.

[3] Zur Strafbarkeit ist erforderlich, daß mit einer der im § 1 bezeichneten Betriebshandlungen begonnen ist; mit dem Hinschaffen der Waren an einen anderen Ort zum Zwecke des Hausierens, ohne daß es zu einem wirklichen Feilbieten kommt, beginnt die Strafbarkeit noch nicht, KG. DJZ. 07 S. 1089. Mehrere in dem gleichen Kalenderjahre verübte Kontraventionen ziehen nur e i n e Strafe nach sich, sofern nicht die neue Kontravention nach Erlaß des Urteils wegen der früheren ergangen ist, OR. 3 S. 276, 14 S. 30, RGRchtspr. 3 S. 739. Eine durch mehrere Kalenderjahre fortgesetzte Kontravention ist für jedes Jahr mit der vollen Strafe zu belegen, OTr. GA. 12 S. 137, RGStrafs. 10 S. 417, Jhrb. 38 C S. 21.

Übt jemand das Hausiergewerbe ohne Gewerbeschein durch einen Stellvertreter aus, der ebenfalls keinen Gewerbeschein hat, so sind beide strafbar, OR. 7 S. 495, GA. 23 S. 153, dagegen entfällt die Strafbarkeit, wenn im Falle der Ausübung des Gewerbes durch einen Dritten dieser zwar nicht im Gewerbeschein genannt ist, aber selbst im Besitze eines ihn zu seinem Handeln legitimierenden Gewerbescheins ist, OTr. GA. 24 S. 671. Bei gemeinschaftlichem Gewerbebetriebe hat jeder Teilnehmer die volle Strafe verwirkt, KG. GA. 37 S. 322.

Hinsichtlich des subjektiven Tatbestandes gilt der allgemeine Strafrechtssatz, daß jede Strafe ein Verschulden des Täters voraussetzt; § 59 StGB. findet Anwendung. Irrte der Angeklagte über einen zur Strafnorm gehörigen Begriff, nahm er z. B. irrtümlich an, daß ein Handel auch mit anderen als Wochenmarktsartikeln von der Steuer befreit sei, so liegt ein unbeachtlicher Strafrechtsirrtum vor; anders dagegen, wenn der Angeklagte meinte, durch eine behördliche nach § 66 Abs. 2 GewO. zulässige Anordnung seien bestimmte Waren Gegenstände des Wochenmarktverkehrs geworden. Jhrb. 10 S. 195, 11 S. 211, KG. Recht 09 S. 160. Unrichtige Bescheidung seitens der zuständigen Behörde auf die Anmeldung oder Nachsuchung des Gewerbescheins schließt die Bestrafung aus, KG. GA. 37 S. 382, dagegen Jhrb. 26 C S. 15. Durch das Bewußtsein des Täters von der Rechtswidrigkeit seiner Handlungsweise ist aber die Strafbarkeit nicht bedingt, OR. 13 S. 224, Jhrb. 9 S. 197.

[4] Die Strafe richtet sich nach dem von der Regierung gemäß § 28 festgesetzten Jahressteuersatze auch dann, wenn in früheren Gewerbescheinen nach Maßgabe der §§ 9 ff. ein geringerer Steuersatz angenommen war; dieser bleibt außer Betracht, Jhrb. 9 S. 205, KG. DJZ. 06 S. 489. Dies gilt auch dann, wenn der Täter für ein anderes Gewerbe Steuer ohne Grund entrichtet hat, OTr. GA. 21 S. 660.

Bezüglich der Konkurrenz zwischen Gewerbepolizei- und Gewerbesteuerkontravention bestimmt § 147 Abs. 2 GewO.: „Enthält die Handlung zugleich eine Zuwiderhandlung gegen die Steuergesetze, so soll nicht außerdem noch auf eine Steuerstrafe erkannt werden, es ist aber darauf bei Zumessung der Strafe Rücksicht zu nehmen" d. h. unter die verwirkte Steuerstrafe kann nicht heruntergegangen werden, RGStrafs. 10 S. 417, dagegen bleibt in den Fällen der §§ 148 und 149 GewO. die nach diesen Bestimmungen verwirkte Strafe ausgeschlossen, wenn die Tat zugleich eine Zuwiderhandlung gegen die Steuergesetze enthält. Die Verjährung des ideell konkurrierenden Gewerbepolizeivergehens schließt die Strafverfolgung wegen einer Zuwiderhandlung gegen die Steuergesetze nicht aus, RGStrafs. 6 S. 371. Über Idealkonkurrenz mit der Übertretung einer Polizeiverordnung betr. die Heilighaltung der Sonn- und Feiertage, für welche der § 366 Nr. 1 StGB. den Strafrahmen vorschreibt, vgl. KG. Recht 1910 S. 254.

Die Tat ist, sofern die als Strafe verwirkte doppelte Jahressteuer den Betrag von 150 Mark nicht übersteigt, eine Übertretung, anderenfalls ein Vergehen.

Für die Bestrafung von Personen unter 18 Jahren ist neben § 18 der § 57 StGB. maßgebend, RGRechtspr. 9 S. 693, Jhrb. 14 S. 311, 312, vgl. auch RGStrafs. 1 S. 334, KG. DJZ. 08 S. 765.

Die Verjährung beginnt erst, wenn die Anmeldung erfolgt oder die Verpflichtung hierzu erloschen ist, Jhrb. 5 S. 270.

§ 19. Wer nach Einlösung eines Gewerbescheines für das betreffende Jahr ein anderes der Steuer vom Gewerbebetriebe im Umherziehen unterliegendes Gewerbe betreibt, als das in dem Gewerbeschein bezeichnete, oder den Gewerbebetrieb im Umherziehen auf andere als die darin bezeichneten Gegenstände (Waren oder Leistungen) ausdehnt,[1] verfällt in eine Geldstrafe, die dem Doppelten desjenigen Betrages gleichkommt, um welchen die entrichtete Steuer geringer ist, als die dem tatsächlich ausgeübten Gewerbebetriebe entsprechende Steuer.[2]

[1] Daß die Waren bereits feilgeboten sind, ist nicht erforderlich, OR. 5 S. 3.

[2] Die Nichterfüllung der dem Inhaber des Gewerbescheins nach § 7 obliegenden Pflicht, die Mitführung eines Begleiters

zur Eintragung in den Gewerbeschein anzumelden, ist als Steuerdelikt nicht strafbar, Jhrb. 17 S. 374.

§ 20. Die Bestimmungen der §§ 18 und 19 finden, wenn die Gegenstände des Gewerbebetriebes zu denjenigen gehören, welche vom An- und Verkauf im Umherziehen ausgeschlossen sind (§ 56 der Reichs-Gewerbeordnung vom 21. Juni 1869),[1] ebenfalls, jedoch mit der Maßgabe Anwendung, daß stets, auch in den Fällen des § 19, auf eine dem doppelten Betrage des Jahressteuersatzes von 48 Mark, in den Hohenzollernschen Landen von 10 Mark, gleichkommende Geldstrafe zu erkennen ist.

[1] Vgl. jetzt § 56 Abs. 2 und 3, § 56a GewO. § 20 bezieht sich allein auf den § 56 GewO. und auf diejenigen seiner Ausdehnungen, durch welche Gegenstände vom An- und Verkauf im Umherziehen ausgeschlossen werden, nicht aber auf die im § 56a GewO. bezeichneten Leistungen und Formen des Gewerbebetriebs Jhrb. 13 S. 314 und 315, 19 S. 254, 21 C S. 31, 23 C S. 88, 36 C S. 16, RG-Straff. 34 S. 181, 36 S. 182, DJZ. 04 S. 460. Jedoch schließt das in § 56a Nr. 3 GewO. enthaltene Verbot des Aufsuchens von Bestellungen auf Branntwein eine Bestrafung aus § 18 nicht aus, weil das Aufsuchen von Bestellungen auf Branntwein nicht unbedingt verboten ist, sondern nur bei Personen, in deren Gewerbebetrieb der Branntwein keine Verwendung findet, RG. GA. 51 S. 66. § 20 verlangt nicht, daß die Gewerbshandlung selbst ein An- oder Verkauf (Feilbieten) gewesen sein müsse, sondern nur, daß eine an sich unter § 1 fallende Gewerbshandlung vorliegt und daß der Gegenstand des Gewerbebetriebs zu denjenigen gehört, die vom An- und Verkauf im Umherziehen ausgeschlossen sind, RG. DJZ. 04 S. 949, 05 S. 605 (Schaustellung teils unzüchtiger, teils unverfänglicher Bilder im Umherziehen).

§ 21. Wer nach Entrichtung der Steuer vom Gewerbebetriebe im Umherziehen in den Hohenzollernschen Landen sein Gewerbe den Vorschriften im § 11 entgegen in einem anderen Teile der Monarchie im Umherziehen betreibt, ohne vorherige Einlösung des ausgedehnten Gewerbescheines, hat eine dem doppelten Betrage der für die Ausdehnung des Gewerbescheines zu erlegenden Steuer gleiche Geldstrafe verwirkt.

§ 22. Neben den in den §§ 17, 18, 19 und 21 vorgeschriebenen Geldstrafen ist die vorenthaltene Steuer zu entrichten.[1]

[1] Hierauf hat aber nicht der Richter zu erkennen, vgl. § 28 Abs. 3.

§ 23. Wird festgestellt, daß die in den §§ 18—21 bezeichneten strafbaren Handlungen im Auftrage und für Rechnung einer anderen Person ausgeübt sind,[1] so ist gegen den Auftraggeber[2] auf die gleiche Strafe, wie gegen den Beauftragten[3] zu erkennen, und haften beide solidarisch für die Strafbeträge, die Kosten und die vorenthaltene Steuer.[4]

[1] Nicht erforderlich ist, daß der Beauftragte das Gewerbe für den Auftraggeber gesondert von diesem ausübt, vielmehr ist die Vorschrift auch dann anwendbar, wenn ein Mitglied einer Musikergesellschaft bei einer Aufführung in Anwesenheit und unter Aufsicht seines Direktors mitwirkt, KG. DIZ. 09 S. 1445 (gegen KG. GA. 46 S. 233).

§ 23 ist ferner auch dann anwendbar, wenn der Hausierer aus den Geschäftsverhandlungen an sich keinen Vorteil erzielt, vielmehr erst durch den Auftraggeber Vorteile erlangt (z. B. ein Reisender einer Nähmaschinenhandlung bietet Goldsachen eines bestimmten Händlers an in der Absicht, daß der Goldwarenhändler wieder bei seinen Kunden ihn als Verkäufer von Nähmaschinen empfiehlt) KG. Recht 1910 S. 710.

[2] Der Auftraggeber muß zugleich diejenige Person sein, für deren Rechnung die strafbaren Handlungen vorgenommen sind, Jhrb. 10 S. 191; nicht erforderlich ist, daß der Auftraggeber

gewerbsmäßig handelte, OR. 4 S. 502 oder wußte, daß der Beauftragte keinen Gewerbeschein gelöst hatte, RG. GA. 28 S. 56, vgl. auch Jhrb. 14 S. 309. Wenn in Auftrag und für Rechnung eines Gewerbetreibenden mehrere Personen hausieren, so muß gegen den Gewerbetreibenden das doppelte der von sämtlichen Händlern hinterzogenen Jahressteuern als Strafe festgesetzt werden, gleichviel ob die Aufträge an die einzelnen Händler gleichzeitig oder nacheinander erteilt sind, KG. Jhrb. 8 S. 161, 40 C S. 412.

[3] § 23 greift auch dann Platz, wenn der Hausierende sich des Gewerbescheins dessen bedient hat, in dessen Auftrage und für dessen Rechnung er hausierte, Jhrb. 23 C S. 38.

Eine Strafermäßigung, welche den Beauftragten lediglich mit Rücksicht auf seine Person trifft, kommt dem Auftraggeber nicht zugute; gegen den Auftraggeber eines noch nicht 18 Jahre alten Hausierers ist auf die volle gesetzliche Steuerstrafe zu erkennen, Jhrb. 35 C S. 9.

[4] Für die den Auftraggeber treffende Strafe ist der Täter auch dann für haftbar zu erklären, wenn gegen ersteren eine Verurteilung noch nicht ergangen ist, Jhrb. 9 S. 208, vgl. auch Jhrb. 10 S. 191. Ebenso ist der Auftraggeber auch dann zu bestrafen, wenn die Verurteilung des Beauftragten weder vorher erfolgt ist, noch gleichzeitig erfolgen kann, KG. Jhrb. 40 C S. 412. Die Solidarhaft wegen der vorenthaltenen Steuer kann nicht durch das Gericht, sondern nur durch die Regierung festgesetzt werden, KG. Jhrb. 40 C S. 412.

§ 24. Wird festgestellt, daß in den Fällen der §§ 18, 19 und 21 der tatsächlich ausgeübte Gewerbebetrieb bei rechtzeitiger Beobachtung der Vorschriften in den §§ 6, 7 und 11 steuerfrei, bzw. ohne Erhöhung des schon entrichteten Steuersatzes hätte stattfinden dürfen, so tritt an die Stelle der in den §§ 18—21 bestimmten Geldstrafen eine solche zum Betrage von 1—30 Mark.[1]

[1] Die Übertretung verjährt nach Art. V d. Ges. vom 22. Mai 1852 (für die neuen Provinzen Art. 11 d. Ges. vom 25. Juni 1867)

erst in 5 Jahren, Jhrb. 13 S. 323, KG. Recht 09 S. 298, 1910 S. 182.

§ 25. Für jede Zuwiderhandlung gegen die Vorschriften des § 8 trifft den Inhaber eines Gewerbescheines eine Geldstrafe von 1—30 Mark, sofern nicht wegen Verbindung des Legitimationsscheines mit dem Gewerbescheine auf dieselbe Handlung oder Unterlassung schon die Strafbestimmungen im § 149 unter Nr. 2, 4, 5 der Reichs-Gewerbeordnung Anwendung finden.[1]

[1] Diese Bestimmung ist insofern geändert als die Strafbestimmungen der GewO. in §§ 148, 149 stets ausgeschlossen bleiben, wenn die Tat zugleich eine Zuwiderhandlung gegen die Steuergesetze enthält (§ 148 Abs. 2, § 149 Abs. 2 GewO.).

Die Verpflichtung zur Vorzeigung besteht nur während der tatsächlichen Ausübung des Hausiergewerbes, Jhrb. 15 S. 253.

Über Verjährung vgl. § 24 A. 1.

§ 26. Die auf Grund dieses Gesetzes festzusetzenden, aber nicht beizutreibenden Geldstrafen sind nach Maßgabe der für Übertretungen geltenden Bestimmungen des Strafgesetzbuchs für das Deutsche Reich (§§ 28 und 29) in Haft umzuwandeln.[1]

[1] Die Tat bleibt jedoch ein Vergehen, sofern die Strafe im Einzelfalle 150 Mark übersteigt. Die Haftstrafe darf aber auch in solchen Fällen, wenn sie wegen einer Straftat erkannt wird, sechs Wochen, wenn sie wegen mehrerer Straftaten erkannt wird, drei Monate nicht übersteigen, Jhrb. 33 C S. 25.

Strafverfahren.

§ 27. Die Untersuchung und Entscheidung in betreff der in den §§ 17—24 bezeichneten strafbaren Handlungen steht dem Gerichte zu, wenn nicht der Beschuldigte die von der Regierung vorläufig festzusetzende Geldstrafe nebst den durch das Verfahren gegen ihn entstandenen

Kosten binnen einer ihm bekannt gemachten Frist freiwillig zahlt.

Die Regierungen sind ermächtigt, hierbei eine mildere als die in den §§ 17—21 vorgeschriebene Strafe in Anwendung zu bringen.[1]

Ist der Beschuldigte in Haft[2] oder hat derselbe in Preußen keinen Wohnsitz, so erfolgt das Einschreiten des Gerichts ohne vorläufige Festsetzung der Strafe durch die Regierung. Dasselbe findet statt, wenn die Regierung aus sonstigen Gründen von der vorläufigen Festsetzung der Strafe Abstand zu nehmen erklärt oder der Angeschuldigte hierauf verzichtet.[3]

Bei den gerichtlichen Untersuchungen kommen auch ferner die bestehenden Vorschriften in Anwendung, welche ein administratives Strafverfahren voraussetzen.[4]

[1] Der Richter muß stets auf die volle gesetzliche Strafe erkennen, auch wenn die Regierungen eine mildere in Anwendung gebracht haben, Jhrb. 12 S. 198.

[2] Mit „Haft" ist jede Art von Freiheitsentziehung gemeint; die Bestimmung ist nicht auf die Untersuchungshaft oder gar auf diejenigen Fälle zu beschränken, in denen sich der Beschuldigte wegen des Hausiersteuerdelikts in Untersuchungshaft befindet, KG. DJZ. 1911 S. 989. Sie findet auch dann Anwendung, wenn der Beschuldigte gegen Sicherheitsleistung aus der Haft entlassen ist, OR. 17 S. 242; das Gericht bleibt zuständig, wenn die Haft aufgehoben wird, OTr. GA. 24 S. 385.

[3] Vgl. auch § 30. Das gerichtliche Verfahren wegen einer Hausiersteuerkontravention ist nicht eher und nur dann zulässig, wenn eine der Voraussetzungen der Abs. 1 und 3 erfüllt ist, Jhrb. 39 C S. 30. Im Falle der Konkurrenz der Steuerkontravention mit einer anderen Straftat ist stets das Gericht zuständig, Jhrb. 7 S. 205, OR. 9 S. 277. Wenn indessen eine Gewerbepolizeikontravention mit einer Gewerbesteuerkontravention konkurriert und nach §§ 148, 149 GewO. die Strafe ausschließlich aus dem

Steuergesetz zu bestimmen ist (vgl. § 18 A. 4), ist das prinzipale Verwaltungsstrafverfahren gegeben, OTr. GA. 14 S. 385 und 619, Jhrb. 39 C S. 20.

[4] Die KO. vom 24. September 1844 (JMBl. S. 218), die nur den Gerichtsstand der begangenen Tat zuließ, ist aufgehoben, da nach § 6 Abs. 2 Nr. 3 EG.StPO. die landesgesetzlichen Vorschriften nur, soweit sie das Verfahren im Verwaltungswege betreffen, aufrechterhalten sind. Die örtliche Zuständigkeit des Gerichts richtet sich jetzt nach den allgemeinen Vorschriften der StPO.

§ 28. Bei den gerichtlichen Entscheidungen ist hinsichtlich der Höhe der in den §§ 17, 18, 19 und 21 vorgeschriebenen Geldstrafen die von der Regierung festzusetzende Jahressteuer zum Grunde zu legen.[1]

Ingleichen ist für die im § 24 bezeichnete Feststellung im gerichtlichen Verfahren die einzuholende Erklärung der Regierung maßgebend.

Die Entscheidung wegen der vorenthaltenen Steuer (§ 22) verbleibt in allen Fällen der Regierung.

[1] Der Einwand, die Steuer sei zu hoch angesetzt, ist im gerichtlichen Verfahren unzulässig, Jhrb. 10 S. 195.

§ 29. In den in den §§ 18—21 gedachten Fällen können die zum Gewerbebetriebe im Umherziehen mitgeführten Gegenstände,[1] soweit es zur Sicherstellung der Steuer, Strafe und der Kosten oder zum Beweise der strafbaren Handlung erforderlich ist, in Beschlag genommen werden.[2]

[1] Nur die Waren, nicht Transportmittel oder Musikinstrumente, OR. 3 S. 107, 15 S. 312. Darüber, welche Waren als mitgeführt anzusehen sind, vgl. OR. 2 S. 439, 8 S. 572 und 574.

[2] Da es sich nur um Beschlagnahme behufs Sicherstellung, nicht um Konfiskation handelt, hat sich das Urteil nicht darüber auszusprechen. Vgl. hierzu AVfg. vom 22. September 1906 (JMBl. S. 292).

Die Gendarmen sind, obwohl sie nicht zu den Hilfsbeamten der Staatsanwaltschaft gehören, nach §§ 10 ff. II 17 ALR. befugt, Beschlagnahmen der zum Gewerbebetrieb im Umherziehen mitgeführten Gegenstände gemäß § 29 aus eigener Entschließung vorzunehmen. § 98 StPO. findet keine Anwendung, da nach § 6 Abs. 3 Nr. 3 EG.StPO. die landesgesetzlichen Bestimmungen über das Verfahren bei Zuwiderhandlungen gegen die Vorschriften über die Erhebung öffentlicher Abgaben und Gefälle unberührt bleiben, Jhrb. 33 C S. 19.

§ 30. Bei der Untersuchung und Entscheidung wegen der im § 25 dieses Gesetzes [und im § 39 unter a des Gesetzes wegen Entrichtung der Gewerbesteuer vom 30. Mai 1820 bezeichneten strafbaren Handlungen (Unterlassen der Anmeldung eines nicht steuerpflichtigen Gewerbes und des Aufhörens eines Gewerbes)][1] findet eine Festsetzung der Strafe durch die Regierung (§ 27) nicht statt.

[1] Aufgehoben durch Gewerbesteuergesetz vom 24. Juni 1891.

Allgemeine Bestimmungen.

§ 31. Die in diesem Gesetze den Regierungen zugewiesenen Befugnisse und Obliegenheiten kommen gleichmäßig der Finanzdirektion für die Provinz Hannover[1] und der Direktion für die Verwaltung der direkten Steuern in Berlin für deren Geschäftsbezirk zu.

[1] Die Finanzdirektion für die Provinz Hannover ist aufgehoben durch § 25 LVerwG.; an ihre Stelle ist die Abteilung der zuständigen Regierung für direkte Steuern getreten.

§ 32. Die Vorschriften des Gesetzes über die Verjährungsfristen bei öffentlichen Abgaben vom 18. Juni 1840 (GS. S. 140) finden, soweit nicht das gegenwärtige

Gesetz etwas anderes bestimmt, auch auf die Steuer vom Gewerbebetriebe im Umherziehen Anwendung.[1]

[1] Die Bestimmung betrifft nur die Verjährung rückständiger Steuergefälle, nicht die Verjährung der Strafverfolgung von Steuerkontraventionen, Jhrb. 11 S. 214.

Übergangsbestimmungen.

§ 33. Dieses Gesetz tritt mit dem 1. Oktober 1876 in Kraft. Die bisherigen Vorschriften über die Besteuerung des Gewerbebetriebes im Umherziehen, insbesondere die §§ 7, 8, 20—24, 34 unter b, 40 und 42 unter a des Gewerbesteuergesetzes vom 30. Mai 1820 (GS. S. 147), die Bestimmungen der Beilage B zu demselben Gesetze unter lit. L. der § 20 und der § 21 unter 3 des Gesetzes vom 19. Juli 1861, betreffend einige Abänderungen des Gesetzes wegen Entrichtung der Gewerbesteuer vom 30. Mai 1820 (GS. S. 697), das Regulativ über den Gewerbebetrieb im Umherziehen vom 28. April und 21. Mai 1824 (GS. S. 125), das Regulativ vom 4. Dezember 1836, den Gewerbebetrieb im Umherziehen betreffend (GS. für 1837 S. 14), die Allerhöchsten Kabinettsorders vom 6. Oktober 1829 (GS. für 1830 S. 1), vom 30. Juni 1833 (GS. S. 81), vom 14. Oktober 1833 (GS. S. 126), vom 31. Dezember 1836 (GS. 1837 S. 13), der § 4 des Gesetzes vom 5. Juni 1874, betreffend einige Abänderungen der Vorschriften über die Besteuerung der Gewerbe der Bäcker, Fleischer, Brauer, der Agenten der Versicherungsgesellschaften, der Kleinhändler und des Gewerbebetriebes im Umherziehen (GS. S. 219), das Gesetz, betreffend den Gewerbebetrieb im Umherziehen in den Hohenzollernschen Landen vom 14. September 1857 (GS. für

1858 S. 9) und die §§ 4 und 5 des Gesetzes vom 25. März 1875, betreffend einige Änderungen der direkten Steuern in den Hohenzollernschen Landen (GS. S. 181), werden vom 1. Oktober 1876 ab, vorbehaltlich der Anwendung auf frühere Fälle, außer Kraft gesetzt.

§ 34. Der Finanzminister ist mit der Ausführung dieses Gesetzes beauftragt.

14. Gesetz, betr. den Forstdiebstahl.

Vom 15. April 1878 (GS. S. 222).

Vorbemerkung: Das Gesetz gilt für den Umfang der Monarchie.

Über Gerichtskosten vgl. § 120 des Preuß. GKG. vom 25. Juli 1910 in der Fassung d. Bekanntmachung vom 6. August 1910 (GS. S. 184). Die deutschen Gebührenordnungen für Rechtsanwälte, für Gerichtsvollzieher, für Zeugen und Sachverständige finden auch im Forstdiebstahlsverfahren Anwendung (Art. 2 Abs. 1 Nr. 2, Art. 20 des Ges., enthaltend die landesgesetzlichen Vorschriften über die Gebühren der Rechtsanwälte und der Gerichtsvollzieher vom 21. März 1910 in der Fassung vom 6. September 1910 (GS. S. 261) und § 42 des AG. GKG. vom 10. März 1879 (GS. S. 145).

§ 1. Forstdiebstahl[1] im Sinne dieses Gesetzes ist der in einem Forst oder auf einem anderen hauptsächlich zur Holznutzung bestimmten Grundstücke[2] verübte Diebstahl:

1. an Holz, welches noch nicht vom Stamme[3] oder vom Boden getrennt ist;[4]
2. an Holz, welches durch Zufall abgebrochen oder umgeworfen, und mit dessen Zurichtung noch nicht der Anfang gemacht worden ist;[5]
3. an Spänen, Abraum[6] oder Borke,[7] sofern dieselbe noch nicht in einer umschlossenen Holzablage sich befinden, oder noch nicht geworben oder eingesammelt sind;
4. an anderen Walderzeugnissen, insbesondere Holzpflanzen, Gras, Haide, Plaggen, Moos, Laub,

Streuwerk, Nadelholzzapfen, Waldsämereien, Baumsaft und Harz, sofern dieselben noch nicht geworben oder eingesammelt sind.

Das unbefugte Sammeln von Kräutern, Beeren und Pilzen unterliegt forstpolizeilichen Bestimmungen.[8]

[1] Der Forstdiebstahl bildet eine besondere, mit Rücksicht auf die Volksanschauung mit leichteren Strafen bedrohte Unterart des Diebstahls, dessen Tatbestandsmerkmale auch hier erforderlich sind. Insbesondere ist zur Strafbarkeit des Täters Feststellung der Absicht rechtswidriger Zueignung notwendig; diese fehlt z. B. wenn der von einem Nichtberechtigten Kaufende sich über dessen Verfügungsberechtigung im Irrtum befindet und die Rechtsbeständigkeit des Verkaufs für möglich hält; Annahme des sog. Eventualdolus kann die Feststellung der Absicht der rechtswidrigen Zueignung nicht ersetzen, KG. DJZ. 1910 S. 261. Der § 1 ist hiernach kein Polizeigesetz im Sinne des § 2 MilStGO., wonach die Entscheidung wegen Zuwiderhandlungen gegen Finanz- und Polizeigesetze usw. den bürgerlichen Behörden verbleibt, Reichsmilitärgericht Recht 08 S. 495.

Über Forstdiebstahl durch Ausübung der Holzberechtigung außerhalb der dafür bestimmten Zeit vgl. OTr. GA. 18 S. 634.

[2] Es genügt, daß die Holznutzung eine, wenn auch nicht die einzige, Hauptbestimmung des Grundstücks ist z. B. die durch regelmäßigen Abtrieb und Verarbeitung als Faschinen erfolgende Nutzung von Weidenanpflanzungen auf Anlandungen, RGStraff. 20 S. 11. Ob die gestohlenen Gegenstände zum Zwecke der Holznutzung gezogen wurden, ist unerheblich.

[3] Unter dem noch nicht vom Stamme getrennten Holz ist das Ast- und Wipfelholz stehender Bäume zu verstehen. Das Abhauen und Entwenden von Ästen bereits gefällter Bäume im Walde, mit deren Zubereitung noch nicht begonnen ist, ist Diebstahl im Sinne des § 242 StGB., RGStraff. 25 S. 393.

[4] Auch die Entwendung von Baumstümpfen, welche durch Absägen des oberen Teils der Stämme und Entfernung der Borke von den mit der Wurzel stehen gebliebenen Stümpfen zu Merk-

zeichen hergerichtet sind, ist als Forstdiebstahl anzusehen, RGStrafs. 9 S. 72. Durch die Wegnahme von Weiden, welche auf einer durch eine strombauliche Anlage entstandenen Anlandung gewachsen sind, kann Forstdiebstahl begangen werden, RGStrafs. 18 S. 436. Die Entwendung eines von einem anderen abgehauenen, aber liegengelassenen Baumes oder Baumteils ist nach § 242 StGB. zu bestrafen, OTr. GA. 16 S. 148, desgleichen die Wiederaneignung des einem Holzdieb abgenommenen Holzes durch den Täter, RGRchtspr. 7 S. 597, RG. GA. 44 S. 50. Die rechtswidrige Aneignung von Holz durch einen Kgl. Förster aus dem ihm unterstellten Revier ist entweder als Forstdiebstahl oder als Diebstahl anzusehen, je nachdem der Täter schon beim Fällen des Holzes die Absicht rechtswidriger Zueignung gehabt oder diese Absicht erst nach dem Fällen gefaßt hat, RGStrafs. 14 S. 305.

Wer stehende Bäume nicht in der Absicht rechtswidriger Zueignung, sondern aus Rache abhaut, ist nach § 303 StGB. wegen Sachbeschädigung zu bestrafen, RGRchtspr. 3 S. 67.

[5] Auf die Unkenntnis des Diebes von dem Beginne der Zurichtung findet § 59 StGB. Anwendung. Unter Anfang der Zurichtung ist jede Handlung des Berechtigten zu verstehen, durch die erkennbar gemacht wird, daß derselbe das Holz als Forstnutzung perzipieren wolle, z. B. auch schon die forstmäßige Nummerbezeichnung eines Windbruchbaumes, OTr. GA. 18 S. 121.

[6] Unter **Spänen** und **Abraum** sind die beim Fällen und bei der Aufarbeitung abfallenden geringwertigen Holzteile zu verstehen, vgl. OTr. GA. 5 S. 682, 7 S. 371 u. 809, 10 S. 357, OR. 4 S. 242, RGStrafs. 35 S. 161.

[7] **Borke**, die zum Zwecke der Benutzung als Lohe abgelöst ist, fällt nicht hierunter, OTr. GA. 3 S. 254.

[8] Da die FFPG. hierüber nichts enthält, können durch Polizeiverordnung (vgl. § 6 h d. Ges. über d. Polizeiverwaltung v. 11. März 1850) Bestimmungen getroffen, insbesondere Mitführung eines Legitimationsscheins vorgeschrieben werden (vgl. § 41 FFPG.). RG. GA. 50 S. 278. Über die aus §§ 858 ff. BGB. herzuleitende Befugnis des Forstaufsehers, einer beim unbefugten Sammeln von Pilzen betroffenen Person, die Pilze nebst Tuch, in dem sie

eingebunden sind, wegzunehmen, vgl. RG. GA. 50 S. 278. Soweit derartige Polizeiverordnungen nicht Platz greifen, ist das unbefugte Sammeln von Beeren, Kräutern und Pilzen straflos.

§ 2. Der Forstdiebstahl wird mit einer Geldstrafe bestraft, welche dem fünffachen Werte[1] des Entwendeten gleichkommt und niemals unter einer Mark betragen darf.[2]

[1] Über Ermittlung des Wertes vgl. § 9 Abs. 2. Ist eine Wertermittlung nicht möglich, z. B. beim Versuche (§ 4), so greift die niedrigste Strafe von 1 Mark Platz, OTr. GA. 17 S. 284.

[2] Für jeden selbständigen Forstdiebstahl ist die volle Strafe zu verhängen. Über Werterſatz vgl. § 9, über Umwandlung der Geldstrafe §§ 13, 14.

§ 3. Die Strafe soll[1] gleich dem zehnfachen Werte des Entwendeten und niemals unter zwei Mark sein:

1. wenn der Forstdiebstahl an einem Sonn- oder Festtage[2] oder in der Zeit von Sonnenuntergang bis Sonnenaufgang begangen ist;
2. wenn der Täter Mittel angewendet hat, um sich unkenntlich zu machen;
3. wenn der Täter dem Bestohlenen oder der mit dem Forstschutz betrauten Person seinen Namen oder Wohnort anzugeben sich geweigert hat, oder falsche Angaben über seinen oder seiner Gehilfen Namen oder Wohnort gemacht,[3] oder auf Anrufen des Bestohlenen oder der mit dem Forstschutz betrauten Person, stehen zu bleiben, die Flucht ergriffen oder fortgesetzt hat;
4. wenn der Täter in den Fällen Nr. 1—3 § 1 zur Begehung des Forstdiebstahls sich eines schneidenden Werkzeuges, insbesondere der Säge, der Scheere oder des Messers bedient hat;[4]

5. wenn der Täter die Ausantwortung der zum Forstdiebstahl bestimmten Werkzeuge verweigert;[5]
6. wenn zum Zwecke des Forstdiebstahls ein bespanntes Fuhrwerk, ein Kahn oder Lasttier mitgebracht ist;[6]
7. wenn der Gegenstand der Entwendung in Holzpflanzen besteht;
8. wenn Kien, Harz, Saft, Wurzeln, Rinde oder die Haupt- (Mittel-) Triebe von stehenden Bäumen entwendet sind;
9. wenn der Forstdiebstahl in einer Schonung, in einem Pflanzgarten oder Saatkampe begangen ist.

[1] Trotz des Gebrauchs des Wortes „soll" ist die Vorschrift zwingender Natur, KG. DJZ. 04 S. 652.

[2] Nur die gesetzlich anerkannten Feiertage kommen in Betracht; diese sind: Weihnachten, Ostern, Pfingsten (je zwei Tage, OVG. VerwBl. 25 S. 9), Neujahr, Himmelfahrt, Charfreitag (Ges. v. 2. September 1899 GS. S. 161), Buß- und Bettag (mit Ausnahme von Hohenzollern — Ges. v. 12. März 1893 — GS. S. 29), in der Rheinprovinz Allerheiligen (KO. v. 5. Juli 1832 — GS. S. 197 — und v. 7. Februar 1837 — GS. S. 21), in Nassau und Homburg Fronleichnam (§ 20 d. nass. V. v. 2. Oktober 1849 und 13. August 1850), in Schleswig-Holstein der Gründonnerstag (RG. JW. 1883 S. 268 Nr. 4).

[3] Falsche Angaben über Namen und Wohnort kommen nur dann als erschwerender Umstand in Betracht, wenn sie dem Bestohlenen oder der mit dem Forstschutz betrauten Person gemacht sind. Die Strafandrohung des § 360 Nr. 8 StGB. findet auf diesen Fall keine Anwendung.

[4] Der Grund der Strafschärfung liegt darin, daß es schwieriger ist, solche Holzdiebstähle zu entdecken, die mittels eines geräuschlos arbeitenden Werkzeugs ausgeführt werden; der Gebrauch von Hauwerkzeugen, insbesondere der Axt, stellt deshalb keinen Er-

schwerungsgrund dar, RG. Jhrb. 3 S. 354, GA. 45 S. 310. Vgl. auch §§ 15, 16.

[5] Vgl. § 117 StGB.

[6] Ob das Fuhrwerk usw. bei der Verübung der Tat wirklich gebraucht ist, ist unerheblich.

§ 4. Der Versuch[1] des Forstdiebstahls und die Teilnahme (Mittäterschaft, Anstiftung, Beihilfe)[2] an einem Forstdiebstahl oder an einem Versuche desselben werden mit der vollen Strafe des Forstdiebstahls bestraft.[3]

[1] Wann ein strafbarer Versuch anzunehmen ist, ist nach § 43 StGB. zu beurteilen, vgl. Jhrb. 3 S. 351. Die Straflosigkeit des Versuchs unter den Voraussetzungen des § 46 StGB. gilt auch hier, Jhrb. 3 S. 354.

[2] Über Mittäterschaft vgl. § 47, über Anstiftung § 48, über Beihilfe § 49 StGB. Die allgemeine Vorschrift des § 50 StGB. gilt auch hier.

[3] Auch ist stets die Verpflichtung zum Werterſatz auszusprechen, Jhrb. 3 S. 351, vgl. § 9 A. 1.

§ 5. Wer sich in Beziehung auf einen Forstdiebstahl der Begünstigung[1] oder der Hehlerei[1] schuldig macht, wird mit einer Geldstrafe bestraft,[2] welche dem fünffachen Werte des Entwendeten gleichkommt und niemals unter einer Mark betragen darf.

Die Bestimmungen des § 257 Abs. 2 und 3 des Reichs-Strafgesetzbuchs finden Anwendung.[3]

[1] Über Begünstigung vgl. § 257, über Hehlerei §§ 258, 259 StGB. RGStrafs. 20 S. 209.

Zur Anwendung der Strafbestimmung ist sowohl bei der Begünstigung wie bei der Hehlerei in subjektiver Beziehung erforderlich, daß der Täter weiß oder den Umständen nach annehmen muß, daß sich seine Tätigkeit auf einen Forstdiebstahl bezieht. Steht der objektive Sachverhalt mit seinem Wissen nicht in Einklang, liegt z. B. in Wirklichkeit einfacher Diebstahl vor, so kommt doch die mildere Strafe des Forstdiebstahls-Ges. zur Anwendung, OTr. GA. 14 S. 363, RGStraff. 15 S. 364, 31 S. 285. Dasselbe gilt aber auch, wenn der Täter in der irrigen Meinung handelt, es liege Diebstahl vor, während in Wahrheit nur Forstdiebstahl begangen ist.

Zwischen Hehlerei und Anstiftung ist reale Konkurrenz möglich, RGStraff. 19 S. 354.

Es ist keine Hehlerei, wenn die Ehefrau von ihrem Ehemann gestohlenes und in die gemeinschaftliche Wohnung gebrachtes Holz im Haushalte verwendet, vgl. RGStraff. 2 S. 401.

[2] Über Werterſatz vgl. § 9 A. 1.

[3] Sie lauten: „Die Begünstigung ist straflos, wenn dieselbe dem Täter oder Teilnehmer von einem Angehörigen gewährt worden ist, um ihn der Bestrafung zu entziehen. Die Begünstigung ist als Beihilfe zu bestrafen, wenn sie vor Begehung der Tat zugesagt worden ist. Diese Bestimmung leidet auch auf Angehörige Anwendung."

Über Angehörige vgl. § 52 StGB.

§ 6. Neben der Geldstrafe kann auf Gefängnisstrafe bis zu sechs Monaten erkannt werden:[1]

1. wenn der Forstdiebstahl von drei oder mehr Personen in gemeinschaftlicher Ausführung[2] begangen ist;
2. wenn der Forstdiebstahl zum Zwecke der Veräußerung[3] des Entwendeten oder daraus hergestellter Gegenstände begangen ist;
3. wenn die Hehlerei gewerbs- oder gewohnheitsmäßig[4] betrieben worden ist.

[1] Über das Verfahren vgl. §§ 30, 32.

Liegen mehrere selbständige Zuwiderhandlungen gegen §§ 6 oder 8 vor, so ist die Zusatzstrafe für jeden einzelnen Fall auszumessen und sodann § 74 StGB. anzuwenden zur Bestimmung einer Gesamtzusatzstrafe, KG. DJZ. 04 S. 269.

[2] Gemeinschaftlichkeit setzt bewußtes und gewolltes Zusammenwirken voraus, vgl. RG. Straff. 5 S. 306.

[3] Der Begriff „Veräußerung" geht weiter als der Begriff „Verkauf"; er ist auch anwendbar, wenn der Verkauf eines Baumes vor dem Fällen stattgefunden hat und das Fällen und Entwenden zum Zweck der Übergabe des Baumes an den Käufer erfolgt, RG. DJZ. 07 S. 661.

[4] Gewerbsmäßig wird die Hehlerei betrieben, wenn der Täter aus ihrer fortgesetzten Verübung eine Erwerbsquelle zu machen sucht; gewohnheitsmäßig, wenn ihre mehrmalige Verübung aus einer allgemeinen Geneigtheit, einem Hange, entspringt. Gewerbsmäßiges Handeln kann schon bei einem einmaligen Falle gegeben sein, Gewohnheitsmäßigkeit setzt stets eine Mehrzahl von Fällen voraus, RGStraff. 5 S. 369, 27 S. 138.

§ 7. Wer, nachdem er wegen Forstdiebstahls oder Versuchs eines solchen, oder wegen Teilnahme (§ 4), Begünstigung oder Hehlerei in Beziehung auf einen Forstdiebstahl von einem preußischen Gerichte rechtskräftig verurteilt worden ist,[1] innerhalb der nächsten zwei Jahre abermals eine dieser Handlungen begeht, befindet sich im Rückfalle und wird mit einer Geldstrafe bestraft, welche dem zehnfachen Werte des Entwendeten gleichkommt und niemals unter zwei Mark betragen darf.[2]

[1] Auf die Verbüßung der Strafe kommt es nicht an, OTr. GA. 23 S. 156.

[2] Vgl. die die Kontrolle der Rückfälle betreffende Vfg. v. 12. September 1881 (JMBl. S. 182).

§ 8. Neben der Geldstrafe ist auf Gefängnis bis zu zwei Jahren zu erkennen, wenn der Täter sich im dritten oder ferneren Rückfalle befindet.[1] Beträgt die Geldstrafe weniger als zehn Mark, so kann statt der Gefängnisstrafe auf eine Zusatzstrafe bis zu einhundert Mark erkannt werden.[2]

¹ Voraussetzung des dritten Rückfalls ist: eine Verurteilung wegen Forstdiebstahls, ein zweiter Forstdiebstahl, begangen nach Rechtskraft des ersten Urteils, ein dritter Forstdiebstahl, begangen nach Rechtskraft des zweiten Urteils und eine vierte Tat innerhalb zweier Jahre nach Rechtskraft des letzten Urteils; auf die Länge des Zeitraums zwischen den früheren Taten und früheren Urteilen kommt es nicht an, KG. Jhrb. 18 S. 297, GA. 45 S. 310, vgl. auch Jhrb. 2 S. 278, OTr. GA. 17 S. 647.

² Es muß stets entweder eine zusätzliche Gefängnisstrafe oder, wenn die Voraussetzungen des Satzes 2 vorliegen, eine zusätzliche Geldstrafe im Mindestbetrage von 3 Mark (da die Tat ein Vergehen ist — § 27 StGB.) verhängt werden. Über Gesamtzusatzstrafe vgl. § 6 A. 1.

Über das Verfahren vgl. §§ 30, 32, über die Verwendung der zusätzlichen Geldstrafe vgl. § 34 Abs. 1.

§ 9. In allen Fällen ist neben der Strafe die Verpflichtung des Schuldigen zum Ersatze des Wertes des Entwendeten an den Bestohlenen auszusprechen.[1] Der Ersatz des außer dem Werte des Entwendeten verursachten Schadens kann nur im Wege des Zivilprozesses geltend gemacht werden.

Der Wert des Entwendeten wird sowohl hinsichtlich der Geldstrafe als hinsichtlich des Ersatzes, wenn die Entwendung in einem Königlichen Forste verübt worden, nach der für das betreffende Forstrevier bestehenden Forsttaxe,[2] in anderen Fällen nach den örtlichen Preisen abgeschätzt.

¹ Auch in den Fällen der §§ 4 und 5, Jhrb. 3 S. 351, 354, ferner auch dann, wenn das gestohlene Holz im Walde liegen geblieben oder wieder in den Besitz des Bestohlenen gelangt ist, OTr. GA. 17 S. 206 und 285, RGStraff. 12 S. 159. Mehrere Mittäter sind zum einmaligen gemeinschaftlichen Wertersatz unter solidarischer Haftung zu verurteilen, Jhrb. 5 S. 331. Der Wertersatz ist nicht

Nebenstrafe; ein gnadenweiser Erlaß ist nicht möglich (vgl. Jhrb. 5 S. 331).

[3] Es bleibt dem Gericht allerdings unbenommen, die Anwendung der Forsttaxe auf den vorliegenden Fall selbständig zu prüfen, also z. B. darüber zu befinden, ob die entwendeten Hölzer unter die richtige Rubrik der Taxe gebracht und ob die betreffenden Beträge richtig nach dieser berechnet sind; dagegen ist das Gericht zu einer von dieser Taxe gänzlich absehenden, irgendwie sonst erlangten Schätzung und entsprechenden Strafberechnung nicht befugt, Jhrb. 39 C S. 45.

§ 10. Die im § 57 des Strafgesetzbuchs bei der Verurteilung von Personen, welche zur Zeit der Begehung der Tat das zwölfte, aber nicht das achtzehnte Lebensjahr vollendet hatten, vorgesehene Strafermäßigung findet bei Zuwiderhandlungen gegen dieses Gesetz keine Anwendung.[1]

[1] Damit ist die Verhängung eines Verweises ausgeschlossen. § 56 StGB. gilt auch hier.

§ 11. Für die Geldstrafe, den Wertersatz und die Kosten, zu denen Personen verurteilt worden, welche unter der Gewalt,[1] der Aufsicht oder im Dienst eines anderen stehen und zu dessen Hausgenossenschaft gehören, ist letzterer im Falle des Unvermögens der Verurteilten für haftbar zu erklären, und zwar unabhängig von der etwaigen Strafe, zu welcher er selbst auf Grund dieses Gesetzes oder des § 361 Nr. 9 des Strafgesetzbuchs[2] verurteilt wird.[3]

Wird festgestellt, daß die Tat nicht mit seinem Wissen verübt ist, oder daß er sie nicht verhindern konnte, so wird die Haftbarkeit nicht ausgesprochen.

[1] Das Verhältnis des Ehemannes zur Ehefrau kann man nicht als ein Gewalt- oder Aufsichtsverhältnis auffassen, vgl. §§ 1353 ff. BGB.

[2] § 361 Nr. 9 StGB. lautet: „Mit Haft wird bestraft, wer Kinder oder andere unter seiner Gewalt stehende Personen, welche seiner Aufsicht untergeben sind und zu seiner Hausgenossenschaft gehören, von der Begehung von Diebstählen, sowie von der Begehung strafbarer Verletzungen der Zoll- oder Steuergesetze, oder der Gesetze zum Schutze der Forsten, der Feldfrüchte, der Jagd oder der Fischerei abzuhalten unterläßt. Die Vorschriften dieser Gesetze über die Haftbarkeit für die den Täter treffenden Geldstrafen oder anderen Geldleistungen werden hierdurch nicht berührt.

In den Fällen der Nr. 9 kann statt der Haft auf Geldstrafe bis zu einhunderfünfzig Mark erkannt werden."

[3] Über das Verfahren vgl. § 36. Die Entscheidung über die Haftbarkeit kann gleichzeitig mit der Entscheidung über Schuld und Strafe des Haupttäters erfolgen; die Frage des Eintritts der exekutiven Wirksamkeit der Haftpflicht ist von der Frage ihres rechtlichen Bestehens oder Nichtbestehens zu unterscheiden, vgl. RGStrafs. 21 S. 331. Gebühren kommen gegen denjenigen, dessen Haftbarkeit für Strafe und Kosten durch Urteil ausgesprochen ist, nicht zum Ansatz, KG. DJZ. 05 S. 557.

§ 12. Hat der Täter noch nicht das zwölfte Lebensjahr vollendet, so wird derjenige, welcher in Gemäßheit des § 11 haftet, zur Zahlung der Geldstrafe, des Wertersatzes und der Kosten als unmittelbar haftbar verurteilt.[1]

Dasselbe gilt, wenn der Täter zwar das zwölfte, aber noch nicht das achtzehnte Lebensjahr vollendet hatte und wegen Mangels der zur Erkenntnis der Strafbarkeit seiner Tat erforderlichen Einsicht freizusprechen ist, oder wenn derselbe wegen eines seine freie Willensbestimmung ausschließenden Zustandes straffrei bleibt.[1]

[1] Der Ausschluß der Haftbarkeit unter den Voraussetzungen des § 11 Abs. 2 gilt auch hier. Über Mangel der zur Erkenntnis

der Strafbarkeit erforderlichen Einsicht vgl. § 56 StGB., über Ausschluß der freien Willensbestimmung § 51 StGB.

§ 13. An die Stelle einer Geldstrafe, welche wegen Unvermögens des Verurteilten und des für haftbar Erklärten nicht beigetrieben werden kann, tritt Gefängnisstrafe. Dieselbe kann vollstreckt werden, ohne daß der Versuch einer Beitreibung der Geldstrafe gegen den für haftbar Erklärten gemacht ist, sofern dessen Zahlungsunfähigkeit gerichtskundig ist.[1]

Der Betrag von einer bis zu fünf Mark ist einer eintägigen Gefängnisstrafe gleich zu achten.[2]

Der Mindestbetrag der an die Stelle der Geldstrafe tretenden Gefängnisstrafe ist ein Tag, ihr Höchstbetrag sind sechs Monate. Kann nur ein Teil der Geldstrafe beigetrieben werden, so tritt für den Rest derselben nach dem in dem Urteile festgesetzten Verhältnisse die Gefängnisstrafe ein.

Gegen die in Gemäßheit der §§ 11 und 12 als haftbar Erklärten tritt an die Stelle der Geldstrafe eine Gefängnisstrafe nicht ein.

[1] Bei dem Verurteilten ist die Unterlassung des Versuchs der Beitreibung der Geldstrafe nicht zulässig.

[2] Darüber, welcher Geldbetrag innerhalb der Grenzen von einer bis zu fünf Mark einer eintägigen Gefängnisstrafe gleichzuachten ist, entscheidet richterliches Ermessen, vgl. § 29 StGB.

§ 14. Statt der in dem § 13 vorgesehenen Gefängnisstrafe kann während der für dieselbe bestimmten Dauer der Verurteilte, auch ohne in einer Gefangenanstalt eingeschlossen zu werden, zu Forst- oder Gemeindearbeiten, welche seinen Fähigkeiten und Verhältnissen angemessen sind, angehalten werden.[1]

Die näheren Bestimmungen wegen der zu leistenden

Arbeiten werden mit Rücksicht auf die vorwaltenden Lohn- und örtlichen Verhältnisse von dem Regierungspräsidenten (Landdrosten) in Gemeinschaft mit dem Ersten Staatsanwalt beim Oberlandesgerichte erlassen. Dieselben sind ermächtigt, gewisse Tagewerke dergestalt zu bestimmen, daß die Verurteilten, wenn sie durch angestrengte Tätigkeit mit der ihnen zugewiesenen Arbeit früher zustande kommen, auch früher entlassen werden.

[1] Vgl. § 34 Abs. 2.

§ 15. Äxte, Sägen, Messer und andere zur Begehung des Forstdiebstahls geeignete Werkzeuge, welche der Täter bei der Zuwiderhandlung bei sich geführt hat, sind einzuziehen, ohne Unterschied, ob sie dem Schuldigen gehören oder nicht.[1]

Die Tiere und andere zur Wegschaffung des Entwendeten dienenden Gegenstände, welche der Täter bei sich führt, unterliegen nicht der Einziehung.

[1] Darauf, ob die Werkzeuge zum Forstdiebstahl benutzt sind, kommt es nicht an. § 42 StGB., §§ 477—479 StPO. sind anwendbar. Über die Verwendung der eingezogenen Werkzeuge vgl. JMBl. 1853 S. 370, 1860 S. 94 und Vfg. vom 18. November 1884 (Müller, Justizverw., 6. Aufl. S. 1764).

§ 16. Wird der Täter bei Ausführung eines Forstdiebstahls, oder gleich nach derselben betroffen oder verfolgt, so sind die zur Begehung des Forstdiebstahls geeigneten Werkzeuge, welche er bei sich führt (§ 15), in Beschlag zu nehmen.[1]

[1] Die §§ 94 ff. StPO. finden auf diese Art der Beschlagnahme keine Anwendung. Zu ihr sind alle zum Forstschutz berechtigten Personen befugt, insbesondere der Waldeigentümer und der nicht beeidigte Privatförster, RGStraff. 11 S. 321, 13 S. 270. Wenn aber eine Haussuchung behufs der Beschlagnahme vorgenommen

werden soll, so ist deren Zulässigkeit nach § 105 StPO. zu beurteilen, RGStrafS. 13 S. 270. Über die Zulässigkeit der Durchsuchung einer Person vgl. RGStrafS. 14 S. 189.

§ 17. Wird in der Gewahrsam eines innerhalb der letzten zwei Jahre wegen einer Zuwiderhandlung gegen dieses Gesetz rechtskräftig Verurteilten frisch gefälltes, nicht forstmäßig zugerichtetes Holz gefunden, so ist gegen den Inhaber auf Einziehung des gefundenen Holzes zu erkennen,[1] sofern er sich über den redlichen Erwerb des Holzes nicht ausweisen kann. Die Einziehung erfolgt zugunsten der Armenkasse des Wohnorts des Verurteilten.

[1] Auch diese Einziehung kann durch Strafbefehl nach § 27 Abs. 2 ausgesprochen werden. Die §§ 477—479 StPO. finden Anwendung. Über Gerichtsstand vgl. § 21 Abs. 3.

§ 18. Die Strafverfolgung von Zuwiderhandlungen gegen dieses Gesetz verjährt, sofern nicht einer der Fälle der §§ 6 und 8 vorliegt[1], in sechs Monaten.[2]

[1] In den Fällen der §§ 6 und 8 verjährt die Strafverfolgung nach § 67 Abs. 2 StGB. in 5 Jahren.

[2] Die allgemeinen Grundsätze des StGB. über Beginn und Unterbrechung der Verjährung gelten auch hier (§ 67 Abs. 4, §§ 68, 69 StGB.).

§ 19. Für die Zuwiderhandlungen gegen dieses Gesetz sind die Amtsgerichte zuständig.[1] Dieselben verhandeln und entscheiden, sofern nicht einer der Fälle der §§ 6 und 8 vorliegt, ohne die Zuziehung von Schöffen.[2]

Das Amt des Amtsanwalts kann verwaltenden Forstbeamten übertragen werden.[3]

Für die Verhandlung und Entscheidung über das Rechtsmittel der Berufung sind die Strafkammern zuständig; dieselben entscheiden in der Besetzung mit drei Mitgliedern einschließlich des Vorsitzenden.[4]

[1] Verbindung mit einer vor ein anderes Gericht gehörigen zusammenhängenden Strafsache (§§ 2—5 StPO.) ist möglich. Das Verfahren richtet sich dann nach den für das Gericht höherer Ordnung maßgebenden Vorschriften, RGStrafs. 3 S. 157.

[2] Vgl. § 3 Abs. 3 EG.StPO.

[3] Vgl. § 63 d. Ges. v. 24. April 1878; Geschäftsanweisung für die Amtsanwälte vom 28. August 1879 (JMBl. S. 261), geändert durch AVfg. v. 16. Dezember 1906 (JMBl. S. 561) u. 9. Mai 1911 (JMBl. S. 195).

[4] Die Bestimmung gilt für alle Forstdiebstahlssachen einerlei ob in erster Instanz das Amts- oder Schöffengericht entschieden hat.

§ 20. Für das Verfahren gelten, soweit nicht in diesem Gesetze abändernde Bestimmungen getroffen sind, die Vorschriften der Strafprozeßordnung über das Verfahren vor den Schöffengerichten.

§ 21. Der Gerichtsstand ist nur[1] bei demjenigen Amtsgerichte begründet, in dessen Bezirk die Zuwiderhandlung begangen ist.

Ist der Ort der begangenen Zuwiderhandlung nicht zu ermitteln oder ist die Zuwiderhandlung außerhalb des preußischen Staatsgebietes begangen, so bestimmt der Gerichtsstand sich nach den Vorschriften der Strafprozeßordnung.[2]

Im Falle des § 17 ist der Gerichtsstand bei demjenigen Amtsgerichte begründet, in dessen Bezirke das Holz gefunden worden ist.

[1] Vgl. aber § 19 A. 1.

[2] §§ 8, 9, 12 StPO.

§ 22. In dem Verfahren vor dem Amtsgerichte werden sämtliche Zustellungen durch den Amtsrichter unmittelbar veranlaßt. Die Formen für den Nachweis der Zustellungen werden durch die Justizverwaltung bestimmt.[1]

[1] AVfg. v. 1. Febr. 1910 (JMBl. S. 43).

§ 23. Personen, welche mit dem Forstschutze betraut sind, können, sofern dieselben eine Anzeigegebühr nicht empfangen, ein für allemal gerichtlich beeidigt werden,[1] wenn sie

1. Königliche Beamte sind, oder
2. vom Waldeigentümer auf Lebenszeit, oder nach einer vom Landrat (Amtshauptmann, Oberamtmann) bescheinigten dreijährigen tadellosen Forstdienstzeit auf mindestens drei Jahre mittels schriftlichen Vertrages angestellt sind, oder
3. zu den für den Forstdienst bestimmten oder mit Forstversorgungsschein entlassenen Militärpersonen gehören.

In den Fällen der Nr. 2 und 3 ist die Genehmigung des Bezirksrats[2] erforderlich. (In denjenigen Landesteilen, in welchen das Gesetz vom 26. Juli 1876 (GS. S. 297) nicht gilt, tritt an die Stelle des Bezirksrats die Regierung (Landdrostei).)[3]

[1] Über die Voraussetzungen der Beeidigung entscheidet das Amtsgericht, Vfg. d. M. d. J. v. 24. Februar 1891 (MBl. f. d. i. V. S. 47).

[2] Statt Bezirksrat jetzt Bezirksausschuß, § 153 d. Ges. über d. allgem. Landesverwaltung v. 30. Juli 1883.

[3] Das Gesetz über die allgemeine Landesverwaltung gilt jetzt für den Umfang der Monarchie.

§ 24. Die Beeidigung erfolgt bei dem Amtsgerichte, in dessen Bezirk der zu Beeidigende seinen Wohnsitz hat, dahin:

daß er die Zuwiderhandlungen gegen dieses Gesetz,

welche den seinem Schutze gegenwärtig anvertrauten oder künftig anzuvertrauenden Bezirk betreffen, gewissenhaft anzeigen, bei seinen gerichtlichen Vernehmungen über dieselben nach bestem Wissen die reine Wahrheit sagen, nichts verschweigen und nichts hinzusetzen, auch die ihm obliegenden Schätzungen unparteiisch und nach bestem Wissen und Gewissen bewirken werde.

Eine Ausfertigung des Beeidigungsprotokolls wird den Amtsgerichten mitgeteilt, in deren Bezirke der dem Schutze des Beeidigten anvertraute Bezirk liegt.[1]

[1] Durch den Beeidigungsakt werden den von Privatwaldeigentümern angestellten Forstschutzbeamten dieselben polizeilichen Funktionen wie den öffentlich angestellten Forstschutzbeamten übertragen, sie haben deshalb bei Ausübung derselben die Stellung öffentlicher Beamten, RGStrafs. 2 S. 306, 4 S. 214, 6 S. 404, 11 S. 321, 13 S. 270. Indessen verleiht die Beeidigung dem Beeidigten die Eigenschaft eines Forstpolizeibeamten nur für die Dauer des ihm übertragenen Amtes, RGStrafs. 43 S. 361.

§ 25. Ist eine in Gemäßheit der vorstehenden Bestimmungen oder nach den bisherigen gesetzlichen Vorschriften zur Ermittelung von Forstdiebstählen beeidigte Person als Zeuge oder Sachverständiger zu vernehmen, so wird es der Eidesleistung gleich geachtet, wenn der zu Vernehmende die Richtigkeit seiner Aussage unter Berufung auf den ein für allemal geleisteten Eid versichert.[1]

Diese Wirkung der Beeidigung hört auf, wenn gegen den Beeidigten eine die Unfähigkeit zur Bekleidung öffentlicher Ämter nach sich ziehende Verurteilung ergeht, oder die in Gemäßheit des § 23 erteilte Genehmigung zurückgezogen wird.

[1] Der Richter bleibt immer befugt die Leistung des körper-

lichen Eides zu verlangen. Die Bestimmung gilt auch nur, soweit es sich um Zuwiderhandlungen gegen das Forstdiebstahlsgesetz handelt, vgl. OTr. GA. 16 S. 357.

§ 26. Die mit dem Forstschutze betrauten Personen erstatten ihre Anzeigen an den Amtsanwalt schriftlich und periodisch. Sie haben zu diesem Zwecke Verzeichnisse zu führen, in welchen die einzelnen Fälle unter fortlaufenden Nummern zusammenzustellen sind. Die Verzeichnisse werden dem Amtsanwalt in zwei Ausfertigungen eingereicht. In diese Verzeichnisse können von dem Amtsanwalt auch die anderwärts eingehenden Anzeigen eingetragen werden.

Die näheren Vorschriften über die Aufstellung und die Einreichung der Verzeichnisse werden von der Justizverwaltung erlassen.[1]

[1] AVfg. betr. d. Aufstellung und Einreichung d. Forstdiebstahlsverzeichnisse, vom 29. Juli 1879 (JMBl. S. 221), 12. September 1881 (JMBl. S. 182) und v. 24. September 1883 (JMBl. S. 304); ferner RVfg. v. 7. April 1880 (MBl. f. d. i. V. S. 159), 19. Februar 1895 (MBl. f. d. i. V. S. 162) und 11. September 1895 (RAnz. Nr. 225).

§ 27. Der Amtsanwalt erhebt die öffentliche Klage, indem er bei Überreichung einer Ausfertigung des Verzeichnisses (§ 26) den Antrag auf Erlaß eines richterlichen Strafbefehls stellt und die beantragten Strafen nebst Wertersatz neben den einzelnen Nummern des Verzeichnisses vermerkt.

Der Erlaß eines Strafbefehls ist für jede Geldstrafe und die dafür im Unvermögensfalle festzusetzende Gefängnisstrafe, sowie für den Wertersatz und die verwirkte Einziehung zulässig.[1]

Der Strafbefehl muß die Eröffnung enthalten, daß

er vollstreckbar werde,[2] wenn der Beschuldigte nicht in einem, sogleich in dem Strafbefehle anzuberaumenden, eintretendenfalls zugleich zur Hauptverhandlung bestimmten Termine[3] vor dem Amtsrichter erscheine und Einspruch erhebe.

Die in dem Strafbefehle getroffene Festsetzung ist von dem Amtsrichter neben jeder Nummer des Verzeichnisses einzutragen und dem Angeklagten mit einem Auszuge aus dem Verzeichnisse zuzustellen.[4]

Die mit dem Forstschutz betrauten Personen, welche nach den Anzeigen als Beweiszeugen auftreten sollen, sind durch ihre Vorgesetzten zu veranlassen, in dem anberaumten Termine zu erscheinen. Die sonst erforderlichen Zeugen sind zu demselben zu laden.[5]

[1] Findet der Amtsrichter Bedenken, die Strafe ohne Hauptverhandlung festzusetzen oder will er eine andere als die beantragte Strafe festsetzen und beharrt der Amtsanwalt bei seinem Antrage, so hat er Termin zur Hauptverhandlung anzuberaumen.

Auch gegen Personen unter 18 Jahren ist der Erlaß eines Strafbefehls zulässig.

[2] Durch einen ohne Einspruch gebliebenen Strafbefehl wird die spätere Verfolgung derselben Handlung unter einem schwereren Gesichtspunkte selbst dann nicht ausgeschlossen, wenn der Antrag auf Erlaß des Strafbefehls die schwerere Qualifikation der Handlung (z. B. als Diebstahl) erkennen ließ, RGStrafs. 15 S. 112, 4 S. 243, 9 S. 321, vgl. auch RG. DJZ. 04 S. 408.

[3] Die Ladungsfrist des § 216 StPO. ist zu beobachten. Der Einspruch kann nur in dem Termine mündlich erhoben werden, ein vorheriger schriftlicher Einspruch ist wirkungslos. Die Vertretung des Beschuldigten durch einen mit schriftlicher Vollmacht versehenen Verteidiger ist für zulässig zu erachten, vgl. § 451 Abs. 2 StPO.

[4] Über Zustellungen vgl. § 22.

[5] Abweichend hiervon ist durch Vfg. vom 17. Juni 1881 und

Vfg. vom 25. Mai 1881 (MBl. f. d. i. V. S. 174) angeordnet, daß erst nach Erhebung des Einspruchs das Erscheinen dieser Personen veranlaßt und sonstige Zeugen geladen werden sollen. Es wird infolgedessen der Fall, daß in dem Einspruchstermine sogleich zur Hauptverhandlung geschritten werden kann, nur ganz ausnahmsweise vorliegen. Über Reisekosten und Tagegelder und deren Verteilung auf die verhandelten Sachen vgl. Vfg. v. 6. Dezember 1870 (JMBl. S. 373) und Vfg. v. 23. Juni 1880 (JMBl. S. 153). Der Amtsanwalt muß aber zu dem Termin auch dann zugezogen werden, wenn Zeugen nicht geladen sind.

§ 28. Auf den Einspruch kann vor dem Termine verzichtet werden.

Auf die Wiedereinsetzung in den vorigen Stand gegen die Versäumung des Termins finden die §§ 44, 45 Abs. 1, 46 und 47 der Strafprozeßordnung entsprechende Anwendung. Wird dem Gesuche stattgegeben, so ist ein neuer Strafbefehl unter Aufhebung des früheren zu erlassen.

§ 29. Über alle Einsprüche, sowie über alle Anträge, welche der Amtsrichter unter Ablehnung des Strafbefehls zur Hauptverhandlung gebracht hat, kann in einer Hauptverhandlung verhandelt und entschieden werden. Das Protokoll über dieselbe wird nach den Nummern des Verzeichnisses geführt.

Von einem auf Verwerfung des Einspruchs lautenden Urteile wird dem Verurteilten nur die Urteilsformel zugestellt.[1]

[1] Auf Verwerfung des Einspruchs ist nur dann zu erkennen, wenn der Beschuldigte nach Erhebung des Einspruchs in einem neuen Termine, auf den die Hauptverhandlung vertagt ist, ohne genügende Entschuldigung ausbleibt, § 452 Abs. 1 StPO. In allen anderen Fällen ist das Urteil so zu fassen, als ob ein Strafbefehl überhaupt nicht erlassen wäre, denn der Strafbefehl ist durch die

auf Grund des Einspruchs stattfindende Hauptverhandlung endgültig außer Kraft gesetzt. Abs. 2 bezieht sich nicht auf die im Falle der Berufungseinlegung nach § 357 Abs. 2 StPO. erforderliche Zustellung des Urteils.

§ 30. In den Fällen der §§ 6 und 8 findet der Erlaß eines Strafbefehls nicht statt. Der Amtsanwalt erhebt die öffentliche Klage durch Einreichung einer Anklageschrift, welcher ein Auszug aus dem Verzeichnisse (§ 26) beizufügen ist. Die Hauptverhandlung kann ohne Anwesenheit des Angeklagten erfolgen.[1]

[1] Die durch den § 233 StPO. gewährte Befugnis, sich durch einen mit schriftlicher Vollmacht versehenen Verteidiger vertreten zu lassen, hat der Angeklagte auch hier. Andererseits kann auch das Gericht nach § 235 StPO. das persönliche Erscheinen anordnen und es durch einen Vorführungs- oder Haftbefehl erzwingen.

§ 31. Wird gegen ein von dem Amtsrichter ohne die Zuziehung von Schöffen erlassenes Urteil die Berufung eingelegt, so sind zum Zwecke der Bildung besonderer Akten durch den Gerichtsschreiber beglaubigte Auszüge aus den Akten erster Instanz zu fertigen.

§ 32. Die Revision gegen die in der Berufungsinstanz erlassenen Urteile findet nur statt, wenn eine der in den §§ 6 und 8 vorgesehenen strafbaren Handlungen den Gegenstand der Untersuchung bildet.[1]

[1] Für die Zulässigkeit der Revision ist nicht der vom Berufungsrichter festgestellte, sondern der in der Anklage angegebene Tatbestand, welcher dem Beschlusse auf Eröffnung des Hauptverfahrens zugrunde gelegen hat, in der ganzen Ausdehnung und mit allen Merkmalen, wie dieselben in der Anklage zum Ausdruck gebracht sind, maßgebend, Jhrb. 3 S. 233. Der subsidiarisch für Geldstrafe usw. für haftbar Erklärte kann selbstständig Revisionsgründe aus der Person der Täter geltend machen, auch wenn diese ihrerseits das Urteil haben rechtskräftig werden lassen, RG. Straff. 8 S. 362.

Nach § 380 StPO. kann die Revision — abgesehen von der Verletzung des § 398 StPO. — auf Verletzung einer Rechtsnorm über das Verfahren nicht gestützt werden. Zuständig ist das Kammergericht, § 50 Nr. 2 d. Ges. v. 24. April 1878.

§ 33. Die Vollstreckung der Strafbefehle und der Urteile erfolgt durch den Amtsrichter.[1]

[1] Vfg. v. 14. August 1879 (JMBl. S. 237).

Der Minister für Landwirtschaft, Domänen und Forsten ist durch Allerh. Order vom 15. Dezember 1880 (JMBl. 1881 S. 31) ermächtigt, in allen Forstkontraventionsfällen einschließlich der Forstdiebstähle Geldstrafen, welche 30 Mark nicht übersteigen, zu erlassen. Über bedingte Begnadigung in diesen Sachen vgl. §§ 35 ff. der RVfg. v. 12. April 1906 (Müller, Justizverw. 6. Aufl., S. 1778) und 23. Mai 1911.

§ 34. Eine auf Grund dieses Gesetzes ausgesprochene und eingezogene Geldstrafe fließt dem Beschädigten zu. Diese Bestimmung bezieht sich nicht auf eine im Falle des § 8 erkannte Zusatzstrafe.

Weist der Beschädigte im Falle der Nichteinziehbarkeit der Geldstrafe Arbeiten, welche den Erfordernissen des § 14 entsprechen, der Behörde nach, so soll der Verurteilte zu deren Leistung angehalten werden.[1] Diese Nachweisung ist nicht mehr zu berücksichtigen, sobald mit der anderweiten Vollstreckung der Strafe begonnen ist.

[1] Auch in anderen Fällen ist die Anhaltung nach dem Ermessen des Richters zulässig.

§ 35. Der Amtsrichter ist befugt, wenn der Verurteilte zu der Gemeinde gehört, welcher die erkannte Entschädigung und Geldstrafe zufällt, die Beitreibung dieser Entschädigung und Geldstrafe nebst den Kosten der Gemeindebehörde in der Art aufzutragen, daß sie die Einziegung auf dieselbe Weise zu bewirken hat, wie die Einziehung der Gemeindegefälle.[1] Es dürfen jedoch dem Verurteilten keine Mehrkosten erwachsen.

[1] Vgl. Verordnung, betr. das Verwaltungszwangsverfahren wegen Beitreibung von Geldbeträgen v. 15. November 1899 (GS. S. 545); abgeändert durch V. v. 18. März 1904 (GS. S. 36).

§ 36. Steht mit einer Zuwiderhandlung gegen dieses Gesetz ein nach § 361 Nr. 9 des Strafgesetzbuches strafbares Nichtabhalten von der Begehung von Forstdiebstählen[1] im Zusammenhange, so findet auch auf diese Übertretung das in diesem Gesetze vorgeschriebene Verfahren Anwendung.[2]

[1] Vgl. § 11 A. 2.

[2] Die Revision ist in solchem Falle durch § 32 ausgeschlossen RG. DJZ. 04 S. 1141.

§ 37. Für das weitere Verfahren in den am Tage des Inkrafttretens dieses Gesetzes anhängigen Sachen finden die Vorschriften der §§ 8ff. des Einführungsgesetzes zur Strafprozeßordnung entsprechende Anwendung.

§ 38. Dieses Gesetz tritt mit dem in dem § 39 bezeichneten Zeitpunkte an die Stelle des Gesetzes vom 2. Juni 1852, den Diebstahl an Holz und anderen Waldprodukten betreffend (GS. 1852 S. 305).

Wo in einem Gesetze auf die bisherigen Bestimmungen über den Holz- (Forst-) Diebstahl verwiesen ist, treten die Vorschriften des gegenwärtigen Gesetzes an deren Stelle.

§ 39. Dieses Gesetz tritt gleichzeitig mit dem Gerichtsverfassungsgesetze in Kraft.

15. Gesetz, betr. die Bildung von Wassergenossenschaften.

(Auszug.)

Vom 1. April 1879 (GS. S. 297).

Vorbemerkung: Das Gesetz ist für den Umfang der Monarchie erlassen, vgl. aber § 3. Ergänzungen enthalten Ges. v. 19. Mai 1891 (GS. S. 97) für das Gebiet der Wupper und ihrer Nebenflüsse, V. v. 30. Dezember 1891 (GS. 1892 S. 5) für das Gebiet der Lenne und ihrer Nebenflüsse, Ges. v. 14. August 1893 (GS. S. 199) für das Gebiet der Volme und ihrer Nebenflüsse, Ges. vom 18. April 1900 (GS. S. 119) für das Gebiet der Ruhr.

Erster Abschnitt.

Allgemeine Vorschriften.

§ 1. Zur Benutzung oder Unterhaltung von Gewässern,
zur Ent- oder Bewässerung von Grundstücken,
zum Schutze der Ufer,
zur Anlegung, Benutzung oder Unterhaltung von Wasserläufen oder Sammelbecken,
zur Herstellung und Verbesserung von Wasserstraßen (Flößereien) und anderen Schiffahrtsanlagen

können Genossenschaften nach den Vorschriften dieses Gesetzes gebildet werden.

§ 2. Auf das Deichwesen und auf solche Entwässerungsanlagen, welche von Deichverbänden als Zubehörungen von Deichen ausgeführt werden, findet dieses Gesetz keine Anwendung.

§ 3. Soweit es sich um die Errichtung neuer oder die Verhältnisse bestehender Genossenschaften zur Ent- oder Bewässerung von Grundstücken handelt, sind nachfolgende Gebietsteile den Vorschriften dieses Gesetzes nicht unterworfen:

1. der Kreis Siegen;
2. die Herzogtümer Bremen und Verden, soweit die Deichordnung vom 29. Juli 1743 Anwendung findet;
3. das Land Hadeln;
4. das Fürstentum Lüneburg und die zur Provinz Hannover gehörigen Lauenburgischen Landesteile, soweit die Lüneburgische Deich- und Sielordnung vom 15. April 1862 Anwendung findet;
5. die Grafschaften Hoya und Diepholz, soweit die Deich- und Abwässerungsordnung vom 22. Januar 1864 Anwendung findet oder demnächst in Anwendung gebracht werden wird;
6. das Fürstentum Ostfriesland und die Stadt Papenburg;
7. das Jadegebiet.

§ 4. Die Genossenschaften (§ 1) werden durch Vertrag — freie Genossenschaften — oder durch Beschluß der staatlichen Behörde — öffentliche Genossenschaften — begründet.

§ 9. Die Genossenschaft muß einen Vorstand haben, welcher dieselbe in allen ihren Angelegenheiten vertritt.

Zweiter Abschnitt.

Freie Genossenschaften.

§ 11. Der Vertrag, durch welchen eine freie Genossenschaft begründet wird (Genossenschaftsstatut), muß gerichtlich oder notariell aufgenommen werden.

§ 13. Das Statut und ein Mitgliederverzeichnis müssen bei dem Gerichte, welchem die Führung der Handelsregister in dem Bezirke, in welchem die Genossenschaft ihren Sitz hat, obliegt, durch den Vorstand eingereicht und von dem Gerichte in ein zu diesem Zwecke anzulegendes Register für Wassergenossenschaften eingetragen werden.

§ 17. Werden nach der Einreichung des Statuts bei dem zur Führung des Registers zuständigen Gerichte neue Mitglieder in die Genossenschaft aufgenommen, so hat der Vorstand binnen 14 Tagen, vom Tage der Aufnahme an gerechnet, dem Gerichte hiervon Anzeige zu machen.

§ 18. Der Genossenschaftsvorstand hat austretende oder neu eintretende Vorstandsmitglieder binnen 14 Tagen zur Eintragung in das Register anzumelden.

§ 19. Jede Änderung des Statuts muß gerichtlich oder notariell aufgenommen und bei dem zur Führung des Registers zuständigen Gerichte unter Überreichung des Genossenschaftsbeschlusses binnen 14 Tagen angemeldet werden.

Mit dem Abänderungsbeschlusse wird in gleicher Weise, wie mit dem ursprünglichen Vertrage verfahren.

Eine Veröffentlichung findet nur insoweit statt, als sich dadurch die in den früheren Bekanntmachungen enthaltenen Angaben ändern.

Der Beschluß hat Dritten gegenüber keine rechtliche Wirkung, bevor derselbe in das Register eingetragen worden ist.

§ 28. Die Vorschriften des bürgerlichen Rechts über die Voraussetzungen, unter welchen Rechte an einem im Grundbuch (Stockbuch) eingetragenen Grundstücke Rechtswirkung gegen Dritte erlangen, werden durch die §§ 24 bis 27 nicht berührt.

Auf Antrag des Genossenschaftsvorstandes ist ein Vermerk über die Beteiligung der im Statut bezeichneten Grundstücke (§ 12 Nr. 3) bei dem Unternehmen im Grund- oder Stockbuch einzutragen. Der Genossenschaftsvorstand hat den Antrag binnen zwei Wochen nach der Eintragung des Statuts zu stellen.

Die Vorschrift des vorstehenden Absatzes findet entsprechende Anwendung, wenn in die Genossenschaft ein Mitglied mit bisher nicht beteiligten Grundstücken eintritt.

§ 29. Der Austritt eines Genossen ist dem Gerichte, von welchem das Register geführt wird, binnen 14 Tagen, vom Tage des Austritts an gerechnet, vom Vorstande anzuzeigen.

Auf Anmeldung eines Genossen hat das Gericht, von welchem das Register für Wassergenossenschaften geführt wird, die Behauptung des Austritts vorzumerken und dem Vorstande Nachricht zu geben.

Diese Vorbemerkung sichert die Rechte des Genossen für den Fall, daß durch Anerkenntnis des Vorstandes oder durch richterliches Erkenntnis der Austritt als rechtsgültig geschehen festgestellt wird.

§ 31. Die Genossenschaft wird aufgelöst:

1. durch Ablauf der im Genossenschaftsstatut bestimmten Zeit;

2. durch einen Beschluß der Genossenschaft;
3. durch Eröffnung des Konkurses.

§ 32. Die Auflösung der Genossenschaft muß, wenn sie nicht eine Folge des eröffneten Konkurses ist, durch den Vorstand zur Eintragung in das Register binnen 14 Tagen angemeldet werden; sie muß binnen derselben Frist zu zwei verschiedenen Malen durch die für die Bekanntmachungen der Genossenschaft bestimmten Blätter veröffentlicht werden. Durch die Bekanntmachung müssen die Gläubiger zugleich aufgefordert werden, bei einem der Liquidatoren der Genossenschaft, welche namentlich zu bezeichnen sind, ihre Forderungen binnen Jahresfrist anzumelden. Nicht angemeldete Forderungen werden bei der Verteilung nicht berücksichtigt.

§ 35. Die Namen der Liquidatoren sind von dem Genossenschaftsvorstande, das Austreten eines Liquidators oder das Erlöschen der Vollmacht eines solchen ist von den übrigen Liquitadoren bei dem das Register führenden Gerichte binnen 14 Tagen zur Eintragung in das Register anzumelden.

Dritter Abschnitt.

Öffentliche Genossenschaften.

§ 61. Die Auflösung der Genossenschaft kann von dem zuständigen Minister ausgesprochen werden:

1. auf den Antrag eines Genossen, wenn die Genossenschaft nur noch aus zwei Mitgliedern besteht;
2. wenn in Jahresfrist, von der Bestätigung des Statuts an gerechnet, nicht zur Ausführung des Unternehmens geschritten, oder wenn die begonnene Ausführung mindestens ein Jahr lang eingestellt ist und die Verzögerung durch Verschul-

dung der Genossen herbeigeführt ist, oder wesentliche Voraussetzungen der Genehmigung des Statuts hierdurch verändert worden sind.

§ 62. Die Genossenschaft kann die Auflösung beschließen.

Der Auflösungsbeschluß erfordert zu seiner Gültigkeit eine Mehrheit von zwei Dritteln der Stimmen und die Genehmigung des zuständigen Ministers.

§ 63. Die Auflösung der Genossenschaft tritt in Kraft, sobald der Beschluß des Ministers (§§ 61, 62) dem Vorstande der Genossenschaft zugestellt worden ist.

§ 86. Die Auflösung der Genossenschaft (§§ 61 ff.) ist von der Aufsichtsbehörde in dem für ihre amtlichen Bekanntmachungen und von dem Genossenschaftsvorstande in dem für die Bekanntmachungen der Genossenschaft bestimmten Blatte sofort zu veröffentlichen.

In der Bekanntmachung des Vorstandes müssen die Personen bezeichnet werden, welchen die Liquidation obliegt (§ 64), und die Gläubiger aufgefordert werden, bei einem der Liquidatoren sich zu melden. Forderungen, welche binnen Jahresfrist nicht angemeldet werden, bleiben bei der Verteilung unberücksichtigt.

§ 87. Die §§ 35 bis 42 finden auch auf die Liquidation der öffentlichen Genossenschaften Anwendung.

An Stelle der in den §§ 35 und 36 verordneten Anmeldung behufs Eintragung in das Register tritt eine Anzeige an die Aufsichtsbehörde, welche dieselbe in dem für ihre amtlichen Bekanntmachungen bestimmten Blatte zu veröffentlichen hat.

Vierter Abschnitt.

Strafbestimmungen.

§ 99. Mit Geldstrafe bis zu 150 Mark wird bestraft: wer als Vorsteher oder Liquidator einer Genossenschaft es unterläßt, den Ein- oder Austritt von Mitgliedern der Genossenschaft oder von Vorstandsmitgliedern (§§ 17, 18, 29), die Abänderung der Statuten (§ 19), die Auflösung der Genossenschaft (§ 32), die Bestellung von Liquidatoren oder das Ausscheiden derselben oder das Erlöschen ihrer Vollmacht (§§ 35, 87) anzuzeigen oder anzumelden, die Auflösung der Genossenschaft bekannt zu machen (§§ 32, 86) oder die Eintragungen der Beteiligung (§ 28) rechtzeitig zu beantragen.

16. Gesetz, betr. die Besteuerung des Wanderlagerbetriebes.

Vom 27. Februar 1880 (GS. S. 174).

Vorbemerkung: Das Gesetz gilt für den Umfang der Monarchie mit Ausnahme von Helgoland.

§ 1. Wer außerhalb seines Wohnortes und ohne Begründung einer gewerblichen Niederlassung[1] die Waren eines Wanderlagers[2] von einer festen Verkaufsstätte[3] aus feilbieten[4] will, hat vom 1. April 1880 ab neben und unabhängig von der Steuer für den Gewerbebetrieb im Umherziehen (Gesetz vom 3. Juli 1876, GS. S. 247) in jedem Orte, an welchem er das Geschäft betreibt oder durch Vermittelung eines daselbst einheimischen Verkäufers oder Auktionators[5] betreiben läßt, eine nach den folgenden Vorschriften für die Gemeinden beziehungsweise Kreise zu erhebende Steuer zu entrichten.

Durch die Erfüllung der gesetzlichen Förmlichkeiten der Begründung des Wohnsitzes oder einer gewerblichen Niederlassung wird der Inhaber eines Wanderlagers von der Entrichtung der Steuer nicht befreit, wenn die begleitenden Umstände erkennen lassen, daß die Förmlichkeiten behufs Verdeckung des Wanderlagerbetriebes erfüllt sind.

Das Veranstalten einer Auktion von Waren eines Wanderlagers wird dem Feilbieten derselben gleich geachtet.

[1] Vgl. oben S. 105 A. 2.

[2] Über den Begriff des Wanderlagers vgl. RGStraff.

29 S. 1. Zu den Wanderlagern sind in der Regel diejenigen Unternehmungen zu rechnen, in denen außerhalb des Wohnorts des Unternehmers und außerhalb des Meß- und Marktverkehrs von einer festen Verkaufsstelle aus vorübergehend Waren feilgeboten werden; nicht erforderlich ist, daß die Waren gewandert d. h. von auswärts an den Ort der Feilbietung gebracht sind, Jhrb. 31 C S. 8, vgl. auch Jhrb. 4 S. 284, 9 S. 210, 13 S. 318. Der Umfang der Warenbestände ist regelmäßig gleichgültig. Nicht erforderlich ist ferner die Verbringung der Waren des Wanderlagers an eine Mehrheit von Orten, es genügt schon die Versendung an einen einzigen Ort. Zu jedem Gewerbebetrieb gehört aber die Gewerbsmäßigkeit und dieses Erfordernis besteht, wenn es auch im Gesetz nicht ausdrücklich hervorgehoben ist, auch für die Wanderlagersteuer. In dieser Hinsicht ist nicht entscheidend, ob der Betrieb eines Wanderlagers im Anschluß an die Ausübung eines stehenden Gewerbes stattfindet, vielmehr muß der Geschäftsbetrieb des Wanderlagers selbst den Charakter der Gewerbsmäßigkeit an sich tragen, RGStrafs. 11 S. 133, Jhrb. 23 C S. 93. Eine Gewerbsmäßigkeit kann nicht nur dann angenommen werden, wenn eine Wiederholungsabsicht besteht, sondern auch dann, wenn es sich um ein Lager handelt, dessen Bestände aber eine längere Zeit hindurch verkauft werden, KG. Recht 1910 S. 710.

[3] Als eine feste Verkaufsstätte kann angesehen werden ein öffentlicher Platz oder sonstiger freier Raum, Jhrb. 8 S. 152, ein unbespannter stillstehender Wagen unter besonderen begleitenden Umständen, Jhrb. 8 S. 166, ein in einem Gastlokal befindliches Billard, von dem aus Waren versteigert werden, Jhrb. 9 S. 210, ein Schiff, Jhrb. 13 S. 318.

[4] Vgl. oben S. 107 A. 9.

[5] Ob das zwischen dem einheimischen Verkäufer und dem Wanderlagerbesitzer bestehende Rechtsverhältnis ein gewöhnliches Vollmachtsverhältnis ist oder ob beide im Verhältnis eines Kommittenten und Kommissionärs zueinander stehen, ist, sofern nur der einheimische Verkäufer für Rechnung seines Auftraggebers tätig ist, mag dies auch nach außen nicht hervortreten, für die Steuerpflicht rechtlich belanglos; eine Ausnahme gilt nur insofern, als

der gewöhnliche Kommissionshandel, die Etablierung permanenter Geschäfte, um darin Waren allerlei Art im Auftrage größerer Lagerbesitzer zu verkaufen, in Frage kommt, RGStraff. 33 S. 133.

§ 2. Werden die Waren des Wanderlagers an einem Orte in mehreren Verkaufslokalen (gleichzeitig oder nacheinander) feilgeboten, so ist für jedes derselben die Steuer besonders zu entrichten.

§ 3. Der in diesem Gesetze vorgeschriebenen Besteuerung ist nicht unterworfen:

1. der Markt- und Meßverkehr[1], sowie der Verkauf von Ausstellungsobjekten auf öffentlichen, von den zuständigen Behörden genehmigten Ausstellungen,
2. die Errichtung fester Verkaufsstellen für die Dauer der Kurzeit (Saison) in Bade-, Brunnen- und ähnlichen Orten,
3. das Feilbieten von Gegenständen des Wochenmarktverkehrs[2] vom Schiffe aus — mit Ausnahme derjenigen Handwerkerwaren, mit denen nur den einheimischen Verkäufern der Wochenmarktverkehr gestattet ist (§ 64 der Reichsgewerbeordnung vom 21. Juni 1869, Bundes-Gesetzbl. S. 245),
4. das Feilbieten von Lebensmitteln[3] aller Art.
5. Außerdem kann der Finanzminister für gewisse Gewerbsarten oder in einzelnen Fällen den Geschäftsbetrieb steuerfrei gestatten.[4]

[1] Vgl. oben S. 112 A. 5. Diese Vergünstigung beruht darauf, daß der bezeichnete Verkehr dem stehenden Gewerbe des Marktbesuchers zugerechnet wird. Wesentlich ist, daß der Betrieb mit dem Meß- oder Marktverkehr nicht so sehr in einem räumlichen, als in einem sachlichen Zusammenhang steht, RG. GA. 53 S. 295.

[2] Vgl. oben S. 113 A. 8.

[3] Bloße Genußmittel, z. B. Kunstwein gehören nicht dazu, Jhrb. 3 S. 301.

[4] Vgl. Jhrb. 18 S. 248.

§ 4. Die Steuer beträgt für jede Woche[1] der Dauer des Wanderlagerbetriebes in den Orten:

der ersten Gewerbesteuerabteilung . .	50 Mark
der zweiten und dritten Gewerbesteuerabteilung	40 "
der vierten Gewerbesteuerabteilung, sowie in den Hohenzollernschen Landen	30 "[2]

Eine Teilung der Steuersätze für einen kürzeren als einwöchentlichen Betrieb findet nicht statt.

Die Woche wird vom Tage der Eröffnung des Betriebes bis zum Anfang des entsprechenden Tages der nächsten Kalenderwoche gerechnet. Eine Unterbrechung oder frühere Beendigung des Betriebes vor Ablauf der Woche bleibt unberücksichtigt.

Für die Wanderauktionen wird dieselbe Steuer für den Tag erhoben.

[1] Dadurch, daß der Betrieb die Dauer einer Woche nicht erreicht hat, wird der Begriff des Wanderlagers nicht ausgeschlossen, Jhrb. 8 S. 166.

[2] Nach § 1 des Gewerbesteuergesetzes vom 24. Juni 1891 gelten Städte mit mehr als 50 000 Einwohnern als Orte der ersten Gewerbesteuerabteilung, Städte mit mehr als 10 000 bis 50 000 Einwohnern als Orte der zweiten, Städte mit mehr als 2000 bis 10 000 Einwohnern als Orte der dritten und alle übrigen Orte als solche der vierten Gewerbesteuerabteilung; die Einwohnerzahl bestimmt sich nach dem Ergebnis der zuletzt vorangegangenen Volkszählung.

§ 5. Die Ist-Einnahme der Steuer wird

a) in den Orten der ersten, zweiten und dritten Gewerbesteuerabteilung der Gemeinde, in deren Bezirk der Wanderlagerbetrieb stattgefunden hat,

b) in den Orten der vierten Gewerbesteuerabteilung den betreffenden Kreisen, in den Hohenzollernschen Landen den betreffenden Amtsverbänden

überwiesen.

Über die Verwendung haben im Falle zu Litt. b die Kreisvertretungen bzw. in den Hohenzollernschen Landen die Amtsversammlungen zugunsten der beteiligten Gemeinden und Gutsbezirke zu beschließen.

Insoweit die Erhebung der Steuer durch Staatsbeamte (Steuerempfänger, Steuerkasse in Berlin, Kreiskasse in Frankfurt a. M.) bewirkt wird, sind von der zu überweisenden Ist-Einnahme drei Prozent als Erhebungskosten für die Staatskasse vorweg in Abzug zu bringen.

Im übrigen steht weder dem Staate noch den Gemeinden für ihre Mitwirkung bei Festsetzung und Erhebung der Steuer ein Anspruch auf Vergütung zu.

§ 6. Wer ein nach § 1 steuerpflichtiges Geschäft beginnen oder nach Ablauf der Zeit (§ 4), für welche die Steuer entrichtet ist, fortsetzen oder wieder beginnen will, ist verpflichtet, davon der Gemeindebehörde des Ortes — in Berlin der Direktion für die Verwaltung der direkten Steuern — unter Angabe der Verkaufsstelle und der Dauer des Betriebes (§ 4) Anzeige zu machen und den in der Anmeldungsbescheinigung bestimmten Steuerbetrag an die daselbst bezeichnete Empfangsstelle gegen Quittung vor Eröffnung des Betriebes zu entrichten.

In den Fällen des § 2 ist die gleiche Verpflichtung für jede Verkaufsstelle zu erfüllen.

§ 7. Wer ein nach §§ 1 und 2 steuerpflichtiges Geschäft

beginnt, beziehungsweise fortsetzt, ohne die im § 6 bestimmten Verpflichtungen erfüllt zu haben[1], wird mit einer dem doppelten Betrage der vorenthaltenen Steuer (§ 4) gleichen Geldstrafe bestraft.[2]

Außerdem ist die vorenthaltene Steuer zu entrichten.

[1] Der Wanderlagerbetrieb gehört zum Gewerbebetrieb im Umherziehen und bildet eine Unterart desselben; diejenigen Gegenstände, welche vom Feilbieten im Umherziehen ausgeschlossen sind, dürfen daher auch nicht im Wanderlagerbetrieb feilgeboten werden. Deshalb ist aber auch die Erhebung der im § 4 vorgeschriebenen Steuer von einem aus derartigen Gegenständen bestehenden Wanderlager unzulässig und es kann deshalb für diesen Betrieb eine Steuerstrafe nicht festgesetzt werden, Jhrb. 33 C S. 25.

[2] Es sind so viel einzelne Kontraventionsfälle anzunehmen als der Wanderlagerbetrieb Wochen, bei Wanderauktionen Tage, gedauert hat. Über Konkurrenz zwischen Hausiergewerbesteuer- und Wanderlagergewerbesteuerkontravention vgl. Jhrb. 7 S. 216, 11 S. 246, 33C S. 25 gegen RGStraff. 38 S. 32.

§ 8. Wird festgestellt, daß die strafbare Handlung (§ 7) im Auftrage und für Rechnung einer anderen Person ausgeübt ist, so ist gegen den Auftraggeber auf die gleiche Strafe wie gegen den Beauftragten zu erkennen, und haften beide solidarisch für die Strafbeträge, die Kosten und die vorenthaltene Steuer.[1]

[1] Diese Bestimmung findet im Falle des Betriebs des Wanderlagers durch Vermittlung eines einheimischen Verkäufers auf die Beziehungen des letzteren zu dem Wanderlagerbesitzer keine Anwendung; der Geschäftsbetrieb eines einheimischen Verkäufers kann immer nur als stehender betrachtet werden, Jhrb. 16 S. 353.

§ 9. Die empfangene Steuerquittung muß bei jeder Verkaufsstelle während der Dauer des Geschäftsbetriebes den zuständigen Beamten auf Erfordern vorgezeigt werden.

Zuwiderhandlungen gegen diese Vorschrift werden mit Geldstrafe bis zu 30 Mark bestraft.[1]

[1] Vgl. § 10 Abs. 2. Über Verjährung vgl. oben S. 130 A. 1.

§ 10. In betreff der Umwandlung der Geldstrafen in Haft, des Strafverfahrens und der Beschlagnahme der zum Geschäftsbetriebe mitgeführten Gegenstände finden die §§ 26 bis einschließlich 29 des Gesetzes vom 3. Juli 1876 (GS. S. 247) entsprechende Anwendung.

In den Fällen des § 9 findet eine vorläufige Festsetzung der Strafe durch die Regierung nicht statt.

§ 11. In betreff des Beschwerdeverfahrens, der Verpflichtungen der Kommunal- und Kreisbehörden sowie der Kommunen bezüglich der Ermittelung und Erhebung der Steuer sind auf die nach Vorschrift dieses Gesetzes zu erhebende Steuer, soweit in demselben nicht etwas anderes bestimmt ist, die wegen der Gewerbesteuer vom stehenden Gewerbebetriebe geltenden Bestimmungen anzuwenden.

Dasselbe gilt bezüglich der Vorschriften des Gesetzes über die Verjährungsfristen bei öffentlichen Abgaben vom 18. Juni 1840 (GS. S. 140).[1]

[1] Vgl. oben S. 135 A. 1.

§ 12. Mit der Ausführung dieses Gesetzes sind die Minister des Innern und der Finanzen beauftragt.

17. Feld- und Forstpolizeigesetz.

Vom 1. April 1880 (GS. S. 230).

Vorbemerkung: Das Gesetz gilt für den Umfang der Monarchie.

Erster Titel.

Strafbestimmungen.

§ 1. Die in diesem Gesetz[1] mit Strafe bedrohten Handlungen unterliegen, soweit dasselbe nicht abweichende Vorschriften enthält, den Bestimmungen des Strafgesetzbuchs.

[1] Das Gesetz bezieht sich trotz der anscheinend beschränkenden Überschrift nicht bloß auf Forsten und Felder im engeren Sinne, sondern auch auf städtische Orte, RGStrafs. 7 S. 190.

§ 2. Für die Strafzumessung wegen Zuwiderhandlungen gegen dieses Gesetz kommen als Schärfungsgründe in Betracht:

1. wenn die Zuwiderhandlung an einem Sonn- oder Festtage[1] oder in der Zeit von Sonnenuntergang bis Sonnenaufgang begangen ist;
2. wenn der Zuwiderhandelnde Mittel angewendet hat, um sich unkenntlich zu machen;
3. wenn der Zuwiderhandelnde dem Feld- oder Forsthüter, oder einem anderen zuständigen Beamten,[2] dem Beschädigten oder dem Pfändungsberechtigten seinen Namen oder Wohnort anzugeben sich geweigert oder falsche Angaben über seinen oder seiner Gehilfen Namen oder

Wohnort gemacht, oder auf Anrufen der vorstehend genannten Personen, stehen zu bleiben, die Flucht ergriffen oder fortgesetzt hat;

4. wenn der Täter die Aushändigung der zu der Zuwiderhandlung bestimmten Werkzeuge oder der mitgeführten Waffen verweigert hat;
5. wenn die Zuwiderhandlung von drei oder mehr Personen in gemeinschaftlicher Ausführung[3] begangen ist;
6. wenn die Zuwiderhandlung im Rückfalle begangen ist.

[1] Vgl. Forstdiebstahlsges. § 3 A. 1.

[2] Zuständig ist der Beamte, welcher mit Rücksicht auf seine Amtstätigkeit im Fragefalle das Recht hat, den richtigen Namen und Wohnort zu erfahren, RGStrafs. 17 S. 224.

[3] Vgl. Forstdiebstahlsges. § 6 A. 2.

§ 3. Im Rückfalle (§ 2 Nr. 6) befindet sich, wer, nachdem er auf Grund dieses Gesetzes wegen einer in demselben mit Strafe bedrohten Handlung im Königreiche Preußen vom Gerichte oder durch polizeiliche Strafverfügung rechtskräftig verurteilt[1] worden ist, innerhalb der nächsten zwei Jahre dieselbe oder eine gleichartige strafbare Handlung, sei es mit oder ohne erschwerende Umstände, begeht.

Als gleichartig gelten

1. die in demselben Paragraphen oder, falls ein Paragraph mehrere strafbare Handlungen betrifft, in derselben Paragraphennummer vorgesehenen Handlungen;
2. die Entwendung, der Versuch einer solchen und die Teilnahme (Mittäterschaft, Anstiftung, Beihilfe),

die Begünstigung und die Hehlerei in Beziehung auf eine Entwendung.

[1] Vgl. Forstdiebstahlsges. § 7 A. 1.

§ 4. Die im § 57 Nr. 3 des Strafgesetzbuchs bei der Verurteilung von Personen, welche zur Zeit der Begehung der Tat das zwölfte, aber nicht das achtzehnte Lebensjahr vollendet hatten, vorgesehene Strafermäßigung findet bei Zuwiderhandlungen gegen dieses Gesetz keine Anwendung.[1]

[1] Anwendung findet dagegen § 57 Nr. 4, es kann also „in besonders leichten Fällen" auf Verweis erkannt werden.

§ 5. Für die Geldstrafe, den Wertsersatz (§ 68) und die Kosten, zu denen Personen verurteilt werden, welche unter der Gewalt, der Aufsicht oder im Dienste eines Anderen stehen und zu dessen Hausgenossenschaft gehören, ist letzterer im Falle des Unvermögens der Verurteilten für haftbar zu erklären, und zwar unabhängig von der etwaigen Strafe, zu welcher er selbst auf Grund dieses Gesetzes oder des § 361 Nr. 9 des Strafgesetzbuchs verurteilt wird. Wird festgestellt, daß die Tat nicht mit seinem Wissen verübt ist, oder daß er sie nicht verhindern konnte, so wird die Haftbarkeit nicht ausgesprochen.[1]

Hat der Täter noch nicht das zwölfte Lebensjahr vollendet, so wird derjenige, welcher in Gemäßheit der vorstehenden Bestimmung haftet, zur Zahlung der Geldstrafe, des Wertsersatzes und der Kosten als unmittelbar haftbar verurteilt. Dasselbe gilt, wenn der Täter zwar das zwölfte, aber noch nicht das achtzehnte Lebensjahr vollendet hatte und wegen Mangels der zur Erkenntnis der Strafbarkeit seiner Tat erforderlichen Einsicht freizusprechen ist, oder wenn derselbe wegen eines seine freie Willensbestimmung ausschließenden Zustandes straffrei bleibt.[2]

Gegen die in Gemäßheit der vorstehenden Bestimmungen als haftbar Erklärten tritt an die Stelle der Geldstrafe eine Freiheitsstrafe nicht ein.

[1] Vgl. Forstdiebstahlsges. § 11 A. 1—3.

[2] Vgl. a. a. O. § 12 A. 1.

§ 6. Entwendungen, Begünstigung und Hehlerei[1] in Beziehung auf solche, sowie rechtswidrig und vorsätzlich begangene Beschädigungen (§ 303 des Strafgesetzbuchs) und Begünstigung in Beziehung auf solche unterliegen den Bestimmungen dieses Gesetzes nur dann, wenn der Wert des Entwendeten oder der angerichtete Schaden zehn Mark nicht übersteigt.[2]

[1] Vgl. Forstdiebstahlsges. § 5 A. 1, 3.

[2] Für die Frage, ob eine Entwendung unter §§ 6 und 18 fällt, ist nur der Wert des Entwendeten, nicht aber auch der durch die Entwendung angerichtete Schaden entscheidend, die Schlußworte „oder der angerichtete Schaden" beziehen sich lediglich auf die im Eingang aufgeführte „vorsätzliche Beschädigung", Jhrb. 14 S. 343, RGStrafs. 36 S. 311. Maßgebend für die Beurteilung des Wertes ist der Zeitpunkt der Entwendung, nicht derjenige der Reife der entwendeten Früchte, RG. JW. 07 S. 567. Handelt es sich um die Entwendung von Bäumen von einem Waldgrundstücke, so ist allein der Wert des geschlagenen Holzes zugrunde zu legen, nicht der Wert, den die ganzen Bäume für den Geschädigten im Hinblick darauf besaßen, daß sie den Teil eines Waldes bildeten, KG. DJZ. 08 S. 429.

§ 7. Die Beihilfe zu einer nach diesem Gesetze strafbaren Entwendung oder vorsätzlichen Beschädigung wird mit der vollen Strafe der Zuwiderhandlung bestraft.

§ 8. Der Versuch[1] der Entwendung, die Begünstigung und Hehlerei[2] in Beziehung auf eine Entwendung, sowie die Begünstigung in Beziehung auf eine nach diesem

Gesetze strafbare vorsätzliche Beschädigung werden mit der vollen Strafe der Entwendung beziehungsweise vorsätzlichen Beschädigung bestraft.

Die Bestimmungen des § 257 Abs. 2 und 3 des Strafgesetzbuchs[2] finden Anwendung.

[1] Vgl. Forstdiebstahlsges. § 4 A. 1.

[2] Vgl. a. a. O. § 5 A. 1, 3.

§ 9. Mit Geldstrafe bis zu zehn Mark oder mit Haft bis zu drei Tagen wird bestraft, wer, abgesehen von den Fällen des § 123 des Strafgesetzbuchs,[1] von einem Grundstücke, auf dem er ohne Befugnis sich befindet, auf die Aufforderung des Berechtigten[2] sich nicht entfernt. Die Verfolgung tritt nur auf Antrag ein.

[1] § 123 lautet: „Wer in die Wohnung, in die Geschäftsräume oder in das befriedete Besitztum eines andern oder in abgeschlossene Räume, welche zum öffentlichen Dienst bestimmt sind, widerrechtlich eindringt, oder wer, wenn er ohne Befugnis darin verweilt, auf die Aufforderung des Berechtigten sich nicht entfernt, wird wegen Hausfriedensbruches mit Gefängnis bis zu drei Monaten oder mit Geldstrafe bis zu dreihundert Mark bestraft.

Die Verfolgung tritt nur auf Antrag ein.

Ist die Handlung von einer mit Waffen versehenen Person oder von mehreren gemeinschaftlich begangen worden, so tritt Gefängnisstrafe von Einer Woche bis zu Einem Jahre ein."

Darüber, wann ein Grundstück als „befriedetes Besitztum" anzusehen ist, vgl. RGStraff. 36 S. 395.

[2] Nicht nur der Eigentümer oder dinglich Berechtigte, sondern jeder berechtigte Inhaber ist zur Aufforderung an den unbefugt Verweilenden befugt, RGStraff. 1 S. 121, vgl. auch RGStraff. 5 S. 413, 27 S. 70. Es genügt stets eine einmalige Aufforderung.

§ 10. Mit Geldstrafe bis zu zehn Mark oder mit Haft bis zu drei Tagen wird bestraft, wer, abgesehen von den Fällen des § 368 Nr. 9 des Strafgesetzbuchs,[1] unbefugt[2] über Grundstücke[3] reitet, karrt, fährt, Vieh treibt,[4] Holz schleift, den Pflug wendet oder über Äcker,[5] deren Bestellung vorbereitet oder in Angriff genommen[6] ist, geht. Die Verfolgung tritt nur auf Antrag ein.

Der Zuwiderhandelnde bleibt straflos, wenn er durch die schlechte Beschaffenheit eines an dem Grundstücke vorüberführenden und zum gemeinen Gebrauch bestimmten Weges oder durch ein anderes auf dem Wege befindliches Hindernis zu der Übertretung genötigt worden ist.

[1] § 368 Nr. 9 lautet: „Mit Geldstrafe bis zu sechzig Mark oder mit Haft bis zu vierzehn Tagen wird bestraft:

9. wer unbefugt über Gärten oder Weinberge, oder vor beendeter Ernte über Wiesen oder bestellte Äcker, oder über solche Äcker, Wiesen, Weiden oder Schonungen, welche mit einer Einfriedigung versehen sind, oder deren Betreten durch Warnungszeichen untersagt ist, oder auf einem durch Warnungszeichen geschlossenen Privatwege geht, fährt, reitet oder Vieh treibt."

Eine Polizeiverordnung, welche das Reiten über Forstgrundstücke außerhalb der Wege verbietet, ist ungültig, da diese Materie bereits durch § 10 geregelt ist, KG. Recht 09 S. 550.

[2] Der Jagdberechtigte ist befugt, behufs Ausübung der Jagd oder der sonstigen im Jagdrecht einbegriffenen Befugnisse die zu seinem Jagdreviere gehörigen fremden Grundstücke zu betreten, für den angerichteten Schaden haftet er nur zivilrechtlich.

Über besondere Befugnisse der Posten vgl. § 17 d. RGes. über d. Postwesen v. 28. Oktober 1871 (RGBl. S. 347).

[3] Hierunter fällt auch das unbefugte Befahren der Deichdämme, Jhrb. 19 S. 270.

[4] Übertreten des Viehs ist kein „Viehtreiben", OR. 14 S. 436, vgl. § 14.

[5] Unter einem Acker ist nicht jedes beliebige Stück Land, sondern ein solcher Teil des Erdbodens zu verstehen, der zur Gewinnung von Bodenerzeugnissen mindestens bestimmt ist, RG-Strafs. 36 S. 395.

[6] Ein umgepflügter, aber noch nicht besäter oder bepflanzter Acker ist zwar noch nicht „bestellt" im Sinne des § 368 Nr. 9 StGB., aber „zur Bestellung vorbereitet" vgl. OR. 9 S. 142.

§ 11. Mit Geldstrafe bis zu zehn Mark oder mit Haft bis zu drei Tagen wird bestraft, wer außerhalb eingefriedigter Grundstücke sein Vieh ohne gehörige Aufsicht oder ohne genügende Sicherung läßt.[17]

Diese Bestimmung kann durch Polizeiverordnung abgeändert werden. Eine höhere als die vorstehend festgesetzte Strafe darf jedoch nicht angedroht werden.

Die Bestrafung tritt nicht ein, wenn nach den Umständen die Gefahr einer Beschädigung Dritter nicht anzunehmen ist.

[1] § 11 bezieht sich nicht auf das Hineinlassen von Enten in fremde Fischgewässer, soll vielmehr nur das Umherlaufenlassen des sog. Weideviehs auf dem festen Lande verhindern, Jhrb. 24 C S. 60.

§ 12. Mit Geldstrafe bis zu zehn Mark oder mit Haft bis zu drei Tagen wird der Hirt bestraft, welcher das ihm zur Beaufsichtigung anvertraute Vieh ohne Aufsicht oder unter der Aufsicht einer hierzu untüchtigen Person läßt.

§ 13. Die Ausübung der Nachtweide, des Einzelhütens, sowie der Weide durch Gemeinde- und Genossenschaftsherden wird durch Polizeiverordnung geregelt.

§ 14. Mit Geldstrafe bis zu fünfzig Mark oder mit Haft bis zu vierzehn Tagen wird bestraft, wer unbefugt auf einem Grundstücke Vieh weidet.

Die Strafe ist verwirkt, sobald das Vieh die Grenzen des Grundstücks, auf welchem es nicht geweidet werden darf, überschritten hat, sofern nicht festgestellt wird, daß der Übertritt von der für die Beaufsichtigung des Viehes verantwortlichen Person nicht verhindert werden konnte.

Die Bestimmung des Absatzes 2 findet, wo eine Verpflichtung zur Einfriedigung von Grundstücken besteht, oder wo die Einfriedigung landesüblich ist, keine Anwendung.

§ 15. Geldstrafe von fünf bis zu einhundertundfünfzig Mark oder Haft tritt ein, wenn der Weidefrevel (§ 14) begangen wird

1. auf Grundstücken, deren Betreten durch Warnungszeichen verboten ist;
2. auf eingefriedigten Grundstücken, sofern nicht eine Verpflichtung zur Einfriedigung der Grundstücke besteht, oder die Einfriedigung der Grundstücke landesüblich ist;
3. auf solchen Dämmen und Deichen, welche von dem Besitzer selbst noch mit der Hütung verschont werden;
4. auf bestellten Äckern oder auf Wiesen, in Gärten, Baumschulen, Weinbergen, auf mit Rohr bewachsenen Flächen, auf Weidenhegern, Dünen, Buhnen, Deckwerken, gedeckten Sandflächen, Graben- oder Kanalböschungen, in Forstkulturen, Schonungen oder Saatkämpen;
5. auf Forstgrundstücken mit Pferden oder Ziegen.

§ 16. Ein wegen Weidefrevels rechtskräftig verurteilter Hirt kann von der Dienstherrschaft innerhalb vierzehn Tagen, von der rechtskräftigen Verurteilung an gerechnet, entlassen werden.

§ 17. Mit Geldstrafe bis zu einhundertundfünfzig Mark oder mit Haft wird bestraft:

1. wer eine rechtmäßige Pfändung (§ 77) vereitelt oder zu vereiteln versucht;
2. wer, abgesehen von den Fällen der §§ 113 und 117

des Strafgesetzbuchs,[1] dem Pfändenden in der rechtmäßigen Ausübung seines Rechts (§ 77) durch Gewalt[2] oder durch Bedrohung mit Gewalt[3] Widerstand leistet oder den Pfändenden während der rechtmäßigen Ausübung seines Rechts tätlich angreift;[4]

3. wer, abgesehen von den Fällen der §§ 137 und 289 des Strafgesetzbuchs,[5] Sachen, welche rechtmäßig in Pfand genommen sind (§ 77), dem Pfändenden in rechtswidriger Absicht wegnimmt;[6]
4. wer vorsätzlich eine unrechtmäßige Pfändung (§ 77) bewirkt.

[1] § 113 lautet: „Wer einem Beamten, welcher zur Vollstreckung von Gesetzen, von Befehlen und Anordnungen der Verwaltungsbehörden oder von Urteilen und Verfügungen der Gerichte berufen ist, in der rechtmäßigen Ausübung seines Amtes durch Gewalt oder durch Bedrohung mit Gewalt Widerstand leistet, oder wer einen solchen Beamten während der rechtmäßigen Ausübung seines Amtes tätlich angreift, wird mit Gefängnis von vierzehn Tagen bis zu zwei Jahren bestraft.

Sind mildernde Umstände vorhanden, so tritt Gefängnisstrafe bis zu Einem Jahre oder Geldstrafe bis zu eintausend Mark ein.

Dieselben Strafvorschriften treten ein, wenn die Handlung gegen Personen, welche zur Unterstützung des Beamten zugezogen waren, oder gegen Mannschaften der bewaffneten Macht, oder gegen Mannschaften einer Gemeinde-, Schutz- oder Bürgerwehr in Ausübung des Dienstes begangen wird."

§ 117 lautet: „Wer einem Forst- oder Jagdbeamten, einem Waldeigentümer, Forst- oder Jagdberechtigten, oder einem von diesen bestellten Aufseher, in der rechtmäßigen Ausübung seines Amtes oder Rechtes durch Gewalt oder durch Bedrohung mit Gewalt Widerstand leistet, oder wer eine dieser Personen während der Ausübung ihres Amtes oder Rechtes tätlich angreift, wird mit Gefängnis von vierzehn Tagen bis zu drei Jahren bestraft.

Ist der Widerstand oder der Angriff unter Drohung mit Schießgewehr, Äxten oder anderen gefährlichen Werkzeugen erfolgt, oder mit Gewalt an der Person begangen worden, so tritt Gefängnisstrafe nicht unter drei Monaten ein.

Sind mildernde Umstände vorhanden, so tritt in den Fällen des Abs. 1 Gefängnisstrafe bis zu Einem Jahre, in den Fällen des Abs. 2 Gefängnisstrafe nicht unter Einem Monat ein."

[2] Die Gewalt besteht in einer körperlichen Kraftäußerung, welche sich unmittelbar oder mittelbar gegen die Person des Pfändenden richtet, RGRchtspr. 7 S. 85, der sog. passive Widerstand genügt nicht.

[3] Zwischen § 17 Nr. 2 und § 240 StGB. besteht keine Gesetzeskonkurrenz, es wird also die Anwendung des § 240, wenn die Bedrohung mit Gewalt in der Bedrohung mit einem Verbrechen oder Vergehen besteht, durch die Bestimmung des § 17 Nr. 2 nicht ausgeschlossen. Die Bestimmung bezieht sich nur auf solche Handlungen, die während der Vollziehung der Pfändung vorgenommen werden, nicht auf Vorgänge, welche ihr nachfolgen, RGStraff. 7 S. 116.

[4] Als tätlicher Angriff ist jede vorsätzliche unberechtigte, auf die Person des Pfändenden in feindseliger Richtung verübte Einwirkung zu betrachten, RGRchtspr. 7 S. 301, Straff. 13 S. 105.

§ 17 Nr. 2 enthält ein besonderes Gesetz, dessen Anwendbarkeit es ausschließt, daß zugleich die Nr. 1 Platz greift. Ebensowenig ist Nr. 1 anwendbar, wenn der Tatbestand des § 113 oder § 117 StGB. vorliegt, RGStraff. 38 S. 69.

[5] § 137 lautet: „Wer Sachen, welche durch die zuständigen Behörden oder Beamten gepfändet oder in Beschlag genommen worden sind, vorsätzlich beiseite schafft, zerstört oder in anderer Weise der Verstrickung ganz oder teilweise entzieht, wird mit Gefängnis bis zu Einem Jahre bestraft."

§ 289 lautet: „Wer seine eigene bewegliche Sache, oder eine fremde bewegliche Sache zugunsten des Eigentümers derselben dem Nutznießer, Pfandgläubiger oder demjenigen, welchem an der Sache ein Gebrauchs- oder Zurückbehaltungsrecht zusteht, in rechtswidriger Absicht wegnimmt, wird mit Gefängnis bis zu drei Jahren oder mit Geldstrafe bis zu neunhundert Mark bestraft.

Neben der Gefängnisstrafe kann auf Verlust der bürgerlichen Ehrenrechte erkannt werden.

Der Versuch ist strafbar.

Die Verfolgung tritt nur auf Antrag ein.

Die Bestimmungen des § 247 Abs. 2 und 3 finden auch hier Anwendung."

[6] Über das Verhältnis des § 17 Nr. 3 zu § 289 StGB. vgl. RGStraff. 7 S. 302.

Die rechtswidrige Absicht besteht in der Absicht, das formell begründete und fortdauernde Pfandrecht zu vereiteln, nicht aber notwendig auch in der Absicht das Forderungsrecht zu kürzen, wegen dessen das Pfandrecht geltend gemacht wird, RGStraff. 3 S. 277.

§ 18. Mit Geldstrafe bis zu einhundertundfünfzig Mark oder mit Haft wird bestraft, wer Gartenfrüchte, Feldfrüchte oder andere Bodenerzeugnisse[1] aus Gartenanlagen aller Art,[2] Weinbergen, Obstanlagen, Baumschulen, Saatkämpen, von Äckern,[3] Wiesen,[4] Weiden, Plätzen, Gewässern, Wegen, oder Gräben entwendet.[5]

Liegen die Voraussetzungen des § 370 Nr. 5 des Strafgesetzbuchs vor, so tritt die Verfolgung nur auf Antrag ein.[6]

[1] Unter Bodenerzeugnissen sind diejenigen pflanzlichen Produkte zu verstehen, welche nicht wie die Früchte zum Genusse bestimmt sind; ob es sich um eingepflanzte oder an Ort und Stelle gewachsene Pflanzen handelt, ist unerheblich, RGStraff. 23 S. 269. Es müssen jedoch die eingepflanzten Pflanzen die Eigenschaft einer natürlichen Zugehörigkeit zum Grund und Boden bereits erlangt haben, es muß sich in den zum Zwecke ihrer Ernährung und Entwicklung mit dem Grund und Boden verbundenen Pflanzen auch pflanzliches Leben bereits betätigt haben; ist der hiernach maßgebende Zeitpunkt nicht mit Sicherheit zu ermitteln, so muß

das dem Angeklagten Günstigere angenommen werden, RGStraff. 35 S. 67.

Nicht darunter fallen Bodenbestandteile, z. B. Torf, RGStraff. 21 S. 27, OLG. Celle GA. 58 S. 245, vgl. auch § 370 Nr. 2 StGB. Die Eigenschaft eines Blumenstocks als Bodenerzeugnis des Gartens hört mit seiner definitiven Entnahme aus dem Gartenboden und der Verpflanzung in einen Blumentopf auf, der Garten, in dem die in den Blumentopf versetzte Pflanze verbleibt, erscheint fortan nur als zufälliger, außer Beziehung zum Bodenerzeugnisse stehender Aufbewahrungsort, RGStraff. 26 S. 101.

Nach § 18 strafbar ist die Entwendung von Bäumen und Strauchwerk auf Grundstücken, welche nicht hauptsächlich zur Holznutzung bestimmt sind (vgl. § 1 d. Forstdiebstahlsges.), ohne Unterschied, ob eine Abtrennung bereits erfolgt ist oder nicht, ob die Bäume, Sträucher usw. eine regelmäßig wiederkehrende Nutzung gestatten oder nicht, RGStraff. 4 S. 268. Nicht hierher gehört die Entwendung stehender Weidenruten von Anpflanzungen auf Anlandungen der Flußufer, RGStraff. 20 S. 11, vgl. Forstdiebstahlsges. § 1 A. 2.

[4] Friedhöfe fallen hierunter, wenn sie eine Ausstattung haben, wie dies meist der Fall ist, die den Charakter einer gartenähnlichen Anlage trägt, RGRchtspr. 5 S. 30 und 96, Straff. 7 S. 190, 36 S. 28, GA. 50 S. 130.

[5] Über den Begriff „Acker" vgl. § 10 A. 5.

Unter § 18 fällt sowohl die Entwendung der noch nicht vom Boden getrennten wie der bereits getrennten Feldfrüchte, sofern sie noch nicht eingeheimst d. h. an denjenigen Ort gebracht sind, welcher zu ihrer Verwahrung bis zu ihrem Verbrauch oder ihrer Verwertung, überhaupt zu einer relativ dauernden Aufbewahrung bestimmt ist, ohne Unterschied, ob sich ein solcher Aufbewahrungsort auf dem Gehöft oder auf dem Felde, insbesondere auf demjenigen Felde, auf dem die Früchte gewonnen wurden, befindet, RGStraff. 5 S. 385, 9 S. 163, 23 S. 386, KG. Recht 09 S. 752. Ist die Einheimsung bereits vorbereitet, aber noch nicht ausgeführt, so ist § 18 anwendbar, insbesondere bei Feldfrüchten, die bereits behufs der Abfuhr auf einen auf dem Felde stehenden Wagen geladen sind, ferner bei Getreide, welches in Garben gebunden und zum Einfahren bereits auf Haufen gebracht ist, bei Kartoffeln, die behufs demnächstiger Fortschaffung bereits in Säcke geschüttet sind, RG. Strafs. 41 S. 159.

[4] Wiese ist eine Bodenfläche, welche eine wiederkehrende Grasnutzung gestattet und zur Grasnutzung bestimmt ist, KG. GA. 41 S. 440.

[5] § 18 ist auf die Entwendung aus einer der aufgezählten Arten von Grundstücken und Orten zu beschränken, KG. GA. 41 S. 440.

Über das Verhältnis der Entwendung zu der nach § 304 StGB. strafbaren Sachbeschädigung vgl. RGStrafs. 7 S. 190, 9 S. 219.

[6] § 370 Nr. 5 setzt voraus die Entwendung von „Nahrungs- oder Genußmitteln von unbedeutendem Werte oder in geringer Menge zum alsbaldigen Verbrauch".

§ 19. Geldstrafe von fünf bis zu einhundertundfünfzig Mark oder Haft tritt ein,[1] wenn die nach § 18 strafbare Entwendung begangen wird

1. unter Anwendung eines zur Fortschaffung größerer Mengen geeigneten Gerätes, Fahrzeuges oder Lasttieres;
2. unter Benutzung von Äxten, Sägen, Messern, Spaten oder ähnlichen Werkzeugen;
3. aus einem umschlossenen Raume[2] mittels Einsteigens;[3]
4. gegen die Dienstherrschaft oder den Arbeitgeber;
5. an Kien, Harz, Saft, Wurzeln, Rinde oder Mittel-(Haupt-)Trieben stehender Bäume, sofern die Entwendung nicht als Forstdiebstahl strafbar ist.

[1] Wenn die Voraussetzungen des § 370 Nr. 5 StGB. (vgl. § 18 A. 6) vorliegen, ist Strafantrag erforderlich, RGStrafs. 16 S. 63, abweichend Jhrb. 7 S. 271.

[2] Über den Begriff des umschlossenen Raumes

vgl. RGStrafſ. 3 S. 411, 10 S. 103, 13 S. 423, 14 S. 226, Rchtſpr. 7 S. 320.

[3] Der hier verwendete Begriff des „Einſteigens" iſt mit dem „Einſteigen" im Sinne des § 243 Nr. 3 StGB. identiſch, RG. Recht 07 S. 913. Einſteigen ſetzt einen von außen bewirkten Eintritt in den umſchloſſenen Raum voraus und die Überwindung eines entgegenſtehenden Hinderniſſes, ein eigentliches Steigen iſt nicht erforderlich, RGStrafſ. 3 S. 173, 13 S. 257, Rchtſpr. 7 S. 348, 8 S. 601. Die Beſeitigung ganz unerheblicher Hinderniſſe kann nicht als Einſteigen angeſehen werden RG. DJZ. 03 S. 430.

§ 20. Gefängnisſtrafe bis zu drei Monaten tritt ein,[1] wenn die nach § 18 ſtrafbare Entwendung begangen wird

1. unter Mitführung von Waffen;[2]
2. aus einem umſchloſſenen Raume[3] mittels Einbruchs;[4]
3. dadurch, daß zur Eröffnung der Zugänge eines umſchloſſenen Raumes falſche Schlüſſel[5] oder andere zur ordnungsmäßigen Eröffnung nicht beſtimmte Werkzeuge angewendet werden;
4. durch Wegnahme ſtehender Bäume,[6] Frucht- oder Ziersträucher, ſofern die Entwendung nicht als Forſtdiebſtahl ſtrafbar iſt;
5. von dem Aufſeher in dem ſeiner Aufſicht unterſtellten Grundſtücke.

Sind mildernde Umſtände vorhanden, ſo kann auf Geldſtrafe von fünf bis zu dreihundert Mark erkannt werden.

[1] Vgl. § 19 A. 1.

[2] Als Waffe kann jedes Werkzeug angeſehen werden, welches zur Beibringung bedeutender Körperverletzungen geeignet iſt, RGStrafſ. 8 S. 44.

[3] Vgl. § 19 A. 2.

[4] Der hier verwendete Begriff des „Einbruchs" ist mit dem „Einbruch" im Sinne des § 243 Nr. 3 StGB. identisch. Einbruch ist die gewaltsame Eröffnung eines Zugangs zu dem umschlossenen Raum, eine Beschädigung der Substanz ist nicht erforderlich, RGRechtspr. 2 S. 589, 3 S. 361, Strafs. 4 S. 353, 15 S. 12, ebensowenig das Eindringen des Täters in das Innere des umschlossenen Raums, RGStrafs. 29 S. 70. Ein Einbruch liegt vor, wenn jemand durch eine dichte lebende Hecke durch gewaltsames Auseinanderbiegen derselben sich den Zugang zu dem umschlossenen Raum verschafft, KG. Recht 07 S. 913.

[5] Vgl. RGStrafs. 5 S. 17, 11 S. 436.

[6] Das Abschneiden eines weniger als 10 Mk. werten Weidenzweiges ist nur nach § 18 in Verbindung mit § 19 Nr. 2 strafbar; die erhöhte Strafe des § 20 Nr. 4 setzt voraus, daß die Wegnahme den Fortbestand der Pflanzung in ihrer Ganzheit und an der bisherigen Stätte aufhebt, dies trifft nur bei Entwendung ganzer stehender Bäume zu, KG. GA. 42 S. 440.

§ 21. Auf Gefängnisstrafe von einer Woche bis zu einem Jahre ist zu erkennen:

1. wenn im Falle einer Entwendung der Schuldige sich im dritten oder ferneren Rückfalle[2] befindet;
2. wenn die Hehlerei gewerbs- oder gewohnheitsmäßig begangen ist.

[1] Vgl. § 53.

[2] Vgl. § 3 und Forstdiebstahlsges. § 8 A. 1.

[3] Vgl. Forstdiebstahlsges. § 6 A. 3.

§ 22. Bei Entwendungen (§§ 18 bis 21) finden die Bestimmungen des § 247 des Strafgesetzbuchs[1] entsprechende Anwendung.

[1] § 247 lautet: „Wer einen Diebstahl oder eine Unterschlagung gegen Angehörige, Vormünder oder Erzieher begeht, oder wer einer Person, zu der er im Lehrlingsverhältnisse steht, oder in deren häuslicher Gemeinschaft er als Gesinde sich befindet, Sachen von

unbedeutendem Werte stiehlt oder unterschlägt, ist nur auf Antrag zu verfolgen. Die Zurücknahme des Antrages ist zulässig.

Ein Diebstahl oder eine Unterschlagung, welche von Verwandten aufsteigender Linie gegen Verwandte absteigender Linie oder von einem Ehegatten gegen den anderen begangen worden ist, bleibt straflos.

Diese Bestimmungen finden auf Teilnehmer oder Begünstiger, welche nicht in einem der vorbezeichneten persönlichen Verhältnisse stehen, keine Anwendung."

§ 23. In den Fällen der §§ 18 bis 21 sind neben der Geldstrafe oder der Freiheitsstrafe die Waffen (§ 20), welche der Täter bei der Zuwiderhandlung bei sich geführt hat, einzuziehen, ohne Unterschied, ob sie dem Schuldigen gehören oder nicht.

In denselben Fällen können die zur Begehung der strafbaren Zuwiderhandlung geeigneten Werkzeuge, welche der Täter bei der Zuwiderhandlung bei sich geführt hat,[1] eingezogen werden, ohne Unterschied, ob sie dem Schuldigen gehören oder nicht. Die Tiere und andere zur Wegschaffung des Entwendeten dienenden Gegenstände, welche der Täter bei sich führt, unterliegen nicht der Einziehung.

[1] Vgl. Forstdiebstahlsges. § 15 A. 1.

§ 24. Mit Geldstrafe bis zu zehn Mark oder mit Haft bis zu drei Tagen wird bestraft, wer, abgesehen von den Fällen der §§ 18 und 30, unbefugt

1. das auf oder an Grenzrainen, Wegen, Triften oder an oder in Gräben wachsende Gras oder sonstige Viehfutter abschneidet oder abrupft;
2. von Bäumen, Sträuchern oder Hecken Laub abpflückt oder Zweige abbricht, insofern dadurch ein Schaden entsteht.

Die Verfolgung tritt nur auf Antrag ein.

§ 25. Mit Geldstrafe bis zu dreißig Mark oder mit Haft bis zu einer Woche wird bestraft, wer unbefugt

1. Dungstoffe von Äckern, Wiesen, Weiden, Gärten, Obstanlagen oder Weinbergen aufsammelt;[1]
2. Knochen gräbt oder sammelt;
3. Nachlese hält.

[1] Die Bestimmung bezieht sich nur auf das Aufsammeln solcher Dungstoffe, welche einzeln und zerstreut, nicht in kompakten Massen gefunden werden und welche unabhängig von dem Willen des Eigentümers auf dessen Grund und Boden kommen, für ihn also unter solchen Umständen keinen besonderen Wert haben, nicht aber auf den Dünger, welchen der Eigentümer auf seinen Grund und Boden zum Zweck der Düngung hat bringen lassen, RG. GA. 45 S. 430, Straff. 21 S. 245.

§ 26. Mit Geldstrafe bis zu fünfzig Mark oder mit Haft bis zu vierzehn Tagen wird bestraft, wer unbefugt

1. abgesehen von den Fällen des § 366 Nr. 7 des Strafgesetzbuchs,[1] Steine, Scherben, Schutt oder Unrat auf Grundstücke wirft oder in dieselben bringt;[2]
2. Leinwand, Wäsche oder ähnliche Gegenstände zum Bleichen, Trocknen oder anderen derartigen Zwecken ausbreitet oder niederlegt;
3. tote Tiere liegen läßt, vergräbt oder niederlegt;
4. Bienenstöcke aufstellt.

[1] § 366 Nr. 7 lautet: „Mit Geldstrafe bis zu sechzig Mark oder mit Haft bis zu vierzehn Tagen wird bestraft:

7. wer Steine oder andere harte Körper oder Unrat auf Menschen, auf Pferde oder andere Zug- oder Lasttiere, gegen fremde Häuser, Gebäude oder Einschließungen, oder in Gärten oder eingeschlossene Räume wirft."

Über Werfen von Steinen auf Chausseen vgl. Nr. 11, 17, 21 d. zusätzl. Vorschriften z. Chausseegeldtarife (oben S. 30 ff).

[2] Dieser Übertretung kann sich auch der Eigentümer des Grundstücks gegenüber dem Nutzungberechtigten (Pächter, Nutznießer usw.) schuldig machen, GA. 53 S. 306.

§ 27. Mit Geldstrafe bis zu fünfzig Mark oder mit Haft bis zu vierzehn Tagen wird bestraft, wer unbefugt[1]

1. abgesehen von den Fällen des § 50 Nr. 7 des Fischereigesetzes vom 30. Mai 1874,[2] Flachs oder Hanf rötet;
2. in Gewässern Felle aufweicht oder reinigt oder Schafe wäscht;
3. abgesehen von den Fällen des § 366 Nr. 10 des Strafgesetzbuchs,[3] Gewässer verunreinigt oder ihre Benutzung in anderer Weise erschwert oder verhindert.

[1] Die Frage, ob die Verunreinigung usw. als eine befugte oder unbefugte anzusehen ist, ist lediglich nach den Bestimmungen des sonst geltenden Rechts zu entscheiden; da der Uferbesitzer zu jeder beliebigen Benutzung des Flußwassers berechtigt ist, kann eine Verunreinigung des Wassers, die mit der Ausübung dieser Berechtigung verknüpft ist, an sich und im allgemeinen nicht als eine unbefugte angesehen werden, sie gewinnt den Charakter des Unerlaubten vielmehr erst, wenn sie die Schranken überschreitet, welche dem Rechte des Uferbesitzers gezogen sind, OVG. GA. 44 S. 442.

[2] Vgl. oben S. 97.

[3] § 366 Nr. 10 lautet: „Mit Geldstrafe bis zu sechzig Mark oder mit Haft bis zu vierzehn Tagen wird bestraft:

10. wer die zur Erhaltung der Sicherheit, Bequemlichkeit, Reinlichkeit und Ruhe auf den öffentlichen Wegen, Straßen, Plätzen oder Wasserstraßen erlassenen Polizei-Verordnungen übertritt."

§ 28. Mit Geldstrafe bis zu fünfzig Mark oder mit Haft bis zu vierzehn Tagen wird bestraft, wer unbefugt

1. fremde auf dem Felde zurückgelassene Ackergeräte gebraucht;
2. die zur Sperrung von Wegen[1] oder Eingängen in eingefriedigte Grundstücke dienenden Vorrichtungen öffnet oder offen stehen läßt;
3. Gruben auf fremden Grundstücken anlegt.[2]

[1] Der Ausdruck „Wege" umfaßt öffentliche und Privatwege, OVG. DJZ. 02 S. 275.

[2] Das Gesetz versteht unter unbefugtem Handeln hier das Handeln unter Verletzung fremder Privatrechte, insbesondere des Eigentumsrechts. Der Eigentümer, der auf seinem eigenen Grundstück Gruben anlegt, kann nicht aus § 28 bestraft werden, selbst dann nicht, wenn sein Tun gegen ein im öffentlichen Interesse erlassenes Verbot verstößt; ebensowenig der Nichteigentümer, der auf Anweisung oder mit Erlaubnis des Eigentümers gräbt, Jhrb. 29 C S. 70.

§ 29. Mit Geldstrafe bis zu einhundertundfünfzig Mark oder mit Haft wird bestraft, wer, abgesehen von den Fällen des § 367 Nr. 12 des Strafgesetzbuchs,[1] den Anordnungen der Behörden[2] zuwider es unterläßt,

1. Steinbrüche, Lehm-, Sand-, Kies, Mergel-, Kalk- oder Tongruben, Bergwerksschachte, Schürflöcher oder die durch Stockroden entstandenen Löcher, zu deren Einfriedigung oder Zuwerfung er verpflichtet ist,[3] einzufriedigen oder zuzuwerfen;
2. Öffnungen, welche er in Eisflächen gemacht hat, durch deutliche Zeichen zur Warnung vor Annäherung zu verwahren.

[1] § 367 Nr. 12 lautet: „Mit Geldstrafe bis zu einhundertundfünfzig Mark oder mit Haft wird bestraft:

12. wer auf öffentlichen Straßen, Wegen oder Plätzen, auf Höfen, in Häusern und überhaupt an Orten, an welchen Menschen verkehren, Brunnen, Keller, Gruben, Öffnungen oder Abhänge

dergestalt unverdeckt oder unverwahrt läßt, daß daraus Gefahr für andere entstehen kann."

[2] Über Anordnungen der Behörden vgl. OTr. JMBl. 1877 S. 72.

[3] Eine besondere gesetzliche Verpflichtung zur Einfriedigung wird durch § 29 nicht begründet; wer für die Unterlassung verantwortlich ist, ist von Fall zu Fall zu entscheiden; von dem Eigentum ist die Verantwortlichkeit nicht abhängig, RGStrafſ. 15 S. 58.

§ 30. Mit Geldstrafe bis zu einhundertundfünfzig Mark oder mit Haft wird bestraft, wer unbefugt

1. abgesehen von den Fällen des § 305 des Strafgesetzbuchs,[1] fremde Privatwege oder deren Zubehörungen[2] beschädigt oder verunreinigt oder ihre Benutzung in anderer Weise erschwert;
2. auf ausgebauten öffentlichen oder Privatwegen die Banquette befährt,[3] ohne dazu genötigt zu sein (§ 10 Abs. 2), oder die zur Bezeichnung der Fahrbahn gelegten Steine, Faschinen oder sonstigen Zeichen entfernt oder in Unordnung bringt;
3. abgesehen von den Fällen des § 274 Nr. 2 des Strafgesetzbuchs,[4] Steine, Pfähle, Tafeln, Stroh- oder Hegewische, Hügel, Gräben oder ähnliche zur Abgrenzung, Absperrung oder Vermessung von Grundstücken oder Wegen dienende Merk- oder Warnungszeichen,[5] desgleichen Merkmale, die zur Bezeichnung eines Wasserstandes[6] bestimmt sind, sowie Wegweiser fortnimmt, vernichtet, umwirft, beschädigt oder unkenntlich macht;
4. Einfriedigungen, Geländer oder die zur Sperrung von Wegen oder Eingängen in eingefriedigte Grundstücke dienenden Vorrichtungen beschädigt oder vernichtet;[7]

5. abgesehen von den Fällen des § 304 des Strafgesetzbuchs,[8] stehende Bäume, Sträucher, Pflanzen oder Feldfrüchte, die zum Schutze von Bäumen dienenden Pfähle oder sonstigen Vorrichtungen beschädigt.[9] Sind junge stehende Bäume, Frucht- oder Zierbäume oder Ziersträucher beschädigt, so darf die Geldstrafe nicht unter zehn Mark betragen.

[1] § 305 lautet: „Wer vorsätzlich und rechtswidrig ein Gebäude, ein Schiff, eine Brücke, einen Damm, eine gebaute Straße, eine Eisenbahn oder ein anderes Bauwerk, welche fremdes Eigentum sind, ganz oder teilweise zerstört, wird mit Gefängnis nicht unter Einem Monat bestraft.

Der Versuch ist strafbar."

[2] Die Zerstörung einer Brücke fällt, auch wenn sie von einfachster Konstruktion ist und zu einem Privatwege gehört, unter § 305 StGB. RGRchtspr. 5 S. 383.

[3] Vgl. zusätzl. Vorschriften zum Chausseegeldtarife Nr. 12 (oben S. 30). Das Befahren ist auch dann strafbar, wenn der Fahrende sich in dem guten Glauben befindet, der Besitzer des Fuhrwerks sei dazu berechtigt, Jhrb. 17 S. 399. Nicht unter die Strafbestimmung fallen Straßenpolizeibeamte, die zum Zwecke der Inspektion die Banquette befahren, KG. GA. 43 S. 78. Vgl. auch Jhrb. 9 S. 238.

[4] § 274 Nr. 2 lautet: „Mit Gefängnis, neben welchem auf Geldstrafe bis zu dreitausend Mark erkannt werden kann, wird bestraft, wer

2. einen Grenzstein oder ein anderes zur Bezeichnung einer Grenze oder eines Wasserstandes bestimmtes Merkmal in der Absicht, einem anderen Nachteil zuzufügen, wegnimmt, vernichtet, unkenntlich macht, verrückt oder fälschlich setzt."

[5] Über trigonometrische Marksteine vgl. Ges. vom 7. Oktober 1865 (GS. S. 1033) und 7. April 1869 (GS. S. 729).

[6] Es ist zu unterscheiden zwischen endgültigen, provisorischen

und nur präparatorisch aufgestellten Zeichen. Bei einem provisorischen Merkmal muß der Punkt bereits festgesetzt sein, der die Grenzlinie mitbestimmen und auf dem ein Grenzzeichen fest errichtet werden soll, bis zu dessen endgültiger Aufstellung in der geplanten Art vorläufig ein Merkmal zur vorübergehenden Bezeichnung einer vorhandenen Grenze Verwendung gefunden hat; während unter einem präparatorisch angebrachten Merkmal ein solches zu verstehen ist, das noch nicht zur Bezeichnung eines für eine Grenzbezeichnung bereits festgelegten Punktes, sondern lediglich dazu dienen soll, einen vorläufigen Anhaltspunkt für eine möglicherweise in Zukunft eintretende Bestimmung und Beschlußfassung über einen Grenzpunkt und ein zu errichtendes Grenzzeichen zu gewähren. Auch provisorische Grenzzeichen genießen wie endgültige den Schutz der Nr. 3, nicht aber bloß präparatorische, RGStrafs. 31 S. 143, JW. 05 S. 751, KG. Recht 07 S. 913, vgl. auch OR. 8 S. 213.

[6] Die Eigenschaft eines Wasserstandsmerkmals als eines bloß provisorischen schließt die Anwendbarkeit der Strafbestimmung nicht aus; ein Gegenstand aber, der nur die künftige Bezeichnung eines Wasserstandes vorbereiten und ermöglichen soll, genießt nicht den Schutz des Gesetzes, RGStrafs. 31 S. 143. Vgl. auch OR. 8 S. 213.

[7] Hierunter fällt auch die Wegnahme, wenn sie nicht in der Absicht rechtswidriger Zueignung erfolgt, OTr. GA. 17 S. 843, andernfalls liegt Diebstahl vor, RGStrafs. 26 S. 367. Das Bewußtsein unbefugten Handels ist zum Tatbestande erforderlich, Jhrb. 15 S. 310.

[8] § 304 lautet: „Wer vorsätzlich und rechtswidrig Gegenstände der Verehrung einer im Staate bestehenden Religionsgesellschaft, oder Sachen, die dem Gottesdienste gewidmet sind, oder Grabmäler, öffentliche Denkmäler, Gegenstände der Kunst, der Wissenschaft oder des Gewerbes, welche in öffentlichen Sammlungen aufbewahrt werden oder öffentlich aufgestellt sind, oder Gegenstände, welche zum öffentlichen Nutzen oder zur Verschönerung öffentlicher Wege, Plätze oder Anlagen dienen, beschädigt oder zerstört,

wird mit Gefängnis bis zu drei Jahren oder mit Geldstrafe bis zu eintausendfünfhundert Mark bestraft.

Neben der Gefängnisstrafe kann auf Verlust der bürgerlichen Ehrenrechte erkannt werden.

Der Versuch ist strafbar."

[1] Über Beschädigung von Chausseebäumen vgl. Nr. 19 d. zusätzl. Vorschriften z. Chausseegeldtarif (oben S. 31), Jhrb. 17 S. 401. Vgl. auch oben § 24 Nr. 2.

§ 31. Mit Geldstrafe bis zu einhundertundfünfzig Mark oder mit Haft wird bestraft, wer, abgesehen von den Fällen der §§ 321 und 326 des Strafgesetzbuchs,[1] unbefugt das zur Bewässerung von Grundstücken dienende Wasser ableitet, oder Gräben, Wälle, Rinnen oder andere zur Ab- und Zuleitung des Wassers dienende Anlagen[2] herstellt, verändert, beschädigt oder beseitigt.

[1] § 321 lautet: „Wer vorsätzlich Wasserleitungen, Schleusen, Wehre, Deiche, Dämme oder andere Wasserbauten, oder Brücken, Fähren, Wege oder Schutzwehre, oder dem Bergwerksbetriebe dienende Vorrichtungen zur Wasserhaltung, zur Wetterführung oder zum Ein- und Ausfahren der Arbeiter zerstört oder beschädigt, oder in schiffbaren Strömen, Flüssen oder Kanälen das Fahrwasser stört und durch eine dieser Handlungen Gefahr für das Leben oder die Gesundheit anderer herbeiführt, wird mit Gefängnis nicht unter drei Monaten bestraft.

Ist durch eine dieser Handlungen eine schwere Körperverletzung verursacht worden, so tritt Zuchthausstrafe bis zu fünf Jahren und, wenn der Tod eines Menschen verursacht worden ist, Zuchthausstrafe nicht unter fünf Jahren ein."

§ 326: „Ist eine der in den §§ 321—324 bezeichneten Handlungen aus Fahrlässigkeit begangen worden, so ist, wenn durch die Handlung ein Schaden verursacht worden ist, auf Gefängnis bis zu Einem Jahre und, wenn der Tod eines Menschen verursacht worden ist, auf Gefängnis von Einem Monat bis zu drei Jahren zu erkennen."

[2] Hierunter fallen nicht Bleichwasserleitungen, OR. 9 S. 199.

§ 32. Mit Geldstrafe bis zu einhundertundfünfzig Mark oder mit Haft wird bestraft, wer, abgesehen von den Fällen des § 308 des Strafgesetzbuchs,[1] eigene Torfmoore, Heidekraut oder Bülten im Freien ohne vorgängige Anzeige bei der Ortspolizeibehörde oder bei dem Ortsvorstande in Brand setzt,[2] oder die bezüglich dieses Brennens polizeilich angeordneten Vorsichtsmaßregeln außer acht läßt.

[1] § 308 lautet: „Wegen Brandstiftung wird mit Zuchthaus bis zu zehn Jahren bestraft, wer vorsätzlich Gebäude, Schiffe, Hütten, Bergwerke, Magazine, Warenvorräte, welche auf dazu bestimmten öffentlichen Plätzen lagern, Vorräte von landwirtschaftlichen Erzeugnissen oder von Bau- oder Brennmaterialien, Früchte auf dem Felde, Waldungen oder Torfmoore in Brand setzt, wenn diese Gegenstände entweder fremdes Eigentum sind, oder zwar dem Brandstifter eigentümlich gehören, jedoch ihrer Beschaffenheit und Lage nach geeignet sind, das Feuer einer der im § 306 Nr. 1—3 bezeichneten Räumlichkeiten oder einem der vorstehend bezeichneten fremden Gegenstände mitzuteilen.

Sind mildernde Umstände vorhanden, so tritt Gefängnisstrafe nicht unter sechs Monaten ein."

Vgl. auch § 368 Nr. 6 StGB.

[2] Die Flamme muß dem in Brand gesetzten Gegenstand durch den Zündstoff in einer Weise mitgeteilt sein, welche ein Fortbrennen ermöglicht, auch wenn der Zündstoff entfernt wird, RGStraff. 7 S. 131.

§ 33. Mit Geldstrafe bis zu dreißig Mark oder mit Haft bis zu einer Woche wird bestraft, wer, abgesehen von den Fällen des § 368 Nr. 11 des Strafgesetzbuchs,[1] auf fremden Grundstücken unbefugt nicht jagdbare Vögel fängt, Sprenkel oder ähnliche Vorrichtungen zum Fangen von Singvögeln aufstellt, Vogelnester zerstört oder Eier oder Junge von Vögeln ausnimmt.[2]

Die Sprenkel oder ähnliche Vorrichtungen sind einzuziehen.

[1] § 368 Nr. 11 lautet: „Mit Geldstrafe bis zu sechzig Mark oder mit Haft bis zu vierzehn Tagen wird bestraft:

11. wer unbefugt Eier oder Junge von jagdbarem Federwild oder von Singvögeln ausnimmt."

Vgl. ferner RGes., betr. den Vogelschutz in der Fassung der Bekanntmachung v. 3. Juni 1908 (RGBl. S. 317) und § 42 der Jagdordnung (unten Nr. 28).

[2] Es ist aber nicht schon das Betreten des fremden Grundstücks in der Absicht, Nester auszunehmen, mit Strafe bedroht, RG. GA. 42 S. 43.

§ 34. Mit Geldstrafe bis zu einhundertundfünfzig Mark oder mit Haft wird bestraft, wer, abgesehen von den Fällen des § 368 Nr. 2 des Strafgesetzbuchs,[1] den zum Schutze nützlicher oder zur Vernichtung schädlicher Tiere oder Pflanzen erlassenen Polizeiverordnungen zuwiderhandelt.[2]

[1] § 368 Nr. 2 lautet: „Mit Geldstrafe bis zu sechzig Mark oder mit Haft bis zu vierzehn Tagen wird bestraft:

2. wer das durch gesetzliche oder polizeiliche Anordnungen gebotene Raupen unterläßt."

[2] Über Zulässigkeit des Verbots der Tötung von Störchen durch Polizeiverordnung vgl. Jhrb. 24 C S. 90.

§ 35. Mit Geldstrafe bis zu einhundert Mark oder mit Haft bis zu vier Wochen wird bestraft, wer unbefugt

1. an stehenden Bäumen, an Schlaghölzern, an gefällten Stämmen, an aufgeschichteten Stößen von Torf, Holz oder anderen Walderzeugnissen das Zeichen des Waldhammers oder Rissers, die Stamm- oder Stoßnummer oder die Losnummer vernichtet, unkenntlich macht, nachahmt oder verändert;

2. gefällte Stämme oder aufgeschichtete Stöße von Holz, Torf oder Lohrinde beschädigt, umstößt oder der Stützen beraubt.

§ 36. Mit Geldstrafe bis zu fünfzig Mark oder mit Haft bis zu vierzehn Tagen wird bestraft, wer unbefugt auf Forstgrundstücken

1. außerhalb der öffentlichen oder solcher Wege, zu deren Benutzung er berechtigt ist, mit einem Werkzeuge, welches zum Fällen von Holz, oder mit einem Geräte, welches zum Sammeln oder Wegschaffen von Holz, Gras, Streu oder Harz seiner Beschaffenheit nach bestimmt erscheint, sich aufhält;
2. Holz ablagert,[1] bearbeitet, beschlägt oder bewaldrechtet;[2]
3. Einfriedigungen übersteigt;
4. Forstkulturen betritt;[3]
5. solche Schläge betritt, in welchen die Holzhauer mit dem Einschlagen oder Aufarbeiten der Hölzer beschäftigt, oder welche zur Entnahme des Abraums nicht freigegeben sind.

In den Fällen der Nr. 1 können neben der Geldstrafe oder der Haft die Werkzeuge eingezogen werden, ohne Unterschied, ob sie dem Schuldigen gehören oder nicht.

[1] Nr. 2 findet auf denjenigen, welcher angekauftes Holz über den bestimmten Abfahrtstermin in der Forst liegen läßt, keine Anwendung, Jhrb. 2 S. 276.

[2] Darunter ist ein vorläufiges Beschlagen der noch im Walde liegenbleibenden Stämme zu verstehen.

[3] Vgl. § 368 Nr. 9 StGB.

§ 36 regelt die Materie des unbefugten Betretens von Forstgrundstücken nicht erschöpfend, er stellt nicht das Betreten eines Forstgrundstücks als solches, sondern lediglich das Betreten in einer das Eigentum der Forstverwaltung an Walderzeugnissen gefährdenden Weise unter Strafe; § 368 Nr. 9 StGB. ist deshalb auf forstfiskalische Privatwege anwendbar, KG. DJZ. 09 S. 213, vgl. auch KG. GA. 53 S. 181.

§ 37. Mit Geldstrafe bis zu einhundert Mark oder mit Haft bis zu vier Wochen wird bestraft, wer unbefugt auf Forstgrundstücken

1. zum Wiederausschlagen bestimmte Laubholzstöcke aushaut, abspänt oder zur Verhinderung des Lohdentriebs (Stockausschlages) mit Steinen belegt;
2. Ameisen oder deren Puppen (Ameiseneier) einsammelt oder Ameisenhaufen zerstört oder zerstreut.

§ 38. Mit Geldstrafe bis zu fünfzig Mark wird bestraft, wer aus einem fremden Walde Holz, welches er erworben hat, oder zu dessen Bezuge in bestimmten Maßen er berechtigt ist, unbefugt ohne Genehmigung des Grundeigentümers vor Rückgabe des Verabfolgezettels, oder an anderen als den bestimmten Tagen oder Tageszeiten, oder auf anderen als den bestimmten Wegen fortschafft.[1]

Die Verfolgung tritt nur auf Antrag ein.

[1] Vgl. § 39 A. 1.

§ 39. Mit Geldstrafe bis zu einhundert Mark oder mit Haft bis zu vier Wochen wird bestraft, wer aus einem fremden Torfmoore oder Walde an Stelle der ihm vom Eigentümer durch Verabfolgezettel zugewiesenen Posten von Torf, Holz oder anderen Walderzeugnissen aus Fahrlässigkeit andere als die auf dem Verabfolgezettel bezeichneten Posten oder Teile derselben fortschafft.[1]

Die Verfolgung tritt nur auf Antrag ein.

[1] Das Fortschaffen von Holz aus einem fremden Walde seitens

des Erwerbers oder des zum Bezuge Berechtigten ist in den §§ 38, 39 in abschließender und erschöpfender Weise geregelt; die Vorschrift einer Polizeiverordnung, durch die ein weiterer auf das Fortschaffen sich beziehender Tatbestand unter Strafe gestellt wird, entbehrt der materiellen Rechtsgültigkeit, Jhrb. 23 C S. 74.

§ 40. Mit Geldstrafe bis zu einhundert Mark oder mit Haft bis zu vier Wochen wird bestraft, wer auf Forstgrundstücken oder Torfmooren als Dienstbarkeits- oder Nutzungsberechtigter[1] oder als Pächter

1. unbefugt seine Berechtigung in nicht geöffneten Distrikten oder in einer Jahreszeit, in welcher die Berechtigung auszuüben nicht gestattet ist, oder an anderen als den bestimmten Tagen oder Tageszeiten ausübt, oder sich anderer als der gestatteten Werbungswerkzeuge oder Fortschaffungsgeräte bedient;
2. den gesetzlichen Vorschriften, oder Polizeiverordnungen, oder dem Herkommen, oder dem Inhalte der Berechtigung zuwider ohne Legitimationsschein, oder ohne Überweisung von seiten der Forstbehörde oder des Grundeigentümers die Gegenstände der Berechtigung sich aneignet;
3. die zur Aufrechterhaltung der Ordnung und Sicherheit bei Ausübung von Berechtigungen erlassenen Gesetze oder Polizeiverordnungen übertritt.

In den Fällen der Nr. 1 können neben der Geldstrafe oder der Haft die Werbungswerkzeuge eingezogen werden, ohne Unterschied, ob sie dem Schuldigen gehören oder nicht.

Die Verfolgung tritt nur auf Antrag ein.

[1] Vgl. hierzu Ges. über gemeinschaftliche Holzungen v. 14. März

1881 (unten S. 222) und V. v. 5. März 1843 über Ausübung der Waldstreuberechtigung (GS. S. 105).

§ 41. Mit Geldstrafe bis zu zehn Mark oder mit Haft bis zu drei Tagen wird bestraft, wer auf Forstgrundstücken bei der Ausübung einer Waldnutzung den Legitimationsschein, den er nach den gesetzlichen Vorschriften oder Polizeiverordnungen, nach dem Herkommen oder nach dem Inhalt der Berechtigung lösen muß, nicht bei sich führt.[1]

Die Verfolgung tritt nur auf Antrag ein.

[1] Vgl. Forstdiebstahlsges. § 1 A. 8.

§ 42. Mit Geldstrafe bis zu einhundert Mark oder mit Haft bis zu vier Wochen wird bestraft, wer als Dienstbarkeits- oder Nutzungsberechtigter Walderzeugnisse,[1] die er, ohne auf ein bestimmtes Maß beschränkt zu sein, lediglich zum eigenen Bedarf zu entnehmen berechtigt ist, veräußert.

[1] Über Walderzeugnisse vgl. OTr. GA. 5 S. 81.

§ 43. Mit Geldstrafe bis zu fünfzig Mark oder mit Haft bis zu vierzehn Tagen wird bestraft, wer den Gesetzen oder Polizeiverordnungen über den Transport von Brennholz oder unverarbeitetem Bau- oder Nutzholz zuwiderhandelt, oder den Gesetzen oder Polizeiverordnungen zuwider Brennholz oder unverarbeitetes Bau- oder Nutzholz in Ortschaften einbringt. Dies gilt insbesondere auch von Bandstöcken (Reifstäben) jeder Holzart, birkenen Reisern, Korbruten, Faschinen und jungen Nadelhölzern.[1]

Das Holz ist einzuziehen, wenn nicht der rechtmäßige Erwerb desselben nachgewiesen wird.

[1] Vgl. V. vom 30. Juni 1839, betr. die Kontrolle der Hölzer, welche unverarbeitet transportiert werden (GS. S. 223).

§ **44.** Mit Geldstrafe bis zu fünfzig Mark oder mit Haft bis zu vierzehn Tagen wird bestraft, wer

1. mit unverwahrtem Feuer oder Licht den Wald betritt oder sich demselben in gefahrbringender Weise nähert;[1]
2. im Walde brennende oder glimmende Gegenstände fallen läßt, fortwirft oder unvorsichtig handhabt;
3. abgesehen von den Fällen des § 368 Nr. 6 des Strafgesetzbuchs[2] im Walde oder in gefährlicher Nähe desselben im Freien ohne Erlaubnis des Ortsvorstehers, in dessen Bezirk der Wald liegt, in königlichen Forsten ohne Erlaubnis des zuständigen Forstbeamten Feuer anzündet,[3] oder das gestattetermaßen angezündete Feuer gehörig zu beaufsichtigen oder auszulöschen unterläßt;
4. abgesehen von den Fällen des § 360 Nr. 10 des Strafgesetzbuchs,[4] bei Waldbränden, von der Polizeibehörde, dem Ortsvorsteher oder deren Stellvertreter oder dem Forstbesitzer oder Forstbeamten zur Hilfe aufgefordert, keine Folge leistet, obgleich er der Aufforderung ohne erhebliche eigene Nachteile genügen konnte.

[1] Über den Begriff „Wald" vgl. RGStrafs. 9 S. 381, über unverwahrtes Feuer und Licht, OR. 18 S. 603, RGStrafs. 7 S. 201.

[2] § 368 Nr. 6 lautet: „Mit Geldstrafe bis zu sechzig Mark oder mit Haft bis zu vierzehn Tagen wird bestraft:

6. wer an gefährlichen Stellen in Wäldern oder Haiden, oder in gefährlicher Nähe von Gebäuden oder feuerfangenden Sachen Feuer anzündet."

[3] Anzünden eines Feuers fällt nicht nur dem zur Last, der zuerst ein Feuer zur Entstehung bringt, sondern auch dem, welcher irgend-

wie für das Weiterbrennen eines schon entstandenen Feuers tätig wird, KG. GA. 46 S. 114.

[4] § 360 Nr. 10 lautet: „Mit Geldstrafe bis zu einhundertfünfzig Mark oder mit Haft wird bestraft:

10. wer bei Unglücksfällen oder gemeiner Gefahr oder Not von der Polizeibehörde oder deren Stellvertreter zur Hilfe aufgefordert, keine Folge leistet, obgleich er der Aufforderung ohne erhebliche eigene Gefahr genügen konnte."

§ 45. Mit Geldstrafe bis zu einhundertundfünfzig Mark oder mit Haft wird bestraft, wer im Walde oder in gefährlicher Nähe desselben

1. ohne Erlaubnis des Ortsvorstehers, in dessen Bezirk der Wald liegt, in königlichen Forsten ohne Erlaubnis des zuständigen Forstbeamten Kohlenmeiler errichtet;
2. Kohlenmeiler anzündet, ohne dem Ortsvorsteher oder in königlichen Forsten dem Forstbeamten Anzeige gemacht zu haben;
3. brennende Kohlenmeiler zu beaufsichtigen unterläßt;
4. aus Meilern Kohlen auszieht oder abfährt, ohne dieselben gelöscht zu haben.

§ 46. Mit Geldstrafe von zehn bis einhundertundfünfzig Mark oder mit Haft wird bestraft, wer den über das Brennen einer Waldfläche, das Abbrennen von liegenden oder zusammengebrachten Bodendecken und das Sengen von Rotthecken erlassenen polizeilichen Anordnungen zuwiderhandelt.

§ 47. Wer in der Umgebung einer Waldung, welche mehr als einhundert Hektare in räumlichem Zusammenhange umfaßt, innerhalb einer Entfernung von fünfundsiebzig Metern eine Feuerstelle errichten will, bedarf einer Genehmigung derjenigen Behörde, welche für die Erteilung der Genehmigung zur Errichtung von Feuerstellen zuständig ist.[1] Vor der Aushändigung der Genehmigung darf die polizeiliche Bauerlaubnis nicht erteilt werden.

[1] Zuständig ist regelmäßig die Ortspolizeibehörde.

§ 48. Die Genehmigung der Behörde (§ 47) darf versagt oder an Bedingungen, welche die Verhütung von Feuersgefahr bezwecken, geknüpft werden, wenn aus der Errichtung der Feuerstelle eine Feuersgefahr für die Waldung zu besorgen ist.

Die Genehmigung darf nicht versagt werden, wenn die Feuerstelle innerhalb einer im Zusammenhange gebauten Ortschaft, oder vom Waldeigentümer, oder in der Ausführung eines Enteignungsrechts errichtet werden soll; jedoch darf die Genehmigung an Bedingungen geknüpft werden, welche die Verhütung von Feuersgefahr bezwecken.

§ 49. Der Antrag auf Erteilung der Genehmigung ist dem Waldeigentümer, falls dieser nicht der Bauherr ist, mit dem Bemerken bekannt zu machen, daß er innerhalb einer Frist von einundzwanzig Tagen bei der Behörde (§ 47) Einspruch erheben könne.

Der erhobene Einspruch ist von der Behörde (§ 47), geeignetenfalls nach Anhörung des Antragstellers und des Waldeigentümers, sowie nach Aufnahme des Beweises zu prüfen.

§ 50. Die Versagung der Genehmigung, die Erteilung der Genehmigung unter Bedingungen, sowie die Zurückweisung des erhobenen Einspruchs erfolgt durch einen Bescheid der Behörde, welcher mit Gründen zu versehen und dem Antragsteller sowie dem Waldeigentümer zu eröffnen ist.

Gegen den Bescheid steht dem Antragsteller, sowie dem Waldeigentümer innerhalb einer Frist von zehn Tagen[1] die Klage im Verwaltungsstreitverfahren offen. Zuständig ist

a) der Kreisausschuß, wenn der Bescheid von der Ortspolizeibehörde eines Landkreises, oder in der Provinz Hessen-Nassau von dem Amtmann[2] erteilt worden ist;

b) das Bezirksverwaltungsgericht,[3] wenn der Bescheid vom Landrat (Amtshauptmann,[4] Oberamtmann), oder von der Ortspolizeibehörde eines Stadtkreises, in der Provinz Hannover von der Polizeibehörde einer selbständigen Stadt erteilt worden ist.

[1] Jetzt 2 Wochen, § 51 d. Ges. über d. allgem. Landesverwaltung v. 30. Juli 1883.

[2] Jetzt Landrat, § 28 d. Kreisordnung v. 7. Juni 1885.

[3] Jetzt Bezirksausschuß, § 153 d. Ges. v. 30. Juli 1883.

[4] Die Stellung des Amtshauptmanns ist durch § 25 der Kreisordnung f. Hannover v. 6. Mai 1881 beseitigt.

§ 51. Wer vor Erteilung der vorgeschriebenen Genehmigung mit der Errichtung einer Feuerstelle beginnt, wird mit Geldstrafe bis zu einhundertundfünfzig Mark oder mit Haft bestraft. Auch kann die Behörde (§ 47) die Weiterführung der Anlage verhindern und die Wegschaffung der errichteten Anlage anordnen.

§ 52.[1] Die Bestimmungen des Gesetzes vom 25. August 1876, betreffend die Verteilung der öffentlichen Lasten bei Grundstücksteilungen und die Gründung neuer Ansiedelungen usw. (GS. S. 405), werden durch das gegenwärtige Gesetz nicht berührt.

[1] Der frühere zweite Absatz des § 52 ist durch G. v. 10. August 1904 (GS. S. 227) Art. II aufgehoben.

Zweiter Titel.

Strafverfahren.

§ 53. Für die Zuwiderhandlungen gegen dieses Gesetz sind die Schöffengerichte zuständig.

Die gesetzliche Befugnis der Ortspolizeibehörden zur vorläufigen Straffestsetzung bzw. zur Verhängung einer etwa verwirkten Einziehung wird hierdurch nicht berührt.[1]

Das Amt des Amtsanwalts kann verwaltenden Forstbeamten übertragen werden.

[1] Vgl. Ges. v. 23. April 1883 (abgedruckt im Anhang.)

§ 54. Die an die Stelle einer nicht beizutreibenden Geldstrafe eintretende Haft kann vollstreckt werden, ohne daß der Versuch der Beitreibung der Geldstrafe gegen den für haftbar Erklärten gemacht worden ist, sofern die Zahlungsunfähigkeit desselben gerichtskundig ist.[1]

[1] Vgl. Forstdiebstahlsges. § 13 A. 1.

§ 55. Für das gerichtliche Verfahren gelten, soweit nicht in diesem Gesetze abändernde Bestimmungen getroffen sind, die Vorschriften der Strafprozeßordnung über das Verfahren vor den Schöffengerichten.

§ 56. Mehrere Strafsachen können, auch wenn ein Zusammenhang (§§ 3 und 236 der Strafprozeßordnung) nicht vorhanden ist, zum Zwecke gleichzeitiger Verhandlung und Entscheidung verbunden werden.

§ 57. Die Hauptverhandlung kann auch in den Fällen der §§ 20 und 21 dieses Gesetzes ohne Anwesenheit des Angeklagten erfolgen.

§ 58. Für die Verhandlung und Entscheidung über das Rechtsmittel der Berufung sind die Strafkammern zuständig; dieselben entscheiden in der Besetzung mit drei Mitgliedern einschließlich des Vorsitzenden.

§ 59. Die Revision gegen die in der Berufungsinstanz erlassenen Urteile findet nur statt, wenn eine der durch die §§ 20 und 21 dieses Gesetzes vorgesehenen strafbaren Handlungen den Gegenstand der Untersuchung bildet.[1]

[1] Über die Rechtsgültigkeit dieser Vorschrift vgl. Jhrb. 15 S. 306. Gegen ein wegen Übertretung des Gesetzes in erster Instanz vom Landgericht erlassenes Urteil ist die Revision zulässig, Jhrb. 15 S. 310; ebenso, wenn die Verurteilung zugleich aus § 366 Nr. 10 StGB. erfolgt ist, KG. Recht 09 S. 550.

Zuständig für die Revision ist das Kammergericht, § 50 d. Ges. v. 24. April 1878. Der Ansicht (OLG. Celle Recht 1911 S. 266), das KG. sei nicht schon dann zuständig, wenn von der Revision behauptet wird, es liege statt des angenommenen Verstoßes gegen § 242 StGB. nur ein solches gegen § 18 FFPG. vor, vielmehr sei zur Begründung der Zuständigkeit nötig, daß die fragliche Behauptung zutreffend ist, ist nicht beizutreten; die Zuständigkeit des KG. ist gegeben, wenn die Anwendbarkeit einer landesrechtlichen Strafvorschrift in dem angefochtenen Urteil angenommen ist, von dem Rechtsmittelkläger behauptet oder vom Revisionsgericht für gegeben erachtet wird.

§ 60. Auf Zuwiderhandlungen gegen die im Interesse des Feld- und Forstschutzes erlassenen Polizeiverordnungen[1] findet das in diesem Gesetze vorgeschriebene Verfahren Anwendung.[2]

Steht mit einer der vorbezeichneten Zuwiderhandlungen oder mit einer Zuwiderhandlung gegen dieses Gesetz ein nach § 361 Nr. 9 des Strafgesetzbuchs[3] strafbares Nichtabhalten von der Begehung strafbarer Verletzungen der Gesetze zum Schutze der Feldfrüchte und Forsten im Zusammenhange, so findet auch auf diese Übertretung das in diesem Gesetze vorgeschriebene Verfahren Anwendung.

1. Felder im weiteren Sinne sind alle Grundstücke, die zum landwirtschaftlichen Anbau irgendwelcher Art benutzt werden. Es fallen deshalb nicht nur Polizeiverordnungen, die zum Schutz von Wiesen und Weiden erlassen sind (KG. GA. 45 S. 75), sondern auch Polizeiverordnungen zum Schutze der Weinberge unter die Bestimmung dieses Paragraphen, KG. DJZ. 07 S. 829.

Eine Polizeiverordnung, die eine periodische Räumung der „Gräben und Kanäle, wodurch das Wasser seinen ordentlichen und gewöhnlichen Ablauf hat", gebietet, bezweckt nicht nur den Schutz der Wiesen, sondern dient auch der Regelung der Vorflut, so daß § 60 Abs. 1 nicht anwendbar ist, KG. DJZ. 09 S. 493. Das Gleiche gilt im Falle einer Polizeiverordnung, welche das Weiden des Viehs am Rande eines Privatflusses verbietet, weil die Verordnung nicht lediglich im landwirtschaftlichen Interesse erlassen ist, KG. Recht 09 S. 300.

[2] Es findet also auch die Beschränkung der Revision nach § 59 Anwendung, Jhrb. 14 S. 337, 18 S. 213, 19 S. 275, KG. GA. 41 S. 443 in der Note und 43 S. 153, DJZ. 07 S. 829. Ist aber außer wegen Übertretung einer im Interesse des Forstschutzes erlassenen Polizeiverordnung auch aus § 366 Nr. 10 StGB. gestraft, so ist die Revision zulässig, KG. DJZ. 09 S. 1270.

[3] Vgl. Forstdiebstahlsges. § 14 A. 2.

§ 61. In Fällen, wo nach diesem Gesetze die Verfolgung nur auf Antrag eintritt, ist die Zurücknahme des Antrags zulässig.[1]

[1] Vgl. § 64 StGB.

Dritter Titel.

Feld- und Forsthüter.

§ 62. Feldhüter (Forsthüter) im Sinne dieses Gesetzes sind die von einer Stadtgemeinde, von einer Landgemeinde oder von einem Grundbesitzer für den Feldschutz (Forstschutz) angestellten Personen.

Die Anstellung der Feldhüter (Forsthüter) bedarf der Bestätigung nach den für Polizeibeamte gegebenen Vorschriften und, soweit solche nicht bestehen, der Bestätigung des Landrats (Amtshauptmanns,[1] Oberamtmanns).

[1] Vgl. § 50 A. 4.

§ 63. Die für den Feldschutz (Forstschutz) im königlichen Dienst angestellten Personen haben die Befugnisse der Feldhüter (Forsthüter).[1]

[1] Vgl. RGRchtspr. 7 S. 562; über die Frage, ob Forstreferendare vermöge ihrer Dienstleistung zur Ausübung des Forstschutzes berechtigt sind, RGStrafs. 13 S. 215.

§ 64. Den Gemeinden steht es frei, aus der Zahl ihrer Mitglieder Ehrenfeldhüter zu wählen.

Die Wahl bedarf in den Landgemeinden der Bestätigung der Aufsichtsbehörde.

Die Ehrenfeldhüter sind zu allen dienstlichen Verrichtungen der Feldhüter befugt.

§ 65. Feldhüter, Ehrenfeldhüter oder Forsthüter müssen ein Dienstabzeichen bei sich führen und bei Ausübung ihres Amtes auf Verlangen vorzeigen.

§ 66. Feldhüter, Ehrenfeldhüter oder Forsthüter können für sämtliche in Einer Gerichtssitzung zu verhandelnden Feld- und Forstpolizeisachen, in welchen sie als Zeugen vernommen werden sollen, in dieser Sitzung durch einmalige Leistung des Zeugeneides im voraus beeidet werden.

Vierter Titel.

Schadensersatz und Pfändung.

§ 67. Der Anspruch auf Erstattung des durch eine Zuwiderhandlung gegen dieses Gesetz entstandenen

Schadens ist im Wege des Zivilprozesses geltend zu machen.

§ 68. Erfolgt bei Entwendungen die Entscheidung durch den Richter auf Grund der Hauptverhandlung, so hat der Richter auf den Antrag des Beschädigten neben der Strafe die Verpflichtung des Schuldigen zum Ersatz des nach den örtlichen Preisen abzuschätzenden Wertes des Entwendeten an den Beschädigten auszusprechen.[1]

Für den Antrag kommen die Vorschriften der Strafprozeßordnung über den Antrag auf Zuerkennung einer Buße (§§ 443—445) zur entsprechenden Anwendung.

Durch den Antrag auf Wertsersatz wird der weitergehende Anspruch auf Schadensersatz nicht ausgeschlossen.

[1] Nur das Schöffengericht kann die Verpflichtung zum Wertersatz aussprechen. Der Höchstbetrag ist nach § 6 10 Mk. Die Vollstreckung erfolgt nach den Vorschriften über die Vollstreckung der Urteile der Zivilgerichte (§ 495 StPO.).

§ 69. Bei Weidefreveln (§ 14) und, sofern es sich um Übertritt von Tieren handelt, bei Zuwiderhandlungen gegen den § 10 dieses Gesetzes und gegen den § 368 Nr. 9 des Strafgesetzbuchs hat der Beschädigte die Wahl, die Erstattung des nachweisbaren Schadens oder die Zahlung eines Ersatzgeldes[1] zu fordern.

Der Anspruch auf Ersatzgeld ist unabhängig von dem Nachweis eines Schadens.

Mit der Geltendmachung des Anspruchs auf Ersatzgeld erlischt das Recht auf Schadenserstattung. Ist aber der Anspruch auf Schadenserstattung erhoben, so kann bis zur Verkündung des Endurteils erster Instanz statt der Schadenserstattung das Ersatzgeld gefordert werden.

Treten die Tiere in den Fällen der §§ 10 und 14 dieses Gesetzes oder im Falle des § 368 Nr. 9 des Strafgesetzbuchs[2] zugleich auf die Grundstücke verschiedener Besitzer über, so wird das Ersatzgeld nur einmal erlegt. Dasselbe gebührt demjenigen Besitzer, welcher den Anspruch zuerst bei der Ortspolizei angebracht hat. Ist die Anbringung von mehreren gleichzeitig erfolgt, so wird das Ersatzgeld zwischen diesen gleichmäßig verteilt, den übrigen Besitzern verbleibt das Recht auf Schadensersatz.

[1] Die Vorschriften über Ersatzgeld sind nach Art. 89 EG.-BGB. aufrecht erhalten.

[2] Vgl. § 10 A. 1.

§ 70. Der Anspruch auf Ersatzgeld verjährt in vier Wochen.

Die Verjährung beginnt mit dem Tage, an welchem der Übertritt der Tiere stattgefunden hat.

Die Verjährung wird unterbrochen durch Erhebung der Klage auf Schadensersatz.

§ 71. Das Ersatzgeld beträgt:

1. wenn die Tiere betroffen werden auf bestellten Äckern vor beendeter Ernte, künstlichen oder auf solchen Wiesen, oder mit Futterkräutern besäeten Weiden, welche der Besitzer selbst noch mit der Hütung verschont, oder die derselbe eingefriedigt hat, in Gärten, Baumschulen, Weinbergen, auf mit Rohr bewachsenen Flächen, auf Weidenhegern, Dünen, Dämmen, Deichen, Buhnen, Deckwerken, gedeckten Sandflächen, Graben- oder Kanalböschungen, in Forstkulturen, Schonungen oder Saatkämpen:
   a) für ein Pferd, einen Esel oder ein Stück Rindvieh . . . . 2,00 Mk.
   b) für ein Schwein, eine Ziege oder ein Schaf . . . . 1,00 „

c) für eine Gans . . . . 0,30 Mk.
d) für ein Stück anderes Federvieh . . 0,20 „

2. in allen anderen Fällen:
a) für ein Pferd, einen Esel oder ein Stück Rindvieh . . . . 0,50 „
b) für ein Schwein, eine Ziege oder ein Schaf . . . . 0,20 „
c) für ein Stück Federvieh . . . . . 0,02 „

§ 72. Ist gleichzeitig eine Mehrzahl von Tieren übergetreten, so darf der Gesamtbetrag der nach dem § 71 zu entrichtenden Ersatzgelder

1. in den Fällen des § 71 Nr. 1
für Pferde, Esel, Rindvieh, Schweine, Ziegen und Schafe. . . . . 60 Mk.
für Federvieh . . . . 15 „
2. in den Fällen des § 71 Nr. 2
für Pferde, Esel, Rindvieh, Schweine, Ziegen und Schafe. . . . . 15 „
für Federvieh . . . . 2 „

nicht übersteigen.

§ 73. Die Ersatzgeldbeträge der §§ 71 und 72 können für ganze Kreise oder für einzelne Feldmarken auf Antrag der Kreisvertretung, in den Hohenzollernschen Landen auf Antrag der Amtsvertretung, durch Beschluß des Bezirksrats[1] bis auf das Doppelte erhöht oder bis auf die Hälfte ermäßigt werden.

Der Beschluß des Bezirksrats[1] ist endgültig.

[1] Jetzt Bezirksausschuß, § 153 d. Ges. v. 30. Juli 1883.

§ 74. Der Anspruch auf Ersatzgeld kann in allen Fällen gegen den Besitzer der Tiere unmittelbar geltend gemacht werden.

Mehrere Besitzer von Vieh, welches eine gemeinschaftliche Herde bildet, haften für das Ersatzgeld dem Beschädigten gegenüber solidarisch.

§ 75. Der Anspruch auf Ersatzgeld ist im Falle des § 69 Abs. 3 im Zivilprozesse zu verfolgen.

In allen anderen Fällen ist der Anspruch bei der Ortspolizeibehörde[1] anzubringen. Diese erteilt nach Anhörung der Beteiligten und Anstellung der erforderlichen Ermittelungen einen Bescheid. Werden dem Anspruche auf Ecsatzgeld gegenüber Tatsachen glaubhaft gemacht, aus welchen ein den Anspruch ausschließendes Recht hervorgeht, so ist dem Beschädigten zu überlassen, seinen Anspruch im Wege des Zivilprozesses zu verfolgen.

[1] Über die Rechtsnatur des Bescheids der Ortspolizeibehörde vgl. OVG. 41 S. 288.

§ 76. Der Bescheid der Ortspolizeibehörde (§ 75) ist den Beteiligten zu eröffnen. Innerhalb einer Frist von zehn Tagen[1] nach der Eröffnung steht jedem Teile die Klage bei dem Kreisausschusse, in Stadtkreisen und in den zu einem Landkreise gehörigen Städten mit mehr als zehntausend Einwohnern bei dem Bezirksverwaltungsgerichte[2] zu. Auch hier findet die Vorschrift des letzten Satzes in § 75 Abs. 2 Anwendung. Die Entscheidungen des Kreisausschusses und des Bezirksverwaltungsgerichts[2] sind endgültig.[3]

[1] Jetzt 2 Wochen, § 51 d. Ges. v. 30. Juli 1883.

[2] Jetzt Bezirksausschuß, § 153 d. Ges. v. 30. Juli 1883.

[3] Die Zwangsvollstreckung erfolgt nach Maßgabe der V. betr. das Verwaltungszwangsverfahren v. 15. November 1899 (GS. S. 545), abgeändert durch V. v. 18. März 1904 (GS. S. 36).

§ 77. Wird Vieh auf einem Grundstücke betroffen,

auf welchem es nicht geweidet werden darf, so kann dasselbe auf der Stelle oder in unmittelbarer Verfolgung sowohl von dem Feld- oder Forsthüter, als auch von dem Beschädigten oder von solchen Personen gepfändet[1] werden, welche die Aufsicht über das Grundstück führen oder zur Familie, zu den Dienstleuten oder zu den auf dem Grundstücke beschäftigten Arbeitsleuten des Beschädigten gehören.

In gleicher Weise ist bei Zuwiderhandlungen gegen den § 10 dieses Gesetzes und bei Zuwiderhandlungen gegen den § 368 Nr. 9 des Strafgesetzbuchs die Pfändung der Reit- oder Zugtiere oder des Viehes zulässig.

[1] Die Vorschriften über Pfändung und Ersatzgeld sind durch Art. 89 EG.BGB. aufrecht erhalten; dagegen sind die in den §§ 413ff. T. I Tit. 14 ALR. enthaltenen Bestimmungen über Pfändungen durch Art. 89 AG.BGB. aufgehoben, RGStrafs. 34 S. 154, GA. 50 S. 145 und 278, Recht 07 S. 913.

Gegen Posten sind Pfändungen nach § 18 d. RGes. v. 28. Oktober 1871 unzulässig.

§ 78. Die gepfändeten Tiere haften für den entstandenen Schaden oder die Ersatzgelder und für alle durch die Pfändung und die Schadensfeststellung verursachten Kosten.

Die gepfändeten Tiere müssen sofort freigegeben werden, wenn bei dem zuständigen Gemeinde- oder Gutsvorstande ein Geldbetrag oder ein anderer Pfandgegenstand hinterlegt wird, welcher den Forderungen des Beschädigten entspricht.

§ 79. Die Kosten für die Einstellung, Wartung und Fütterung der gepfändeten Tiere werden von der Ortspolizeibehörde festgesetzt.[1]

Durch Beschluß des Bezirksrats[2] können für die Kreise

des Bezirks mit Zustimmung der Kreisvertretungen, in den Hohenzollernschen Landen mit Zustimmung der Amtsvertretungen, allgemeine Wertsätze für die Einstellung, Wartung und Fütterung der gepfändeten Tiere festgesetzt werden. Der Beschluß des Bezirksrats[2] ist endgültig.

[1] Vgl. hierzu OVG. 57 S. 408.

[2] Jetzt Bezirksausschuß, vgl. § 73 A. 1.

§ 80. Der Pfändende hat von der geschehenen Pfändung binnen vierundzwanzig Stunden dem Gemeinde-, Gutsvorsteher oder der Ortspolizeibehörde, in Städten der Ortspolizeibehörde Anzeige zu machen.

Der Gemeinde- oder Gutsvorsteher oder die Polizeibehörde bestimmt über die vorläufige Verwahrung der gepfändeten Tiere.

Der Gemeinde- oder Gutsvorsteher hat von der erfolgten Pfändung sofort der Ortspolizeibehörde Anzeige zu machen.

§ 81. Ist die Anzeige (§ 80 Abs. 1) unterlassen, so kann der Gepfändete die Pfandstücke zurückverlangen. Der Pfändende hat in diesem Falle keinen Anspruch auf den Ersatz der durch die Pfändung entstandenen Kosten.

§ 82. Wird der Ortspolizeibehörde eine Pfändung angezeigt, so erteilt dieselbe sogleich oder nach einer schleunigst anzustellenden Ermittelung, unter Berücksichtigung der Höhe des Schadens, des Ersatzgeldes und der Kosten einen Bescheid darüber, ob die Pfändung ganz oder teilweise aufrecht zu erhalten oder aufzuheben, oder ob ein anderweit angebotenes Pfand anzunehmen ist. In dem Bescheide ist über die Art der ferneren Verwahrung der gepfändeten oder in Pfand gegebenen Gegenstände Bestimmung zu treffen.

Ist die Pfändung nur teilweise aufrecht erhalten, so sind die freigegebenen Pfandstücke dem Gepfändeten auf seine Kosten sofort zurückzugeben.

§ 83. Macht der Gepfändete Tatsachen glaubhaft, aus welchen die Unrechtmäßigkeit der Pfändung hervorgeht, so ist dem Beschädigten zu überlassen, seinen Anspruch im Wege des Zivilprozesses zu verfolgen.

In diesem Falle hat die Polizeibehörde über die Verwahrung der gepfändeten Tiere oder über die Annahme und Verwahrung eines anderen geeigneten Pfandes vorläufige Festsetzung zu treffen. Gegen diese Festsetzung ist ein Rechtsmittel nicht zulässig.

§ 84. Der Bescheid der Ortspolizeibehörde (§ 82) ist dem Beteiligten zu eröffnen. Innerhalb einer Frist von zehn Tagen[1] nach der Eröffnung steht jedem Teile die Klage bei dem Kreisausschusse, in Stadtkreisen und in den zu einem Landkreise gehörigen Städten mit mehr als zehntausend Einwohnern bei dem Bezirksverwaltungsgerichte[2] zu. Auch hier findet die Vorschrift des § 83 Abs. 1 Anwendung. Die Entscheidungen des Kreisausschusses und des Bezirksverwaltungsgerichts[2] sind endgültig.

[1] Jetzt 2 Wochen, vgl. § 76 A. 1.

[2] Jetzt Bezirksausschuß, vgl. § 76 A. 2.

§ 85. Ist durch eine rechtskräftige Entscheidung die Pfändung aufrecht erhalten, so läßt die Ortspolizeibehörde die gepfändeten oder in Pfand gegebenen Gegenstände nach ortsüblicher Bekanntmachung öffentlich versteigern.

Bis zum Zuschlage kann der Gepfändete gegen Zahlung eines von der Ortspolizeibehörde festzusetzenden Geldbetrages, sowie der Versteigerungskosten die gepfändeten oder in Pfand gegebenen Gegenstände einlösen.

§ 86. Der Erlös aus der Versteigerung oder die eingezahlte Summe dient zur Deckung aller entstandenen Kosten, sowie der Ersatzgelder.

Zur Deckung des Schadensersatzes dient der Erlös oder die eingezahlte Summe nur, wenn der Anspruch darauf innerhalb dreier Monate nach der Pfändung geltend gemacht ist.

Der nach Deckung der zu zahlenden Beträge sich ergebende Rest wird dem Gepfändeten zurückgegeben. Ist dieser seiner Person oder seinem Aufenthalte nach unbekannt, so wird der Rest der Armenkasse des Ortes, in welchem die Pfändung geschehen ist, ausgezahlt. Innerhalb dreier Monate nach der Auszahlung kann der Gepfändete den Rest zurückverlangen.

§ 87. Fordert der Beschädigte im Falle der Pfändung Ersatzgeld, so ist über diese Forderung und die Pfändung in demselben Verfahren zu verhandeln und zu entscheiden.

§ 88. Die in §§ 49, 50, 76, 80, 84 erwähnten Fristen sind präklusivisch.

Fünfter Titel.

Übergangs- und Schlußbestimmungen.

§ 89. Das gegenwärtige Gesetz findet auf den Stadtkreis Berlin mit der Maßgabe Anwendung, daß die im gegenwärtigen Gesetze dem Bezirksrate zugewiesenen Obliegenheiten vom Oberpräsidenten wahrgenommen werden.

§ 90. In den Hohenzollernschen Landen werden die

dem Kreisausschusse beigelegten Befugnisse vom Amtsausschuß und bis zur Einführung eines Bezirksrats[1] die dem letzteren beigelegten Befugnisse von der Bezirksregierung wahrgenommen.

[1] Der Bezirksausschuß ist jetzt in Hohenzollern eingeführt.

§ 91. (Veraltet.)

§ 92. So lange in der Provinz Posen die gutsherrliche Polizeigewalt noch besteht, tritt für den Umfang derjenigen Rittergüter, in welchen der Besitzer die Ortspolizei selbst oder durch einen Stellvertreter verwaltet, in den Fällen der §§ 75, 82 und 83 dieses Gesetzes an die Stelle der Ortspolizeibehörde ein vom Landrat zu bestimmender Polizei-Distriktskommissarius.

§ 93. Für das weitere Verfahren in den am Tage des Inkrafttretens dieses Gesetzes anhängigen Strafsachen finden die Vorschriften der §§ 8ff. des Einführungsgesetzes zur Strafprozeßordnung entsprechende Anwendung.

Auf die Erledigung der am Tage des Inkrafttretens dieses Gesetzes anhängigen Sachen finden in Beziehung auf die Zuständigkeit der Behörden, auf das Verfahren und auf die Zulässigkeit der Rechtsmittel die bisherigen gesetzlichen Vorschriften Anwendung.

§ 94. In der Rheinprovinz kann in den zu erlassenden Polizeiverordnungen (§§ 11 und 13)

1. vorgeschrieben werden, wie die Einfriedigung, welche das Eindringen fremden Viehes zu verhindern geeignet ist und durch welche ein Grundstück von der Stoppelweide ausgeschlossen wird, beschaffen sein muß;
2. die Ausübung der nicht ablösbaren Stoppelweide[1]

a) auf solchen Grundstücken, welche durch besondere Bearbeitung des Bodens in Wiesen umgewandelt sind, sowie auf solchen Wiesen, auf welchen zum Zweck ihrer Verbesserung ein künstlicher Umbau oder künstliche Ent- oder Bewässerungsanlagen ausgeführt oder in der Ausführung begriffen sind, untersagt,

b) auf natürlichen Wiesen auf bestimmte Jahreszeiten beschränkt werden.

[1] Über die Ablösbarkeit der Stoppelweide vgl. Gemeinheitsteilungsordnung v. 19. Mai 1851 § 5.

§ 95. Dieses Gesetz tritt mit dem 1. Juli 1880 in Kraft.

§ 96. Mit diesem Zeitpunkte treten alle dem gegenwärtigen Gesetze entgegenstehenden gesetzlichen Bestimmungen außer Kraft.

Im besonderen treten außer Kraft alle Strafbestimmungen der Feld- und Forstpolizeigesetze.[1]

In Kraft bleiben:

1. die gesetzlichen Bestimmungen über den Bezug der verhängten Geldstrafen;
2. die gesetzlichen Bestimmungen über Pfändungen, soweit sie nicht durch die Vorschriften dieses Gesetzes betroffen werden;
3. alle das Rechtsverhältnis der Nutzungsberechtigten zu den Waldeigentümern betreffenden Gesetze, ausschließlich der darin enthaltenen Strafbestimmungen und Vorschriften über das Strafverfahren. Die vorläufige Verordnung vom 5. März 1843 über die Ausübung der Waldstreuberechtigung (GS. S. 105) behält ihre Wirksamkeit mit der Maßgabe, daß an die Stelle der darin angedrohten

Strafen und des Verfahrens die bezüglichen Vorschriften dieses Gesetzes treten; desgleichen bleibt die Verordnung, betreffend die Kontrolle der Hölzer, welche unverarbeitet transportiert werden, vom 30. Juni 1839 (GS. S. 223), mit den im § 43 dieses Gesetzes enthaltenen Abänderungen fortbestehen.

Bis zur Verkündung der nach § 13 zu erlassenden Polizeiverordnungen behalten die bisherigen Vorschriften über die Ausübung der Nachtweide, des Einzelhütens, sowie der Weide der Gemeinde- und Genossenschaftsherden Geltung.

[1] Nicht nur die Feld- und Forstpolizeigesetze, sondern auch die bezüglichen Polizeiverordnungen sind aufgehoben; soweit aber das Gesetz nicht einzelne auf den Schutz von Feldern usw. abzielende Maßnahmen abschließend geregelt hat, dürfen Polizeiverordnungen ergänzend eintreten, OVG. 39 S. 278. Aufgehoben sind Polizeiverordnungen, welche das Betreten der Forsten außerhalb erlaubter Wege mit Strafe bedrohen, Jhrb. 3 S. 358, vgl. ferner Jhrb. 14 S. 333 und oben § 39 A. 1, § 60. In den §§ 11, 13, 32, 34, 40, 41, 43, 46 verweist das Gesetz ausdrücklich auf den Erlaß von Polizeiverordnungen bzw. polizeilichen Anordnungen. Jagdpolizeiliche Bestimmungen werden durch das Gesetz nicht berührt, RG. GA. 42 S. 440.

§ 97. Der Minister für Landwirtschaft, Domänen und Forsten ist mit der Ausführung dieses Gesetzes beauftragt.

18. Gesetz über gemeinschaftliche Holzungen.

(Auszug.)

Vom 14. März 1881 (GS. S. 261).

Vorbemerkung: Das Gesetz gilt für den Umfang der Monarchie.

§ 1. Dieses Gesetz findet Anwendung:

1. auf Holzungen und die damit im örtlichen Zusammenhange stehenden Waldblößen, an welchen bei dem Inkrafttreten desselben das Eigentum mehreren Personen gemeinschaftlich zusteht, sofern nicht nachgewiesen wird, daß die Gemeinschaft durch ein besonderes privatrechtliches Verhältnis entstanden ist, insbesondere auf die Holzungen der Realgemeinden, Nutzungsgemeinden, Markgenossenschaften, Gehöferschaften, Erbgenossenschaften und gleichartiger Genossenschaften;[1]
2. auf Holzungen, welche Mitgliedern einer solchen Genossenschaft, oder welche einer Klasse von Mitgliedern oder von Einwohnern einer Gemeinde durch eine Gemeinheitsteilung oder Forstservitutenablösung als Gesamtabfindung überwiesen werden oder bereits früher überwiesen worden und bis zum Inkrafttreten dieses Gesetzes gemeinschaftliches Eigentum geblieben sind.

Abfindungen, welche den vorstehend bezeichneten Berechtigten bei einer Gemeinheitsteilung oder Forstservitutenablösung als Holzung zu gewähren sind, dürfen nur als Gesamtabfindung überwiesen werden.

[1] Das Gesetz findet nur dann keine Anwendung, wenn die Gemeinschaft durch ein besonderes privatrechtliches Verhältnis entstanden ist; gleichgültig ist es, ob schon vor seinem Inkrafttreten die Gemeinschaft von den Beteiligten als eine privatrechtliche aufgefaßt worden ist. Holzungen, welche zur Zeit des Inkrafttretens gemeinschaftliches Eigentum mehrerer Personen waren, bleiben dem Gesetz unterworfen, auch wenn sie später in das Alleineigentum einer Person übergehen, OVG. 47 S. 311.

§ 2. Diese Holzungen unterliegen, insoweit sie sich nach ihrer Beschaffenheit und ihrem Umfange zu einer forstmäßigen Bewirtschaftung eignen, hinsichtlich des Forstbetriebs und der Benutzung der Aufsicht des Staates nach Maßgabe der gesetzlichen Bestimmungen, welche in den einzelnen Landesteilen für die Holzungen der Gemeinden gelten.

§§ 3—8. (Betreffen Kosten der Anordnungen der Aufsichtsbehörde, Rechtsverhältnisse der Miteigentümer untereinander, Teilung der Holzungen.)

§ 9. Miteigentümer, Nutzungs-, Gebrauchs- und Servitutberechtigte, sowie Pächter oder Käufer sind, wenn sie ohne die gesetzlich erforderliche Genehmigung der Aufsichtsbehörde Holz einschlagen oder einschlagen lassen, mit einer Geldstrafe zu bestrafen, welche dem doppelten Wertbetrage des gefällten Holzes[1] gleichkommt.[2]

Wenn sie sonstige Nutzungen ausüben, welche die Aufsichtsbehörde innerhalb ihrer Zuständigkeit verboten hat, so sind sie mit einer Geldstrafe bis zu einhundert Mark zu bestrafen.

[1] Maßgebend ist nur der Wert des ohne Genehmigung geschlagenen, nicht des etwa außerdem noch nach Maßgabe der Genehmigung gefällten Holzes, Jhrb. 11 S. 348.

[2] Die Zuständigkeit schwankt nach dem Wertbetrage des Holzes; im Falle des Abs. 2 ist das Schöffengericht zuständig.

§ 10. (Betr. Aufrechterhaltung älterer Gesetze.)

19. Gesetz, betr. die Befugnisse der Strombauverwaltung gegenüber den Uferbesitzern an öffentlichen Flüssen.

(Auszug.)

Vom 20. August 1883 (GS. S. 333).

Vorbemerkung: Das Gesetz gilt für den Umfang der Monarchie.

§ 1. Dieses Gesetz findet Anwendung auf alle öffentlichen Flüsse, soweit deren Schiffbarkeit reicht. Über die Schiffbarkeit im Sinne dieses Gesetzes entscheidet im Zweifelsfalle mit Ausschluß des Rechtsweges, jedoch vorbehaltlich des Rekurses an den zuständigen Minister, der Oberpräsident.

§ 2. Vor Feststellung der zurzeit noch nicht endgültig festgestellten Pläne zur Regulierung öffentlicher Flüsse sind die Beteiligten zu hören.

Dasselbe gilt von der Abänderung endgültig festgestellter Pläne.

Die Anhörung der Beteiligten kann in solchen Fällen unterbleiben, in welchen die Ausführung der Regulierung nicht ohne überwiegenden Nachteil für das Gemeinwesen ausgesetzt werden kann.

§ 3. Auf Anordnung der Strombauverwaltung haben die Uferbesitzer gegen Entschädigung zu den im öffentlichen Interesse anzulegenden Deckwerken, Buhnen, Koupierungen oder anderen Stromregulierungswerken den erforderlichen Grund und Boden, sowie die nötigen Arbeitsplätze zur Benutzung einzuräumen, die Anfuhr, das Aufsetzen und Lagern der Baumaterialien und einen bestimmten Zugang der Arbeiter und des Aufsichtspersonals zu den Arbeitsplätzen, sowie die Entnahme der erforderlichen Erde und den Anschluß der Werke an das Ufer zu gestatten.

In gleicher Weise sind sie verpflichtet, das Aufstellen von Vorrichtungen zum Räumen des Flußbettes, das Ablagern, Bearbeiten und die Abfuhr geräumter Hölzer und anderer versunkener Gegenstände zu gestatten.

Die Entnahme von Erde und die Anfuhr von Materialien über die Ufergrundstücke ist nicht in Anspruch zu nehmen, sofern das Bedürfnis anderweit ohne unverhältnismäßige Kosten befriedigt werden kann.

Durch die Entnahme von Erde darf die bestehende Uferhöhe nur mit Zustimmung des Uferbesitzers verringert werden, sofern dadurch das Übertreten des Hochwassers auf die angrenzenden Ländereien früher als bisher herbeigeführt wird.

Der Abfluß vorhandener Gräben darf ohne Genehmigung der Interessenten nicht gehindert werden.

§ 4. (Betr. d. Verfahren bei Erlaß der im § 3 bezeichneten Anordnungen.)

§ 5. Anlandungen, welche infolge von Anlagen der in § 3 gedachten Art entstehen, gehören demjenigen, an dessen Ufer sich dieselben angesetzt haben, nach denselben Grundsätzen, wie die sich von selbst bildenden Anlandungen; der Uferbesitzer darf jedoch, vorbehaltlich der Bestimmungen des § 6, nicht ohne Genehmigung der Strombauverwaltung in den Besitz der so entstehenden Anlandungen treten.

Die Strombauverwaltung ist berechtigt, die gedachten

Anlandungen, mögen sie in Zukunft entstehen oder bereits entstanden sein, auszubilden und soweit zu befestigen, daß sie ohne Nachteil für den Strom mit Vorbehalt der Vorschriften der §§ 7 und 10 benutzt werden können. Zu diesem Zwecke tritt der Staat in den Besitz und in die Nutzung derselben.[1]

Dem Uferbesitzer muß jedoch die Verbindung mit dem Flusse selbst und dessen Benutzung, soweit es seine wirtschaftlichen Interessen fordern, gestattet werden.

Liegen die künstlichen Anlandungen vor öffentlichen Fähren, Anlandeplätzen usw., so hat die Strombauverwaltung deren Ausbildung und demnächstige Freigebung möglichst zu beschleunigen, auch Fürsorge für zweckentsprechenden Zugang zur Fähre zu treffen.

Im Falle einer Verpachtung ist bei gleichem Gebot dem Uferbesitzer der Vorzug zu geben.

Das Jagdrecht steht dem Uferbesitzer zu; die Ausübung desselben unterliegt jedoch, abgesehen von den Vorschriften der Jagdpolizeigesetze, der Beschränkung, daß die Strombauverwaltung das Betreten der Anlandung zu verbieten berechtigt ist.

[1] In die zur Zeit des Erlasses des Strombaugesetzes geltenden landesgesetzlichen Vorschriften über den Erwerb des Eigentums und Besitzes hat das Gesetz nicht eingegriffen RG. VerwBl. 31 S. 733. § 5 Abs. 2 findet auch Anwendung auf Anlandungen, die bereits vor Erlaß des Gesetzes entstanden und Eigentum des Uferbesitzers geworden, aber der Ausbildung und Befestigung im Strominteresse noch bedürftig sind, OVG. VerwBl. 22 S. 502, Jhrb. 23 C S. 42, OVG. 41 S. 261; dagegen findet das Gesetz auf solche Anlandungen, die bei seinem Inkrafttreten im Sinne des § 5 Abs. 2 bereits reif waren, auch dann keine Anwendung, wenn sie auf Grund fiskalischer Anlagen entstanden sind, mag sich auch

der Staat bei Inkrafttreten des Gesetzes in ihrem Besitze befunden haben, OVG. 43 S. 274, VerwBl. 23 S. 520.

Zu den Anlandungen sind auch Inseln zu rechnen, OVG. VerwBl. 22 S. 502. Die Bestimmung bezieht sich aber nur auf solche Anlandungen, welche gemäß § 3 durch eine im öffentlichen Interesse vorgenommene Strombauregulierung entstehen, und nicht auch auf Anlandungen, welche durch eine im Interesse der Ufereigentümer diesen gestattete Regulierung des Strombettes hervorgerufen werden, RG. Recht 09 S. 451, vgl. auch RG. Recht 09 S. 158.

Mit der Bestimmung der im Abs. 2 bezeichneten Berechtigung der Strombauverwaltung ist es von selbst gegeben, daß eine konkurrierende Befugnis Dritter ausgeschlossen sein soll, RG. VerwBl. 31 S. 733.

§ 6. (Betr. das Recht d. Uferbesitzers zur Übernahme d. Anlandung.)

§ 7. Solange die Stromregulierungswerke (§ 3) als solche vom Staate erhalten werden, ist die Strombauverwaltung berechtigt, jede Benutzung der anstoßenden Anlandungen (§§ 5, 6), welche diesen Werken schädlich werden könnte, zu untersagen.

§ 8. Die Strombauverwaltung ist berechtigt, gegen Entschädigung, nach Anhörung der beteiligten Uferbesitzer, Anlandungen, Sandbänke, Felsen, Inseln oder vortretende Uferstrecken abzutreiben oder sonst zu beseitigen, wenn dies nach dem endgültig festgestellten Regulierungsplane zur Beförderung der Schiffahrt, zur Wiederherstellung des ordentlichen Laufes des Flusses, oder im Interesse der Landeskultur oder der öffentlichen Sicherheit erforderlich ist.

Die Höhe der Entschädigung bestimmt sich nach den §§ 8 bis 10 und 13 des Gesetzes über die Enteignung von Grundeigentum vom 11. Juni 1874 (GS. S. 221).

Die Entschädigungssumme ist an den Eigentümer des Grundstücks zu zahlen. Wenn jedoch vor der Zahlung Nutzungs-, Gebrauchs- oder Servitutberechtigte, Pächter oder Mieter des beseitigten Terrains der zahlenden Kasse durch einen Gerichtsvollzieher eine Erklärung haben zustellen lassen, daß sie aus der Entschädigungssumme Ersatz ihres Schadens beanspruchen, sowie in den durch § 37 Abs. 1 Nr. 2 und 3 a. a. O. bezeichneten Fällen ist die Entschädigungssumme zu hinterlegen. Der § 37 Absatz 2 und 3 und § 38 a. a. O. finden Anwendung.

§ 9. (Betr. Festsetzung d. Entschädigung in den Fällen der §§ 3, 8.)

§ 10. Die Bepflanzung oder anderweitige Befestigung, sowie die gänzliche oder teilweise Beseitigung dieser Grundstücke (§§ 6 und 8) unterliegt der Genehmigung der Strombauverwaltung. Letztere kann verlangen, daß der Besitzer dieselben mit Weiden bepflanze und die Weidenpflanzung unterhalte. Wird der Aufforderung nicht innerhalb der gestellten Frist entsprochen, so ist die Strombauverwaltung berechtigt, die Bepflanzung beziehungsweise die Unterhaltung der Pflanzung selbst vorzunehmen.

In diesem Falle steht ihr die Nutzung solcher Pflanzungen mit der Maßgabe zu, daß der die gemachten Aufwendungen etwa übersteigende Betrag dem Uferbesitzer zu überweisen ist. Rechnungslegung findet nicht statt.

Dem Uferbesitzer ist die Unterhaltung und Nutzung der Pflanzung wieder zu überlassen, wenn er die durch die Nutzung nicht gedeckten Aufwendungen erstattet und die künftige ordnungsmäßige Unterhaltung, nötigenfalls unter ausreichender Sicherstellung, übernimmt.

§ 11. Das Betreten aller Anlandungen, Sandbänke,

Inseln, sowie der Ufer selbst, das Setzen von Stations- und Festpunktsteinen, sowie von Schiffahrts- und sonstigen Merkzeichen ist den Beamten und den mit Legitimation derselben versehenen Beauftragten der Strombauverwaltung zu dienstlichen Zwecken jederzeit gestattet. Soweit nicht Gefahr im Verzuge ist, hat dem Setzen der Merkzeichen usw. die Anhörung der Besitzer vorauszugehen.

Entstehen durch die erwähnten Handlungen Beschädigungen, so hat der Uferbesitzer auf Ersatz des Schadens Anspruch.

§ 12. (Betr. Schadensersatz wegen Beschädigung der Ufer.)

§ 13. Zur Ausübung der der Strombauverwaltung in diesem Gesetze beigelegten Befugnisse sind deren Lokalbaubeamten zuständig.

[1]Gegen die von ihnen getroffenen Anordnungen findet unbeschadet der im § 4 vorgesehenen Entscheidung des Landrats usw. die Beschwerde in denjenigen Bezirken, für welche die Strombauverwaltung einer besonderen Behörde übertragen ist, an den dieser vorgesetzten Oberpräsidenten, im übrigen an die Regierungspräsidenten beziehungsweise Landdrosten, gegen den auf die Beschwerde erlassenen Bescheid unter den Voraussetzungen des § 63 Absatz 3 und 4 des Gesetzes über die Organisation der allgemeinen Landesverwaltung vom 26. Juli 1880[2] (GS. S. 291) innerhalb zwei Wochen die Klage bei dem Oberverwaltungsgericht oder die Beschwerde an den zuständigen Minister statt.

Zu den Anordnungen im Sinne dieses Paragraphen gehören auch die Beschlüsse darüber, ob die Voraussetzungen für die Besitzübertragung nach § 6 als vorhanden anzuerkennen sind.

[1] Abs. 2 in der Fassung d. Ges. v. 31. Mai 1884 (GS. S. 303).

[2] Jetzt des § 127 Abs. 3 und 4 d. Ges. über d. allgemeine Landesverwaltung vom 30. Juli 1883 (GS. S. 195).

§ 14. [1]Wer ohne Genehmigung der zuständigen Behörde oder unter eigenmächtiger Abweichung von dem genehmigten Ausführungsplane Anlandungen, Sandbänke, Felsen, Inseln oder vortretende Uferstrecken, letztere soweit deren Abtreibung in den endgültig festgestellten Regulierungsplänen vorgesehen ist, bepflanzt oder anderweitig befestigt, ganz oder teilweise beseitigt[2] oder künstliche Anlandungen ungeachtet der Untersagung durch die zuständige Behörde in einer den Stromregulierungswerken schädlichen Weise[3] benutzt, wird, sofern er nicht nach den allgemeinen Strafgesetzen eine höhere Strafe verwirkt, mit Geldstrafe bis zu einhundertfünfzig Mark oder Haft bestraft.

Die Strombauverwaltung ist befugt, die Beseitigung nicht genehmigter Anpflanzungen der gedachten Art anzuordnen. Für den Fall, daß der Unternehmer die Beseitigung innerhalb der ihm bestimmten Frist nicht seinerseits bewirkt, ist die Strombauverwaltung befugt, die Beseitigung auf Kosten des Unternehmers zu bewirken.

[1] Nach § 10 des Ges. betr. Maßnahmen zur Verhütung von Hochwassergefahren in der Provinz Schlesien v. 3. Juli 1900 (GS. S. 171) und nach § 10 des entsprechenden Gesetzes für die Provinz Brandenburg und das Havelgebiet der Provinz Sachsen v. 4. August 1904 (GS. S. 197) finden auf den Ausbau der in diesen Gesetzen bezeichneten Wasserläufe die §§ 3—11, 13, 14 des Strombaugesetzes mit bestimmten Maßgaben entsprechende Anwendung.

[2] Die Strafbarkeit der Beseitigung einer Sandbank wird durch ein Recht der Gemeinde auf Entnahme von Kies oder durch einen

Auftrag des Gemeindevorstandes nicht ausgeschlossen, Jhrb. 11 S. 280.

[3] Eine Bestrafung aus § 14 darf nur erfolgen, wenn die Benutzung der künstlichen Anlandungen den Stromregulierungswerken, nicht bloß den Anlandungen, schädlich gewesen ist, Jhrb. 23 C S. 42.

§ 15. Insoweit die für einzelne Landesteile geltenden Vorschriften Materien betreffen, welche Gegenstand dieses Gesetzes sind, treten dieselben außer Kraft.[1]

Die Spezialvorschriften über die Pflicht zur Aufnahme der Baggererde und des Schlammes bleiben jedoch mit der Maßgabe in Kraft, daß den Uferbesitzern für die ihnen zu Zwecken der Strombauverwaltung obliegenden Duldungen und Leistungen Entschädigung zu gewähren ist.

[1] Der Schutz der Anlandungen, und zwar sowohl der natürlichen wie der durch Regulierungswerke künstlich hervorgerufenen, hat durch das Gesetz nicht in einer abschließenden und weitergehende, im allgemeinen Interesse erlassene polizeiliche Verordnungen ausschließenden Weise geregelt werden sollen: es kann deshalb das Betreten der Anlandungen durch eine Polizeiverordnung in rechtsgültiger Weise verboten worden, Jhrb. 22 C S. 48.

20. Gesetz, betr. die Abänderung der Verordnung vom 17. März 1839, betr. den Verkehr auf den Kunststraßen, und der Kabinettsorder vom 12. April 1840, betr. die Modifikation des § 1 der Verordnung vom 17. März 1839 wegen des Verkehrs auf den Kunststraßen.

Vom 20. Juni 1887 (GS. S. 301).

Vorbemerkung: Das Gesetz gilt nicht in Hannover (Ges. v. 22. Februar 1879 — GS. S. 19), Hessen-Nassau, Hohenzollern, Schleswig-Holstein (Ges. v. 15. Juni 1885 — GS. S. 289) und Helgoland.

Artikel I.

An Stelle der §§ 1 bis 8 der Verordnung vom 17. März 1839, betr. den Verkehr auf den Kunststraßen (GS. 1839 S. 80) und der Kabinettsorder vom 12. April 1840, betr. die Modifikation des § 1 der Verordnung vom 17. März 1839 wegen des Verkehrs auf den Kunststraßen (GS. 1840 S. 108), treten folgende Bestimmungen:

§ 1. Bei dem Befahren der Kunststraßen[1] soll an allen Last- und Frachtfuhrwerken der Beschlag der Radfelgen eine Breite von mindestens 5 cm haben. Ausgenommen sind diejenigen Fuhrwerke, deren Gesamtgewicht einschließlich der Ladung nicht mehr als 1000 kg beträgt.

[1] Vgl. Art. III § 12.

§ 2. Das höchste zulässige Ladungsgewicht beträgt bei einer Breite der Felgenbeschläge von

5 bis 6½ cm	. . . .	2000 kg
6½ bis 10 „	. . . .	2500 „
10 bis 15 „	. . . .	5000 „
15 cm und darüber	. . . .	7500 „

§ 3. Ladungsgewichte von mehr als 7500 kg dürfen nur dann, wenn die Ladung aus einer unteilbaren Last besteht und nur unter Genehmigung der Straßenverwaltung und Innehaltung der von derselben gestellten Bedingungen transportiert werden.

§ 4. Für zweirädrige Fuhrwerke und für solche Kippwagen, bei denen das Hauptgewicht der Ladung auf zwei Rädern ruht, ist nur die Hälfte des § 2 vorgesehenen höchsten Ladungsgewichts gestattet, jedoch darf bei einer Breite der Felgenbeschläge von 15 cm und mehr das Ladungsgewicht bis 7500 kg betragen.

§ 5. Die in §§ 1 bis 4 dieses Gesetzes gegebenen Vorschriften finden auch auf Fuhrwerke mit solchen Rädern Anwendung, deren Radkranz nicht aus Teilen zusammengesetzt ist, beziehentlich keinen besonderen äußeren Beschlag hat.

§ 6. Für den Grenzverkehr nicht preußischer oder inländischer, dem Geltungsbereich dieses Gesetzes nicht angehörender Fuhrwerke können durch Beschluß des Bezirksausschusses Erleichterungen der Vorschriften der §§ 1 und 2 zugelassen werden.

Ingleichen für bestimmte Gegenden oder bestimmte Arten von Fuhrwerk, und zwar sowohl zeitweilig als dauernd. Vor dem Beschlusse ist die Provinzialverwaltung, sowie die Verwaltung der beteiligten Kreise zu hören.

Für bestimmte Straßenstrecken kann auf Antrag der Straßenverwaltung zeitweilig durch Beschluß des Bezirksausschusses[1] die zulässige Höhe des Ladungsgewichts um höchstens ein Drittel herabgesetzt werden.

Die Beschlüsse der Bezirksausschüsse sind endgültig; sie sind durch die Amtsblätter zu öffentlicher Kenntnis zu bringen.

Ausnahmen von den Bestimmungen der §§ 1 und 2 können für einzelne bestimmte Transporte von der Straßenverwaltung bewilligt werden.

[1] Eine Anordnung der Herabsetzung des zulässigen Ladungsgewichts, welche unterzeichnet ist: „Namens des Bezirksausschusses der Vorsitzende" ist rechtsungültig, KG. DJZ. 1910 S. 365.

§ 7. Die Führer der die Kunststraßen befahrenden Last- und Frachtfuhrwerke sind verpflichtet, den Chausseeaufsichtsbeamten sowie den Polizeibeamten und Gendarmen auf Erfordern das Gewicht der Ladung anzugeben und glaubhaft nachzuweisen. Können oder wollen sie diesen Nachweis nicht führen, so sind sie verpflichtet, in Begleitung des Beamten ihr Fuhrwerk bis zu dem nächsten in der Richtung ihrer Reise liegenden Orte zu fahren, an welchem die Ermittelung des Gewichts erfolgen kann, um dort die Ermittelung vornehmen zu lassen.

Wird eine Überschreitung des zulässigen Gewichts festgestellt, so fallen die Kosten der Ermittelung dem Führer zur Last. Die durch die Ausmittelung des Gewichts entstehenden Kosten sind vorläufig von derjenigen Verwaltung zu tragen, auf deren Straße das Fuhrwerk angehalten ist.

Gegen die Verwaltung steht dem Führer wegen des durch die Ermittelung verursachten Aufenthalts ein Entschädigungsanspruch in keinem Falle zu.

§ 8. Der Provinzialrat ist befugt, Normalgewichte für die Wagen und die wichtigsten Frachtgüter nach Maß oder Zahl mit der Wirkung festzustellen, daß diese Gewichtssätze bei der Ermittelung des zulässigen Ladungsgewichts vorbehaltlich des Gegenbeweises zugrunde zu legen sind.

Vorbemerkung zu Art. II: Die §§ 9—13, 17, 20 Abs. 2 d. V. v. 17. März 1839 sind aufrecht erhalten und lauten wie folgt:

§ 9. [a]) Auf allen Kunststraßen ohne Unterschied darf mit keinem Fuhrwerk gefahren werden, an dessen Radfelgen

1. die Köpfe der Radnägel, Stifte oder Schrauben nicht eingelassen sind, sondern vorstehen, oder
2. der Beschlag so konstruiert ist, daß er keine gerade Oberfläche bildet.

Das letztere Verbot (zu 2) findet jedoch auf solche Radbeschläge nicht Anwendung, welche bloß infolge der Abnutzung eine gewölbte Oberfläche angenommen haben.

§ 10. Es darf auf keiner Kunststraße mit einer mehr als neun Fuß breiten Ladung gefahren werden, und tritt die abweichende Bestimmung zu dem Chausseegeldtarif vom 28. April 1828 außer Kraft.

§ 11. Die Zugtiere an den auf den Kunststraßen fahrenden Fuhrwerken dürfen nicht mit solchen Hufeisen versehen sein, deren Stollen mehr als zwei Drittel Zoll über die Hufeisenfläche hervorragen [b].

§ 12. Das Spurhalten auf den Kunststraßen wird hierdurch untersagt.[c]

§ 13. Die Bestimmungen der §§ 1—9 treten mit dem 1. Januar 1840 und diejenigen der §§ 10 und 11 mit dem 1. Juli 1839 in Kraft; das Verbot des § 12 aber kommt sofort zur Ausführung.

§ 17. Die Übertretung des § 12 soll mit einer Strafe von einem halben Taler polizeilich bestraft werden.

§ 20 Abs. 2. Die gegenwärtige Verordnung, welche sogleich und außerdem im Laufe dieses Jahres dreimal durch die Amts- und Intelligenzblätter bekannt zu machen ist, soll in dem ganzen

Umfang Unserer Monarchie, mit vorläufiger Ausnahme der Kreise Wetzlar, Erfurt, Schleusingen und Ziegenrück[d] Anwendung finden.

[a]) Das Verbot richtet sich gegen Fuhrwerk jeglicher Art, auch Kraftfahrzeuge fallen darunter, Jhrb. 37 C S. 38.

[b]) Durch die Kabinetsorder v. 25. August 1843 (MBl. f. d. i. V. S. 296) ist die Bestimmung des § 11 dahin abgeändert, daß die Hufeisenstollen in der Zeit vom 1. November bis 1. April bis zu einem Zoll über die Hufeisenfläche hervorragen dürfen.

[c]) Wenn zwei Fuhrwerke aneinander gebunden werden, so fällt die gewöhnliche und natürliche Folge dieses Aneinanderbindens, nämlich Fortlaufen beider Wagen im nämlichen Gleise, nicht unter das Verbot des Spurhaltens, OTr. GA. 17 S. 815, vgl. Nr. 15 d. zusätzl. Vorschriften zum Chausseegeldtarif (oben S. 30).

[d]) Die V. ist in die Kreise Wetzlar und Erfurt durch Ges. v. 10. Mai 1858, in den Kreis Ziegenrück durch Ges. v. 1. Juni 1876 eingeführt.

Artikel II.

§ 9. Die §§ 14, 16, 19 und 20 Abs. 1 der Verordnung vom 17. März 1839, betr. den Verkehr auf den Kunststraßen (GS. S. 80), sind aufgehoben. An Stelle der §§ 15 und 18 a. a. O. treten folgende Bestimmungen:

§ 10. Zuwiderhandlungen gegen die Vorschriften dieses Gesetzes und der §§ 9 bis 11 der Verordnung vom 17. März 1839, betr. den Verkehr auf den Kunststraßen (GS. 1839 S. 80), werden mit Geldstrafen bis 100 Mark bestraft.[1]

Für die Geldstrafe und die Kosten, zu denen der Führer eines Fuhrwerks verurteilt wird, sind im Falle des Unvermögens des Verurteilten die Eigentümer des Fuhrwerks und der Bespannung als solidarisch haftbar zu erklären.

Gegen den als haftbar Erklärten tritt an die Stelle der Geldstrafe eine Freiheitsstrafe nicht ein.

[1] Bei gleichzeitiger Zuwiderhandlung durch mehrere demselben Eigentümer gehörige Fuhrwerke ist die Strafe für jedes Fuhrwerk verwirkt, Jhrb. 7 S. 282.

§ 11. Eine wiederholte Bestrafung wegen auf derselben Reise fortgesetzter Zuwiderhandlungen tritt nur dann ein, wenn der Zuwiderhandelnde die Reise über den nächsten Ort hinaus, an welchem es ihm möglich war, den vorschriftswidrigen Zustand seines Fuhrwerks oder dessen Ladung zu beseitigen, ohne eine solche Änderung fortgesetzt hat.

Artikel III.

Schluß- und Übergangsbestimmungen.

§ 12. Als Kunststraßen (Chausseen) im gesetzlichen Sinne gelten[1] in dem Geltungsbereiche dieses Gesetzes:

1. alle Kunststraßen, auf welche die Verordnung vom 17. März 1839, betreffend den Verkehr auf den Kunststraßen (GS. 1839 S. 80), Anwendung findet;
2. alle Kunststraßen, für welche das Recht zur Erhebung von Chausseegeld verliehen ist oder die zusätzlichen Bestimmungen zu dem Chausseegeldtarif vom 29. Februar 1840 (GS. 1840 S. 97) für anwendbar erklärt sind;
3. diejenigen Kunststraßen, welche auf Antrag des Unterhaltungspflichtigen als solche staatlich von dem Oberpräsidenten anerkannt werden.

Ein Verzeichnis derjenigen Kunststraßen, auf welche demgemäß die Bestimmungen dieses Gesetzes Anwendung finden, ist von dem Oberpräsidenten durch das Amtsblatt derjenigen Regierung, in deren Bezirk die Straße liegt, zu veröffentlichen. Ingleichen jede Erweiterung und jede anderweite Abänderung dieses Verzeichnisses.

[1] Vgl. Jhrb. 19 S. 269.

§ 13. Auf Fuhrwerke der Militär- und Reichspostverwaltung finden die Vorschriften dieses Gesetzes keine Anwendung.

§ 14. Die auf Grund dieses Gesetzes von den Gerichten erkannten Geldstrafen fließen zur Hälfte in die Staatskasse und zur Hälfte in die Kasse derjenigen Verwaltung, auf deren Straße der Zuwiderhandelnde betroffen worden ist.[1]

[1] Ist die Strafe durch polizeiliche Strafverfügung festgesetzt, so fällt nach dem Erl. v. 3. Mai 1850 (JMBl. S. 171) — aufrechterhalten durch § 7 Abs. 3 des Ges. v. 23. April 1883 (abgedruckt im Anhang) — bei Chausseen jeder Art die Hälfte an den Fiskus, die andere Hälfte bei Staatschausseen ebenfalls an den Fiskus, bei Bezirks-, Kreis-, Kommunalchausseen usw. an diejenige Kasse, aus der die Chaussee unterhalten wird. War die Chaussee früher Staatschaussee und ist sie durch das Dotationsgesetz vom 8. Juli 1875 in das Eigentum und die Verwaltung der Provinz übergegangen, so verbleibt die Geldstrafe dem Fiskus, denn nach § 18 des Dotationsgesetzes sind die Strafgelder von den Nutzungen ausgenommen, RG. Recht 1910 S. 323.

§ 15. (Veraltet.)

§ 16. Dieses Gesetz tritt am 1. Januar 1888 in Kraft.

Alle entgegenstehenden Vorschriften sind von dem bezeichneten Zeitpunkt ab aufgehoben.

Für Fuhrwerke, welche vor dem 1. Januar 1888 in Gebrauch genommen sind, treten die Bestimmungen des § 1 erst vom 1. Januar 1893 in Kraft; bis dahin darf jedoch das höchste zulässige Ladungsgewicht für Fuhrwerke mit weniger als 5 cm breiten Felgenbeschlägen 1000 kg nicht übersteigen.

Werden solche Fuhrwerke jedoch nach dem 1. Januar 1888 mit neuen Rädern versehen, so treten die Bestimmungen von da ab in Kraft.

21. Ausführungsgesetz zum Bürgerlichen Gesetzbuche.

(Auszug.)

Vom 20. September 1899 (GS. S. 177).

Einzelausgabe Nr. 23.

Artikel 6.

§ 1. Schenkungen oder Zuwendungen von Todeswegen an juristische Personen bedürfen zu ihrer Wirksamkeit ihrem vollen Betrage nach der Genehmigung des Königs oder der durch königliche Verordnung bestimmten Behörde, wenn sie Gegenstände im Werte von mehr als fünftausend Mark betreffen.[1] Wiederkehrende Leistungen werden mit vier vom Hundert zu Kapital gerechnet.

[1] Sind dem Bedachten rechtlich wirksame Auflagen oder sonstige Erschwerungen auferlegt, so entscheidet über die Genehmigungspflichtigkeit nicht ohne weiteres der objektive Wert des zugewendeten Gegenstandes, sondern der wirtschaftliche Wert, welcher der Zuwendung nach der Art und dem Inhalt der Anordnung für die juristische Person zukommt; Auflagen sind von dem objektiven Werte des Zugewendeten abzuziehen, RGStraff. 42 S. 359.

§ 2. Die Genehmigung kann auf einen Teil der Schenkung oder der Zuwendung von Todeswegen beschränkt werden.

§ 3. Mit Geldstrafe bis zu neunhundert Mark wird bestraft:[1]

1. wer für eine juristische Person, die in Preußen ihren Sitz hat, als deren Vorsteher eine Schenkung oder eine Zuwendung von Todeswegen in Empfang

nimmt und nicht binnen vier Wochen[2] die erforderliche Genehmigung nachsucht;

2. wer einer juristischen Person, die nicht in Preußen ihren Sitz hat, eine Schenkung oder Zuwendung von Todeswegen verabfolgt, bevor die erforderliche Genehmigung erteilt ist.

[1] Da es sich um ein Vergehen handelt, ist zur Strafbarkeit Vorsatz erforderlich.

[2] Über Berechnung der Frist vgl. §§ 187 ff. BGB.

§ 4. Die Vorschriften der §§ 1 bis 3 gelten nicht für Familienstiftungen.[1]

[1] Auch für Familienfideikommisse gilt Art. 6 nicht, da sie keine juristische Personen sind.

22. Gesetz, betr. die Hinterziehung und Überhebung von Verkehrsabgaben.

Vom 2. Mai 1900 (GS. S. 123).

Vorbemerkung: Das Gesetz gilt für den Umfang der Monarchie.

§ 1. Wer es unternimmt,[1] Abgaben, welche für die Benutzung von Wasserstraßen, Häfen, Ladeplätzen, Brücken, Fähren, Wegen und sonstigen Verkehrsanlagen nach den von der zuständigen Behörde erlassenen Tarifen[2] zu entrichten sind (Verkehrsabgaben), ganz oder teilweise zu hinterziehen, insbesondere dadurch, daß er

a) die Verkehrsanlage heimlich oder unter Umgehung der Hebestelle[3] oder mit Unterlassung einer ihm obliegenden Meldung benutzt,

b) der Leistung der Abgabe sich durch Flucht oder — abgesehen von den Fällen des § 113 des Strafgesetzbuchs — durch Widerstand entzieht,

c) die nach den Tarifen oder den dazu gehörigen Ausführungsbestimmungen ihm obliegenden Erklärungen über Art, Beschaffenheit und Menge von Gegenständen oder über die Zahl oder Eigenschaften von Personen unterläßt oder unrichtig abgibt,

d) die nach den Tarifen oder den dazu gehörigen Ausführungsbestimmungen vorzuzeigenden Ladungspapiere, Schiffspapiere oder sonstigen Ausweise nicht oder nicht vollständig vorzeigt,

e) Fragen der mit Erhebung der Abgaben oder Sicherung ihres Einganges betrauten Personen über Tatsachen, welche für die Anwendung der Tarifbestimmungen erheblich sind, unbeantwortet läßt oder unrichtig beantwortet,

wird mit einer Geldstrafe, welche dem vier- bis zwanzigfachen Betrage der hinterzogenen Abgabe gleichkommt und mindestens eine Mark beträgt, bestraft.[4]

Soweit der hinterzogene Betrag nicht zu ermitteln ist, tritt Geldstrafe bis zu einhundertfünfzig Mark ein.

Die hinterzogene Abgabe ist neben der Strafe zu entrichten.[5]

[1] Das Unternehmen umfaßt sowohl die vollendete wie die versuchte Abgabenhinterziehung, vgl. OTr. GA. 18 S. 635; nur die dolose Abgabenhinterziehung ist strafbar; der Dolus besteht in dem Willen eine gesetzlich zu entrichtende Abgabe zu entziehen, er setzt das Bewußtsein des Täters voraus, daß eine Abgabe zu entrichten ist und diese durch seine Handlung oder Unterlassung dem Berechtigten entzogen wird, Jhrb. 24 C S. 38. Die Hinterziehung setzt voraus, daß die Verkehrsanstalt benutzt ist; es kann deshalb nur durch Umgehung der Hebestelle, nicht durch Umgehung einer Fähre das Fährgeld hinterzogen werden, Jhrb. 25 C S. 13. Über das Unternehmen der Hinterziehung von Chausseegeld vgl. OTr. GA. 15 S. 632, 17 S. 429, Jhrb. 8 S. 210, 10 S. 229.

[2] Vgl. den Tarif zur Erhebung d. Chausseegelds oben S. 21.

[3] Über Umfahren von Chausseegeldhebestellen vgl. OTr. GA. 17 S. 292 und 429, Jhrb. 9 S. 229 und 252, KG. GA. 43 S. 76.

[4] Nach Art. V des Ges. v. 22. Mai 1852, der durch § 16 nicht berührt ist, verjähren Zuwiderhandlungen in fünf Jahren, Jhrb. 36 C S. 20.

[5] Die Gerichte dürfen nicht erkennen, daß die hinterzogene Abgabe neben der Strafe zu entrichten sei; das Gesetz will im Abs. 3 nur besagen, daß die Bestrafung mit dem Vielfachen der Abgabe die Pflicht zur Bezahlung der Abgabe nicht absorbiert, Jhrb. 36 C S. 20.

§ 2. Abgesehen von den Fällen des § 1 werden Zuwiderhandlungen gegen die in den Tarifen und Ausführungsbestimmungen getroffenen Anordnungen über die Erhebung der Verkehrsabgaben und die Sicherung ihres Einganges mit Geldstrafen bis zu einhundertfünfzig Mark bestraft.[1]

[1] Strafbar ist auch die fahrlässige Zuwiderhandlung, Jhrb. 24 C S. 38, KG. DJZ. 06 S. 546.

§ 3. Wer wissentlich bei Erhebung von Verkehrsabgaben Beträge einzieht, die der Zahlende überhaupt nicht oder nur in geringerer Höhe schuldet, wird — sofern nicht nach allgemeinen Strafgesetzen eine höhere Strafe verwirkt ist[1] — mit einer Geldstrafe, welche dem zehn- bis zwanzigfachen Betrage des zuviel Erhobenen entspricht, mindestens aber zehn Mark beträgt, bestraft.[2] Soweit der unbefugt erhobene Betrag nicht zu ermitteln ist, tritt Geldstrafe von zehn bis einhundertfünfzig Mark ein.

Wird die Zuwiderhandlung aus Fahrlässigkeit begangen, so verfällt der Zuwiderhandelnde in eine Geldstrafe, welche dem fünf- bis zehnfachen Betrage des zu viel Erhobenen entspricht, mindestens aber fünf Mark beträgt; soweit der unbefugt erhobene Betrag nicht zu ermitteln ist, tritt Geldstrafe von fünf bis einhundertfünfzig Mark ein.

[1] Vgl. § 353 StGB.

[2] Die Anwendung der Strafvorschrift setzt voraus, daß der Einziehende an sich berechtigt ist, eine Verkehrsabgabe zu erheben, OVG. 57 S. 383.

§ 4. Die im § 3 Abs. 1 bestimmte Strafe trifft auch die Privatberechtigten und die Vorstände nicht öffentlich-rechtlicher juristischer Personen, welche die mit Strafe bedrohten Handlungen von ihren Einnehmern, sowie diese Einnehmer, welche solche von ihren Gehilfen wissentlich geschehen lassen.

§ 5. Wenn eine von den Hebungsberechtigten im Wege der Verpachtung oder auf Grund eines sonstigen Rechtsverhältnisses mit der Erhebung von Verkehrsabgaben betraute Person nach erfolgter Bestrafung auf Grund des § 3 Abs. 1 nochmals eine Zuwiderhandlung gegen diese Gesetzesvorschrift wissentlich begeht und deswegen bestraft wird, kann der Hebungsberechtigte jenes Pacht- oder sonstige Rechtsverhältnis ohne Einhaltung einer Kündigungsfrist kündigen.

Einer Bestrafung nach § 3 Abs. 1 dieses Gesetzes steht eine nach den allgemeinen Strafgesetzen erfolgte Bestrafung gleich, wenn ihr eine wissentlich unbefugte Erhebung von Verkehrsabgaben zugrunde liegt.

§ 6. In den Fällen des § 5 kann die zuständige Provinzialbehörde die Entfernung des wiederholt bestraften Erhebers verlangen.

§ 7. Die Bestimmungen in §§ 5 und 6 finden keine Anwendung auf solche Erheber mit Beamteneigenschaft, welche ein Gehalt aus Staats- oder Gemeindemitteln beziehen.

§ 8. Bei Zuwiderhandlungen gegen die Strafvorschriften dieses Gesetzes sind die Verwaltungsbehörden zur Untersuchung und Entscheidung im Verwaltungswege zuständig.[1]

Die Zuständigkeit zur Entscheidung fällt weg, wenn durch die Zuwiderhandlung zugleich andere Strafgesetze verletzt sind, wegen deren Übertretung die Verfolgung noch eintreten kann, oder wenn der Beschuldigte wegen der Zuwiderhandlung festgenommen und nicht alsbald wieder freigelassen, sondern dem zuständigen Richter vorgeführt ist.

[1] Vgl. §§ 459 ff. StPO.

§§ 9—13. (Enthalten Vorschriften über das Verwaltungsstrafverfahren.)

§ 14. Die nach Maßgabe dieses Gesetzes auf Grund von Strafbescheiden, Beschwerdebescheiden und Unterwerfungsverhandlungen gezahlten Strafen fließen bei Zuwiderhandlungen gegen Vorschriften über die Erhebung kommunaler Verkehrsabgaben zur Kasse des erhebungsberechtigten Gemeindeverbandes, in allen anderen Fällen zur Staatskasse.

§ 15. Die Vorschriften in den §§ 1 und 2 dieses Gesetzes finden auf künftig zu erlassende Tarife und Ausführungsbestimmungen nur dann Anwendung, wenn diese im Amtsblatte bekannt gemacht sind. Die Anwendung beginnt mit dem achten Tage nach dem Ablaufe desjenigen Tages, an welchem das betreffende Stück des Amtsblatts ausgegeben worden ist, wenn nicht in dem Tarif oder in der Ausführungsbestimmung selbst ein anderer Zeitpunkt für das Inkrafttreten angeordnet ist.

§ 16. Alle älteren Bestimmungen über die Bestrafung von Verkehrsabgabenhinterziehungen, einschließlich derjenigen über die Bestrafung der Hinterziehung von Chausseegeld und einschließlich der das Verfahren bei Zuwiderhandlungen regelnden Vorschriften, werden außer Kraft gesetzt.

Dasselbe gilt von den landesgesetzlichen Bestimmungen über die Bestrafung der unbefugten Erhebung von Verkehrsabgaben. Das Gesetz vom 20. März 1837, betreffend die Bestrafung der Tarifüberschreitungen bei Erhebung von Kommunikationsabgaben (GS. S. 57), wird seinem ganzen Umfange nach aufgehoben.

§ 17. Dieses Gesetz tritt am 1. Oktober 1900 in Kraft.

---

23. Gesetz über die Fürsorgeerziehung Minderjähriger.

(Auszug.)

Vom 2. Juli 1900 (GS. S. 264).

Einzelausgabe Nr. 28.

Vorbemerkung: Das Gesetz gilt für den Umfang der Monarchie.

§ 1. (Betrifft Voraussetzungen der Fürsorgeerziehung.)

§ 2. (Betrifft Art der Ausführung.)

§ 3. Die Unterbringung zur Fürsorgeerziehung erfolgt, nachdem das Vormundschaftsgericht durch Beschluß das Vorhandensein der Voraussetzungen des § 1 unter Bezeichnung der für erwiesen erachteten Tatsachen festgestellt und die Unterbringung angeordnet hat.

§ 4. Das Vormundschaftsgericht beschließt von Amts wegen oder auf Antrag. Zur Stellung des Antrags sind berechtigt und verpflichtet:

der Landrat, in den Hohenzollernschen Landen der Oberamtmann, in Städten mit mehr als 10000 Einwohnern sowie in den nach § 28 der Kreisordnung für die Provinz Hannover vom 6. Mai 1884 (GS. S. 181) denselben gleichgestellten Städten auch der Gemeindevorstand,

in Stadtkreisen der Gemeindevorstand und der Vorsteher der königlichen Polizeibehörde.

(Abs. 2—4 betreffen das Verfahren des Vormundschaftsgerichts.)

§ 5. Bei Gefahr im Verzuge kann das Vormundschaftsgericht eine vorläufige Unterbringung des Minderjährigen anordnen. Die Polizeibehörde des Aufenthaltsorts hat in diesem Falle für die Unterbringung des Minderjährigen in einer Anstalt oder in einer geeigneten Familie zu sorgen.

(Abs. 2 u. 3 betreffen die Kosten der vorläufigen Unterbringung.)

§ 6. (Betrifft Wiederaufnahme des Verfahrens.)

§ 7. Soweit nicht in diesem Gesetz ein anderes bestimmt ist, finden auf das gerichtliche Verfahren die allgemeinen Vorschriften über die durch Landesgesetz den ordentlichen Gerichten übertragenen Angelegenheiten der freiwilligen Gerichtsbarkeit Anwendung.

§§ 8—12. (Betreffen Kosten des Verfahrens und die Ausführung der Fürsorgeerziehung.)

§ 13. Die Fürsorgeerziehung endigt mit der Minderjährigkeit.

Die frühere Aufhebung der Fürsorgeerziehung erfolgt durch Beschluß des Kommunalverbandes von Amts wegen oder auf Antrag der Eltern oder des gesetzlichen Vertreters des Minderjährigen, wenn der Zweck der Fürsorgeerziehung erreicht oder die Erreichung des Zweckes anderweit sichergestellt ist. Die Aufhebung kann unter Vorbehalt des Widerrufs beschlossen werden.

(Abs. 3 u. 4 betreffen Beschwerde und Erneuerung des abgewiesenen Antrags.)

§§ 14—20. (Betreffen Umfang der Verpflichtung der Kommunalverbände.)

§ 21. Wer, abgesehen von den Fällen der §§ 120, 235 des Strafgesetzbuchs, einen Minderjährigen, bezüglich dessen das gerichtliche Verfahren auf Unterbringung zur Fürsorgeerziehung eingeleitet[1] oder die Unterbringung zur Fürsorgeerziehung angeordnet ist,[2] dem Verfahren[3] oder der angeordneten Fürsorgeerziehung entzieht,[4] oder ihn verleitet, sich dem Verfahren oder der Fürsorgeerziehung zu entziehen, oder wer ihm hierzu vorsätzlich behilflich ist,[5] wird mit Gefängnis bis zu zwei Jahren und mit Geldstrafe bis zu Eintausend Mark oder mit einer dieser Strafen bestraft.

Der Versuch ist strafbar.

[1] Das Verfahren ist eingeleitet, sobald der Vormundschaftsrichter eine Verfügung in der Sache selbst trifft, also eine Verfügung, welche die Entscheidung über die Unterbringung vorbereiten und ihr zur Grundlage dienen soll. Geht das Vormundschaftsgericht nicht von Amts wegen, sondern nur auf Antrag vor, so ist das Verfahren erst eingeleitet, wenn nach Eingang des Antrags das Vormundschaftsgericht eine sachliche Verfügung trifft, nicht aber, wenn es vorher Verfügungen erläßt, die lediglich die Stellung eines Antrags auf Unterbringung herbeiführen sollen. Mit der gerichtlichen Anordnung der vorläufigen Unterbringung gemäß § 5 ist das Verfahren eingeleitet, ebenso durch sonstige sachliche Verfügungen, die den Beschluß des Gerichts auf Unterbringung als einen wenn auch nur eventuell gefaßten zur Voraussetzung haben und seine sachgemäße Durchführung sichern sollen, RG. GA. 49 S. 123, RGStraff. 38 S. 123, KG. DJZ. 08 S. 83.

[2] Auf die nach den Bestimmungen des Gesetzes vom 13. März 1878 in Zwangserziehung untergebrachten Personen findet die Strafvorschrift Anwendung, Jhrb. 23 C S. 67. Dagegen nicht auf die gemäß § 56 Abs. 2 StGB. verhängte Zwangserziehung, RG.-Straff. 38 S. 258.

[3] Den Beschluß auf vorläufige Unterbringung nach § 5 rechnet das Gesetz einschließlich der erforderlichen Maßnahmen der Polizeibehörde zum gerichtlichen Verfahren und gegen dieses richtet sich vor der Rechtskraft des Beschlusses auf Anordnung der Unterbringung zur Fürsorgeerziehung oder des diese Anordnung ablehnenden Beschlusses eine etwaige Entziehung, RGStraff. 41 S. 106.

[4] Der Begriff des Entziehens ist in demselben Sinne wie im § 235 StGB. gebraucht. Es entzieht einen Minderjährigen der Fürsorgeerziehung, wer vorsätzlich einen Zustand herbeiführt, der die Ausführung des Erziehungsrechts der betreffenden Anstalt

vereitelt. Da die Entziehung so lange dauert, als der Zustand fortwährt, vermöge dessen die tatsächliche Ausübung der Fürsorgeerziehung unmöglich ist, so umfaßt der Begriff „Entziehen" auch solche Handlungen, die darauf gerichtet und dafür ursächlich sind, daß die Entrückung des Zöglings aus der Anstalt oder Familie fortbestehen bleibt, Jhrb. 23 C S. 67; in der Aufnahme in die Wohnung und Gewährung von Unterhalt mit dem Bewußtsein, daß dadurch die tatsächliche Ausübung der Fürsorgeerziehung unmöglich gemacht werde, kann das Tatbestandsmoment des Entziehens gefunden werden, RGStraff. 37 S. 416. Eine Verletzung des § 21 ist auch in der Art möglich, daß, wenn durch ein vorausgegangenes Tun der dem Strafgesetze zuwiderlaufende Erfolg herbeigeführt ist, die Fortdauer des rechtswidrigen Zustandes vorsätzlich vom Täter durch Unterlassung aufrecht erhalten wird, obwohl er kraft einer Rechtspflicht zur Abwendung des Erfolges berufen und obwohl er dazu imstande ist. Ist durch eine dem Gesetz entsprechende behördliche Anordnung dem Kind ein Aufenthalt außerhalb des elterlichen Hauses angewiesen, verläßt das Kind denselben aber eigenmächtig, so erwächst wie dem Vater, so auch der Mutter die Pflicht, ihm die Aufnahme im Elternhause zu verweigern. Wenn auch bei einer Meinungsverschiedenheit der Eltern gemäß § 1634 BGB. die Meinung des Vaters vorgeht, so kann sich doch die Ehefrau neben dem Ehemann eines Vergehens gegen § 21 sowohl aus dem Gesichtspunkt der Mittäterschaft wie der Beihilfe schuldig machen, RG. GA. 55 S. 118. In der Weigerung der Mutter, welche ihr Kind nach der Entfernung aus der Anstalt anderwärts untergebracht hat, über seinen nunmehrigen Aufenthalt der zuständigen Behörde Auskunft zu geben, kann ein Entziehen erblickt werden, RGStraff. 37 S. 162. Über Strafbarkeit der unehelichen Mutter bei Unterlassung der Auskunftserteilung vgl. RG. DJZ. 09 S. 661. Von einer Entziehung oder vom Versuche der Entziehung kann aber nur dann gesprochen werden, wenn die Herbeiführung eines Zustandes von einer gewissen Dauer ins Auge gefaßt wird, RG.-Straff. 38 S. 123. Soweit eine Rechtspflicht zum Handeln nicht besteht, entzieht derjenige, welcher den ihm bekannten Aufenthalt eines der Fürsorgeerziehung Überwiesenen dem Beamten verschweigt, dadurch allein noch nicht den Zögling der Fürsorgeerziehung, Jhrb. 26 C S. 60.

Die Tat ist auch dann strafbar, wenn der Beschluß auf Überweisung zur Fürsorgeerziehung noch nicht rechtskräftig geworden ist, KG. Recht 07 S. 204. Die irrige Meinung, die Rechtskraft des Beschlusses über vorläufige Unterbringung sei vor Ausführung nötig, ist als Irrtum über Bestimmungen des Strafgesetzes einflußlos, RG. GA. 49 S. 123, ebenso Irrtum über die Gültigkeit des die Fürsorge anordnenden Beschlusses, RGStrafs. 41 S. 354.

Über Rechtfertigung der Entziehung durch Notstand vgl. RG.-Strafs. 41 S. 214.

[5] Jede vorsätzliche positive Tätigkeit, welche darauf abzielt, die Vereitelung der Fürsorgeerziehung zu fördern, kann ein vorsätzliches Behilflichsein darstellen, RG. JW. 03 S. 359. Die Strafbarkeit hängt nicht davon ab, ob die Hilfeleistung eine Förderung des beabsichtigten Erfolges tatsächlich herbeigeführt hat; es genügt, daß eine Förderung oder Erleichterung der begangenen Haupttat bezweckt und die deshalb vorgenommene Tätigkeit hierzu für dienlich gehalten wird, mag auch die geleistete Hilfe für die Vollendung der Haupttat nicht wesentlich notwendig sein, RG. Recht 09 S. 453. Solange der Minderjährige, der sich der Fürsorgeerziehung entzogen hat, diesen gesetzwidrigen Zustand aufrechterhält, so lange kann ihm hierzu noch Beihilfe geleistet werden, RG. DJZ. 05 S. 1124, Jhrb. 31 C S. 54, RG. Recht 08 Rsprbeil. Nr. 229, 1910 Rsprbeil. Nr. 3298.

§ 22. Der Minister des Innern ist mit der Ausführung dieses Gesetzes beauftragt.

§ 23. Dieses Gesetz tritt mit dem 1. April 1901 in Kraft.

Mit dem gleichen Zeitpunkte wird das Gesetz vom 13. März 1878, betr. die Unterbringung verwahrloster Kinder, aufgehoben.

(Abs. 3 enthält eine Übergangsbestimmung.)

24. Gesetz über die Landestrauer.

Vom 14. April 1903 (GS. S. 115).

Vorbemerkung: Das Gesetz gilt für den Umfang der Monarchie.

Bei dem Ableben des Königs, der Königin und einer verwitweten Königin von Preußen findet eine Landestrauer nach folgenden Bestimmungen statt:

§ 1. Die Glocken der Kirchen werden Mittags von 12—1 Uhr 14 Tage lang geläutet.

§ 2. Öffentliche Musik[1] sowie öffentliche Lustbarkeiten und Schauspielvorstellungen sind vier Tage lang vom Sterbetag (einschließlich) ab und am Tage der Beisetzung einzustellen.

[1] Über den Begriff „öffentliche Musik" vgl. Jhrb. 24 C S. 115.

§ 3. Wer den Bestimmungen dieses Gesetzes zuwiderhandelt,[1] wird mit Geldstrafe[2] von 15—150 Mark bestraft.

[1] Im Falle der Veranstaltung öffentlicher Musik sind Musiker und Unternehmer strafbar, Jhrb. 24 C S. 115.

[2] Umwandlung in Haft, § 28 StGB.

§ 4. Dieses Gesetz tritt mit dem Tage der Verkündigung in Kraft.

Die Allerhöchste Kabinetsorder vom 28. November 1845, betr. das Trauerreglement vom 7. Oktober 1797, und die bisher in Kraft gebliebenen Vorschriften des letzteren werden aufgehoben.

25. Gesetz, betr. das Spiel in außerpreußischen Lotterien.

Vom 29. August 1904 (GS. S. 255).

Vorbemerkung: Das Gesetz gilt für den Umfang der Monarchie. Ebenso wie das frühere Gesetz vom 29. Juli 1885, an dessen Stelle es getreten ist, wird es weder durch § 286 StGB. in seiner Geltung beeinträchtigt, RGStraff. 1 S. 219 und 274, 33 S. 124, KG. GA. 41 S. 76, noch durch § 763 BGB., der lediglich von der zivilrechtlichen Wirksamkeit des Lotterievertrags handelt, RGStraff. 33 S. 196 und 335, 36 S. 260, Jhrb. 20 C S. 95, 21 C S. 51, OVG. 40 S. 303, GA. 49 S. 298.

§ 1. Wer in außerpreußischen Lotterien,[1] die nicht im Königreiche Preußen zugelassen sind,[2] spielt,[3] wird mit Geldstrafe bis zu 600 Mark oder im Nichtbeitreibungsfalle mit Haft[4] bestraft.[5]

[1] Über den Begriff der Lotterie vgl. RGStraff. 11 S. 211, 36 S. 123, Jhrb. 13 S. 395.

[2] Die Zulassung einer Lotterie auch nur für einen Teil der preußischen Monarchie oder mit einer beschränkten Anzahl von Losen schließt die Anwendung des Gesetzes aus, KG. Jhrb. 40 C S. 460 und 463; vgl. auch Ges. v. 19. Juli 1911 (abgedruckt unter Nr. 30) § 7.

[3] Auch ein Nichtpreuße kann sich auf Grund dieser Bestimmung strafbar machen, sofern er in Preußen spielt, RGStraff. 1 S. 219. Als Spielen ist auch die briefliche Bestellung von Losen anzusehen, RGRchtspr. 6 S. 183. Die Tätigkeit des Spielens dauert nach dem Erwerbe des Loses fort, bis die Ziehung beendet ist oder der Täter die Verfügungsgewalt über das Los verliert, Jhrb. 8 S. 240, OTr. GA. 10 S. 430. Ein Preuße, der während seines

Aufenthalts im Auslande in einer dort gestatteten Lotterie spielt, ist nach § 4 StGB. straflos.

[4] Die Umwandlung in Gefängnis ist ausgeschlossen; Höchstbetrag der Haft sind 6 Wochen, vgl. § 29 StGB.

[5] Ein die Strafbarkeit ausschließender tatsächlicher Irrtum kann nicht schon auf Grund der Nichtkenntnis, daß die an die Zulassung gebundene Ausnahme von der Strafbarkeit nicht vorliege, sondern nur auf Grund des positiven Glaubens angenommen werden, daß die Zulassung erteilt sei, RGStraff. 11 S. 108, 28 S. 418. Ob der irrige Glaube auf Fahrlässigkeit beruht, ist unerheblich, denn ein fahrlässiges Zuwiderhandeln ist nicht mit Strafe bedroht, RGStraff. 4 S. 251.

§ 2. Wer sich dem Verkauf oder der sonstigen Veräußerung[1] eines Loses, eines Losabschnitts oder eines Anteils an einem Lose oder Losabschnitte der im § 1 bezeichneten Lotterien unterzieht,[2] insbesondere auch, wer ein Los, einen Losabschnitt oder einen Losanteil dieser Art zum Erwerb anbietet oder zur Veräußerung bereit hält, wird mit Geldstrafe bis zu 1000 Mark[3] bestraft. Die gleiche Strafe trifft denjenigen, welcher bei einem solchen Geschäft oder einer solchen Handlung als Mittelsperson[4] mitwirkt.[5]

Ist die Zuwiderhandlung durch eine Person begangen, welche Losehandel gewerbsmäßig[6] betreibt, oder bei ihm gewerbsmäßig Hilfe leistet, oder ist sie durch öffentliches[7] Auslegen, Ausstellen oder Aushängen oder durch Versenden eines Loses, eines Losabschnitts, eines Bezugsscheins, eines Anteilscheins, eines Angebots, einer Anzeige oder eines Lotterieplans oder durch Einrücken[8] eines Angebots, einer Anzeige oder eines Lotterieplans in eine in Preußen erscheinende Zeitung erfolgt, so tritt Geldstrafe von 100 bis zu 1500 Mark[3] ein.

Jede einzelne Verkaufs- oder Vertriebshandlung,

namentlich jedes einzelne Anbieten, Bereithalten, Auslegen, Ausstellen, Aushängen, Versenden eines Loses, eines Losabschnitts, eines Bezugsscheins, eines Anteilscheins, eines Angebots, einer Anzeige oder eines Lotterieplans wird als besonderes selbständiges Vergehen bestraft, auch wenn die einzelnen Handlungen zusammenhängen und auf einen einheitlichen Vorsatz des Täters oder Teilnehmers zurückzuführen sind.[2]

[1] Voraussetzung bleibt wie im bisherigen Recht, daß der Täter das Eigentum an dem Lose, Losabschnitte oder Losanteile hat übertragen wollen; dadurch unterscheidet sich der Tatbestand des § 2 von dem des § 286 StGB., bei dem Voraussetzung ist, daß der Täter nicht das Eigentum an den aliquoten Teilen des Originalloses an die Anteilnehmer hat übertragen wollen, vgl. KG. GA. 44 S. 168. Der durch § 286 StGB. bedrohte Tatbestand kann nicht auch gleichzeitig unter das preußische Gesetz fallen. Ein einheitliches Zusammentreffen einer unter § 286 StGB. fallenden Tat mit dem von § 2 bedrohten Tatbestand kann auch nicht dadurch herbeigeführt werden, daß der Veranstalter einer Lotterie sein Unternehmen an den Plan einer bereits bestehenden Lotterie anschließt, § 2 trifft den Zwischenhändler, § 286 StGB. den Unternehmer, KG. DJZ. 08 S. 82, Jhrb. 36 C S. 63.

[2] Dem Verkauf unterzieht sich nicht nur der, welcher einen Verkauf wirklich abschließt, sondern auch der, welcher Lose zum Verkauf anbietet, RGStraff. 5 S. 375, JW. 04 S. 591.

Im Sinne des Strafgesetzes handelt der Täter an dem Orte, an dem die von ihm erzielte Wirksamkeit mit seinem Willen in die Erscheinung tritt, indem er für seine strafbare Handlung Kräfte in Bewegung setzt oder benutzt, durch welche das von ihm erstrebte Ziel dort erreicht wird. Es ist deshalb der Gerichtsstand der begangenen Tat in Preußen begründet, wenn die Aufforderung zum Kauf von Losen brieflich nach Preußen versendet oder einem in Preußen sich aufhaltenden Käufer ein Los zugesandt wird, mag auch der zivilrechtliche Erfüllungsort außerhalb Preußens liegen,

RGStraff. 1 S. 274, Rchtspr. 5 S. 704, 6 S. 183, KG. GA. 41 S. 76, vgl. auch Jhrb. 16 S. 477, 18 S. 347. Strafbar ist auch eine in Preußen wohnhafte Person, die von ihrem Wohnorte aus durch Aufgabe von Spielaufforderungen und Losangeboten zur Post den Verkauf von Losen einer außerpreußischen Lotterie an Ausländer im Auslande vermittelt; der Irrtum, daß eine Versendung an Ausländer erlaubt sei, schützt den Angeklagten nicht, KG DJZ. 04, S. 701, Recht 09 S. 783.

[3] Umwandlung in Gefängnis oder Haft gemäß §§ 28, 29 StGB.

[4] Über den Begriff der Mittelsperson vgl. RGStraff. 5 S. 375. Die Strafvorschrift trifft namentlich die Verbreiter von Druckschriften, in denen Lose außerpreußischer Lotterien zum Erwerb angeboten werden. Trotz des § 7 Abs. 2 StPO. ist, wenn in einer außerhalb Preußens erschienenen in Preußen verbreiteten Druckschrift verbotene Lose offeriert werden, der Gerichtsstand der begangenen Tat in Preußen begründet, denn die Beschränkung des Gerichtsstandes nach § 7 Abs. 2 StPO. greift nur unter der Voraussetzung Platz, daß die Handlung auch am Orte des Erscheinens mit Strafe bedroht ist, RGStraff. 36 S. 257 und 270, 37 S. 19. Der Umstand, daß durch Erzeugnisse der Presse Losofferten gemacht sind, ist noch kein Grund, das Vergehen als ein durch Verbreitung von Druckschriften strafbaren Inhalts begangenes Delikt anzusehen und darauf die sechsmonatige Verjährungsfrist für Preßdelikte anzuwenden, RG. JW. 04 S. 589.

[5] Die Verurteilung kann nur auf eine vorsätzliche Handlungsweise gegründet werden. Sie erfordert den Nachweis einer besonderen Betätigung des als Mittelsperson Mitwirkenden; darauf allein, daß jemand als verantwortlicher Redakteur die in Betracht kommende Zeitungsnummer gezeichnet hat (§ 20 Abs. 2 d. Preßges.) kann die Verurteilung nicht gegründet werden, KG. DJZ. 09 S. 829; vgl. aber auch A. 8. Über den guten Glauben des Täters vgl. § 1 Anm. 4. Wenn dieselbe Handlung mehrere in verschiedenen Bundesstaaten begangene Ausführungshandlungen umfaßt, so schließt die Aburteilung wegen des Vergehens gegen das Landesstrafrecht in dem einen Staate die spätere Verfolgung der Vergehen gegen die Verbotsgesetze der übrigen Staaten nicht aus, RGStraff. 29

S. 156, 31 S. 75 RG. GA. 45 S. 268, Jhrb. 17 S. 474, 36 C S. 100. Dies gilt auch für die Länder der preußischen Lotteriegemeinschaft, RG. GA. 57 S. 215.

[6] Gewerbsmäßig betreibt den Loshandel, wer aus dem fortgesetzten Handel eine Erwerbsquelle zu machen sucht; zur Annahme der Gewerbsmäßigkeit kann schon eine Einzelhandlung genügen, eine Mehrheit von Fällen ist nicht unbedingt erforderlich, RG.-Strafs. 12 S. 388, 27 S. 138. Das Erfordernis der Gewerbsmäßigkeit ist nicht dahin zu verstehen, daß gerade aus dem Handel mit Losen nicht zugelassener Lotterien ein besonderes Gewerbe gemacht wird.

[7] Über den Begriff der Öffentlichkeit vgl. KG. GA. 38 S. 466.

[8] Es ist also sowohl der Redakteur einer in Preußen erscheinenden Zeitung, in der zum Ankauf von Losen aufgefordert wird, wie der Redakteur, welcher eine außerhalb Preußens erscheinende, eine solche Aufforderung enthaltende Druckschrift als Beilage einer in Preußen erscheinenden Zeitung verbreitet, nach Abs. 2 strafbar. Irrig ist die Ansicht, daß ein Redakteur auf Grund des Lotteriegesetzes nur nach § 6 bestraft werden könnte; bei Einrückung einer nach § 2 Abs. 2 verbotenen Anzeige wird die Strafbarkeit durch den Inhalt der Druckschrift begründet und der Redakteur haftet nach Maßgabe des § 20 Abs. 2 d. Preßges., KG. Recht 09 S. 488.

[9] Diese Bestimmung enthält eine Ausnahme von den allgemeinen Vorschriften des StGB., insofern als der Begriff der fortgesetzten Zuwiderhandlung, wonach eine Mehrheit getrennter Taten rechtlich doch nur als ein einziger Straffall angesehen wird, ausgeschaltet werden soll. Dagegen soll nicht die im natürlichen Sinne einheitliche, auf einen Zeitpunkt konzentrierte Handlung, mag sie auch aus mehreren körperlichen Tätigkeiten bestehen, etwa mit Rücksicht auf die Mehrheit der hierbei vertriebenen Lose, künstlich in eine Mehrheit von Handlungen zerlegt werden; es ist deshalb nicht rechtsirrtümlich, die gleichzeitige Versendung mehrerer Lose usw. als eine Vertriebshandlung und somit als ein

Vergehen anzusehen, Jhrb. 36 C S. 100, KG. Recht 09 S. 783 (abweichend RG. GA. 57 S. 215).

Die Gültigkeit der Vorschrift gegenüber dem Reichsrecht unterliegt keinem Bedenken, RGStrafſ. 39 S. 1, KG. DJZ. 06 S. 1097. Sie verschafft die Möglichkeit, den Beschuldigten auch nach rechtskräftiger Verurteilung für vorher begangene, bei der Urteilsfällung noch nicht berücksichtigte Zuwiderhandlungen zur Strafe zu ziehen, RGStrafſ. 39 S. 1.

§ 3. Wer, nachdem er wegen eines der im § 2 bezeichneten[1] Vergehen rechtskräftig verurteilt[2] worden ist, abermals eine dieser Handlungen begeht, wird in den Fällen des § 2 Abs. 1 mit Geldstrafe von 100 bis zu 1500 Mark, in den Fällen des § 2 Abs. 2 mit Geldstrafe von 200 bis zu 2000 Mark[3] bestraft.

[1] Darüber, ob die unter der Herrschaft des früheren Gesetzes vom 29. Juli 1885 erfolgten Verurteilungen gleichfalls für den Rückfall in Betracht kommen, besteht Meinungsverschiedenheit zwischen dem Reichs- und Kammergericht; das erstere Gericht bejaht die Frage, RGStrafſ. 39 S. 401, GA. 57 S. 215, das letztere verneint sie (Jhrb. 30 C S. 50, 35 C S. 53) mit Rücksicht auf die Fassung des § 3 mit Recht.

[2] Auf die Verbüßung der Strafe kommt es nicht an, vgl. § 5.

[3] Umwandlung in Gefängnis oder Haft gemäß §§ 28, 29 StGB.

§ 4. Jeder fernere Rückfall nach vorausgegangener rechtskräftiger Verurteilung[1] im ersten Rückfalle zieht Geldstrafe von 300 bis zu 3000 Mark[2] nach sich.

[1] Vgl. § 3 Anm. 2. Zur Feststellung des zweiten Rückfalls ist erforderlich: Verurteilung wegen eines der im § 2 bezeichneten Vergehen, abermalige Verurteilung wegen eines nach Rechtskraft des ersten Urteils, aber vor Ablauf von 3 Jahren seit Zahlung oder Erlaß der Geldstrafe oder Verbüßung der Freiheitsstrafe verübten Vergehens gegen § 2 und eine dritte Tat nach Rechtskraft des zweiten Urteils und vor Ablauf von 3 Jahren seit Zahlung, Erlaß oder Verbüßung der durch dieses Urteil erkannten Strafe.

Belanglos ist, ob zur Zeit der zweiten Verurteilung dem Gerichte die erste bekannt gewesen und von ihm als Strafschärfungsgrund gewürdigt ist oder nicht, RG. GA. 57 S. 215.

[3] Umwandlung in Gefängnis oder Haft gemäß §§ 28, 29 StGB.

§ 5. Die Bestimmungen der §§ 3 und 4 finden Anwendung, auch wenn die früheren Geldstrafen noch nicht oder nur teilweise gezahlt oder ganz oder teilweise erlassen sind; sie bleiben jedoch ausgeschlossen, wenn seit der Zahlung oder dem Erlasse der letzten Geldstrafe oder der Verbüßung der an ihre Stelle getretenen Freiheitsstrafe bis zur Begehung der neuen Zuwiderhandlung drei Jahre verflossen sind.

§ 6.[1] Wer Gewinnergebnisse[2] der im § 1 bezeichneten Lotterien in einer in Preußen erscheinenden Zeitung[3] veröffentlicht oder durch öffentliches Auslegen, Ausstellen oder Aushängen bekannt gibt, wird mit Geldstrafe bis zu 50 Mark[4] bestraft. Gehört der Täter oder Teilnehmer zu den im § 2 Abs. 2 bezeichneten Personen, so tritt Geldstrafe von 100 bis zu 600[5] Mark ein.

[1] Die Bestimmung des Paragraphen sieht eine Beschränkung allgemeiner Natur vor, die jeden Gedankenausdruck trifft; eine nach § 1 Preßges. unzulässige Beschränkung der Presse kommt deshalb nicht in Frage, Jhrb. 32 C S. 57.

[2] Es genügt schon die Veröffentlichung eines einzelnen Gewinns; ob die Veröffentlichung Förderung des Spieltriebs hinsichtlich der nicht zugelassenen Lotterie oder nur Mitteilung einer das Publikum interessierenden Tatsache bezweckt, ist für die Schuldfrage unerheblich, KG. DJZ. 06 S. 372, Jhrb. 32 C S. 57.

[3] Unter Zeitungen sind Druckschriften zu verstehen, welche über Zeitereignisse Mitteilungen machen; Zeitung ist der weitere Begriff und umfaßt den engeren „Zeitschrift", Jhrb. 32 C S. 57.

[4] Umwandlung in Haft gemäß §§ 28, 29 StGB.

[5] Umwandlung in Gefängnis oder Haft gemäß §§ 28, 29 StGB.

§ 7. Den außerpreußischen Lotterien sind alle außerhalb Preußens veranstalteten Ausspielungen[1] beweglicher oder unbeweglicher Gegenstände gleich zu achten.

[1] Über Ausspielungen vgl. RGStrafſ. 10 S. 245 und 398.

§ 8. Dieses Gesetz tritt vier Wochen nach der Veröffentlichung im ganzen Umfange der Monarchie in Kraft.[1] Gleichzeitig wird mit diesem Tage das Gesetz, betreffend das Spiel in außerpreußischen Lotterien, vom 29. Juli 1885 (GS. S. 317) außer Kraft gesetzt.

[1] Die das Gesetz enthaltende Nr. 34 der Gesetz-Sammlung ist am 26. September 1904 in Berlin ausgegeben, somit das Gesetz am 25. Oktober 1904 in Kraft getreten.

26. Gesetz zur Verhütung von Hochwassergefahren.

Vom 16. August 1905 (GS. S. 342).

Vorbemerkung: Über dem Geltungsbereich des Ges. vgl. § 13.

§ 1. Für die bei Hochwasser gefahrbringenden Wasserläufe wird das nicht hochwasserfrei eingedeichte Überschwemmungsgebiet, welches den Bestimmungen dieses Gesetzes unterliegen soll, festgestellt.

In diesem Gebiete dürfen nicht ohne Genehmigung

1. Erhöhungen der Erdoberfläche und über die Erdoberfläche hinausragende Anlagen (Deiche, Dämme, Gebäude, Mauern und sonstige bauliche Anlagen, Feldziegeleien, Einfriedigungen, Baum- und Strauchpflanzungen und ähnliche Anlagen) neu ausgeführt, erweitert, verlegt,
2. Deiche, deichähnliche Erhöhungen und Dämme ganz oder teilweise beseitigt werden.

Schutzmaßregeln, die in Notfällen für die Dauer der Gefahr getroffen werden, bedürfen keiner Genehmigung im Sinne dieses Gesetzes.

§ 2. Der Oberpräsident hat ein Verzeichnis derjenigen Wasserläufe aufzustellen, auf welche der § 1 Anwendung finden soll, unter gesonderter Aufführung der schiffbaren und der besonders hochwassergefährlichen sowie der sonstigen Wasserläufe.

In dem Verzeichnis ist für jeden Wasserlauf Bestimmung zu treffen, ob die Vorschrift des § 1 für die ganze Breite des Überschwemmungsgebiets und für den Wasserlauf in seiner ganzen Länge oder nur für Teile des Überschwemmungsgebiets oder des Wasserlaufs Anwendung finden soll. Zugleich kann Bestimmung getroffen werden, für welche Unternehmungen die Vorschriften des § 1 Anwendung finden.

Das Verzeichnis wird für jeden Wasserlauf, erforderlichenfalls unter Beifügung von Lageplänen, öffentlich ausgelegt. Die Auslegung ist durch die Kreisblätter und in ortsüblicher Weise bekannt zu machen. In der Bekanntmachung ist anzugeben, bei welcher Stelle innerhalb einer auf mindestens sechs Wochen nach der Bekanntmachung in den Kreisblättern zu bemessenden Frist Einwendungen gegen den Plan erhoben werden können.

Nach Erörterung der rechtzeitig erhobenen Einwendungen mit den Beteiligten beschließt der Provinzialrat. Gegen dessen Beschluß ist innerhalb zwei Wochen die Beschwerde an den Minister für Landwirtschaft, Domänen und Forsten zulässig. Die Beschwerde steht auch dem Oberpräsidenten zu.

Nach Erledigung der Einwendungen oder fruchtlosem Ablauf der dafür gegebenen Frist erfolgt die endgültige Feststellung des Verzeichnisses für jeden Wasserlauf durch den Oberpräsidenten. Die Feststellung ist durch die Amtsblätter zu veröffentlichen.

Abänderungen des Verzeichnisses erfolgen in demselben Verfahren.

In den Hohenzollernschen Landen tritt an die Stelle des Oberpräsidenten der Regierungspräsident, an die Stelle des Provinzialrats der Bezirksausschuß.

§ 3. (Betrifft das Verfahren der Genehmigungsbehörde.)

§ 4. (Betrifft Versagung und Beschränkung der Genehmigung.)

§ 5. Anordnungen, welche erforderlich sind, um die

Durchführung der im § 1 gegebenen Vorschriften zu sichern, trifft bei schiffbaren und besonders hochwassergefährlichen Wasserläufen der Regierungspräsident, bei anderen Wasserläufen der Landrat, in Stadtkreisen die Ortspolizeibehörde.

§ 6. (Betrifft Beschwerde.)

§ 7. Der Regierungspräsident kann durch einen mit Zustimmung des Bezirksausschusses gefaßten Beschluß für alle oder auch für einzelne Wasserläufe des Regierungsbezirkes (§ 2) diejenigen Unternehmungen bezeichnen, bei denen wegen ihrer unerheblichen Einwirkung auf den Hochwasserabfluß von dem Erfordernis einer Genehmigung entweder für das ganze Überschwemmungsgebiet oder für Teile abgesehen werden soll. Der Beschluß ist in ortsüblicher Weise, erforderlichenfalls unter Auslegung von Lageplänen, bekannt zu machen.

Der Beschluß kann durch den Minister für Landwirtschaft, Domänen und Forsten abgeändert oder außer Kraft gesetzt werden. Im übrigen ist der Beschluß endgültig.

§ 8. Das Einbringen von Schlamm, Sand, Erde, Schlacken, Steinen, Holz und anderen Stoffen, die die Vorflut zu erschweren geeignet lind, in die Wasserläufe (§ 2) ist verboten, sofern es nicht von der Wasserpolizeibehörde, bei schiffbaren Wasserläufen von der Strombauverwaltungsbehörde, zugelassen wird.

Im übrigen verbleibt es bei den bestehenden Bestimmungen.

§ 9. Der Regierungspräsident und, wenn es sich um Anordnungen handelt, welche die Grenzen eines Regierungsbezirkes überschreiten, der Oberpräsident, kann nach Maßgabe der §§ 137, 139, 140 des Gesetzes über die allgemeine Landesverwaltung vom 30. Juli 1883 (Gesetz-Samml. S. 195) auch für einzelne Kreise und Teile von Kreisen zur Verhütung von Hochwassergefahr Polizeiverordnungen erlassen, wonach

A. von der Genehmigung des Landrats, in Stadtkreisen der Ortspolizeibehörde, abhängig gemacht werden:

1. Vertiefungen der Erdoberfläche im Hochwasserabflußgebiete der Wasserläufe sowie die Entnahme von Lehm, Kies, Steinen und anderen Stoffen aus dem Bette und den Ufergrundstücken nicht schiffbarer Wasserläufe;
2. das Bepflanzen solcher hochwasserfreien Ufergrundstücke, welche der Unterspülung ausgesetzt sind, mit Bäumen und Sträuchern;

B. der Landrat, in Stadtkreisen die Ortspolizeibehörde, befugt ist, zu verbieten:

1. das Lagern von Schlamm, Sand, Erde, Schlacken, Steinen, Holz und anderen Stoffen, welche die Vorflut zu erschweren geeignet sind, im Hochwasserabflußgebiete der Wasserläufe;
2. die Bodenlockerung auf Grundstücken, die im Stromstriche des Hochwassers liegen, sowie auf Ufergrundstücken nicht schiffbarer Wasserläufe durch Beackerung, Rodung, Plaggenhieb, Beweidung und dergleichen;
3. bei nicht schiffbaren Wasserläufen die Benutzung der Ufer zum Aufziehen oder Abrollen von Holz oder anderen Gegenständen sowie zum Viehtränken;

C. auf Anordnung des Landrats, in Stadtkreisen der Ortspolizeibehörde, die Grundstücksbesitzer ohne Anspruch auf Entschädigung verpflichtet sind, im Hochwasserabflußgebiet eines Wasserlaufs wildwachsende Bäume und Sträucher und außerhalb des Hochwasserabflußgebiets solche Bäume und Sträucher, die der Gefahr ausgesetzt sind, in den Wasserlauf abzufallen oder durch das Wasser entwurzelt zu werden, nach ihrer Wahl entweder selbst zu beseitigen oder sich die Beseitigung gefallen zu lassen.

In den Fällen A. 2 und B. 2 sind die betreffenden Grundflächen in der zu erlassenden Polizeiverordnung zu bezeichnen.

In der Provinz Hannover hat der Landrat, in Stadtkreisen die Ortspolizeibehörde, die nach den Bestimmungen unter A, B und C erforderlichen Entscheidungen in Gemeinschaft mit dem Wasserbauinspektor zu treffen. Den Stadtkreisen stehen gleich die im § 27 Abs. 1 der Kreisordnung für die Provinz Hannover vom 6. Mai 1884 (Gesetz-Samml. S. 181) bezeichneten Städte, soweit sie nicht in Abs. 2 ausgenommen sind.

Vor Erlaß der Polizeiverordnungen soll der Entwurf in den betreffenden Gemeinden und Gutsbezirken sechs Wochen lang zur Einsicht ausgelegt werden.

§ 10. Mit Geldstrafe bis zu dreihundert Mark, im Unvermögensfalle mit Haft, wird, sofern nicht nach anderweiten strafgesetzlichen Bestimmungen härtere Strafen verwirkt sind, bestraft, wer eine Erhöhung der Erdoberfläche oder eine Anlage, zu deren Ausführung, Veränderung oder Beseitigung nach den Vorschriften dieses Gesetzes eine Genehmigung erforderlich ist, ohne solche Genehmigung ausführt, verändert oder beseitigt oder die in der Genehmigung festgesetzten Bedingungen nicht innehält.

§ 11. Mit Geldstrafe bis zu einhundertfünfzig Mark, im Unvermögensfalle mit Haft bis zu vier Wochen, wird, sofern nicht nach anderweiten strafgesetzlichen Bestimmungen härtere Strafen verwirkt sind, bestraft, wer dem Verbote des § 8 Abs. 1 oder den auf Grund dieses Gesetzes von dem Regierungspräsidenten oder dem Oberpräsidenten erlassenen Polizeiverordnungen oder einem auf Grund einer solchen Verordnung erlassenen Verbote zuwiderhandelt.

§ 12. Die auf die Aufstellung der Verzeichnisse (§ 2) bezüglichen Bestimmungen und die Vorschriften des § 9 treten sofort in Kraft. Im übrigen erlangt das Gesetz für jedes Überschwemmungsgebiet mit dem Beginne des elften Tages nach der Ausgabe des Amtsblatts, in dem die Feststellung des Verzeichnisses bekannt gemacht ist, Geltung.

Bis zu diesem Zeitpunkte bleiben die für die Freihaltung der Überschwemmungsgebiete bestehenden gesetzlichen Vorschriften mit der Maßgabe in Kraft, daß die Bestimmung des § 1 des Gesetzes über das Deichwesen vom 28. Januar 1848 (Gesetz-Samml. S. 54) auch auf die Errichtung von Gebäuden Anwendung findet.

Der Abschluß der Verzeichnisse der Wasserläufe (§ 2) in jeder Provinz wird durch den Oberpräsidenten bekannt gemacht.

Mit diesem Zeitpunkte treten auch für diejenigen Wasserläufe, welche nicht in das Verzeichnis des § 2 Abs. 1 aufgenommen worden sind, die von diesem Gesetz abweichenden Bestimmungen bestehender Gesetze, insbesondere die Bestimmungen des § 1 des Gesetzes über das Deichwesen vom 28. Januar 1848 (Gesetz-Samml. S. 54), außer Kraft.

§ 13. Die Vorschriften dieses Gesetzes finden keine Anwendung

1. auf die Herzogtümer Bremen und Verden, soweit die Deichordnung vom 29. Juli 1743 Anwendung findet;
2. auf das Land Hadeln;
3. auf das Fürstentum Ostfriesland;
4. auf den zum Herzogtum Arenberg-Meppen gehörenden Bezirk der Stadt Papenburg;
5. auf die Schleswig-Holsteinschen Marschdistrikte, insoweit das Patent vom 29. Januar 1800 und das allgemeine Deichreglement vom 6. April 1803 Platz greifen.

27. Gesetz, betr. die Bekämpfung übertragbarer Krankheiten.

Vom 28. August 1905 (GS. S. 373).

Vorbemerkung: Das Gesetz gilt für den Umfang der Monarchie.

Erster Abschnitt.

Anzeigepflicht.

§ 1. Außer den in dem § 1 des Reichsgesetzes, betreffend die Bekämpfung gemeingefährlicher Krankheiten, vom 30. Juni 1900 (Reichs-Gesetzbl. S. 306 ff.) aufgeführten Fällen der Anzeigepflicht — bei Aussatz (Lepra), Cholera (asiatischer), Fleckfieber (Flecktyphus), Gelbfieber, Pest (orientalischer Beulenpest), Pocken (Blattern) — ist jede Erkrankung und jeder Todesfall an:

Diphtherie (Rachenbräune),
Genickstarre, übertragbarer,
Kindbettfieber, (Wochenbett-, Puerperalfieber),
Körnerkrankheit (Granulose, Trachom),
Rückfallfieber (Febris recurrens),
Ruhr, übertragbarer (Dysenterie),
Scharlach, (Scharlachfieber),
Typhus (Unterleibstyphus),
Milzbrand,
Rotz,
Tollwut (Lyssa), sowie Bißverletzungen durch tolle oder der Tollwut verdächtige Tiere,
Fleisch-, Fisch- und Wurstvergiftung,
Trichinose

der für den Aufenthaltsort des Erkrankten oder den Sterbeort zuständigen Polizeibehörde innerhalb vierundzwanzig Stunden nach erlangter Kenntnis anzuzeigen.[1]

Wechselt der Erkrankte die Wohnung oder den Aufenthaltsort, so ist dies innerhalb vierundzwanzig Stunden nach erlangter Kenntnis bei der Polizeibehörde, bei einem Wechsel des Aufenthaltsorts auch bei derjenigen des neuen Aufenthaltsorts, zur Anzeige zu bringen.

In Gemäßheit der Bestimmung des Abs. 1 ist auch jeder Todesfall an Lungen- und Kehlkopftuberkulose anzuzeigen.

[1] Die Anzeigepflicht tritt nur ein, wenn der Anzeigepflichtige die volle Überzeugung erlangt hat, daß es sich um eine der im § 1 aufgeführten Krankheiten handelt; bloßer Verdacht ist nicht ausreichend, KG. Recht 1910 S. 452.

§ 2. Zur Anzeige sind verpflichtet:

1. der zugezogene Arzt,
2. der Haushaltungsvorstand,
3. jede sonst mit der Behandlung oder Pflege des Erkrankten beschäftigte Person,[1]
4. derjenige, in dessen Wohnung oder Behausung der Erkrankungs- oder Todesfall sich ereignet hat,
5. der Leichenschauer.

Die Verpflichtung der unter Nr. 2 bis 5 genannten Personen tritt nur dann ein, wenn ein früher genannter Verpflichteter nicht vorhanden ist.[2]

[1] Nach den Ausf.-Best. vom 15. September 1906 sind hierunter nur solche Personen zu verstehen, welche die Behandlung oder Pflege Erkrankter berufsmäßig ausüben.

[2] Strafbestimmung § 35 Nr. 1.

§ 3. Für Krankheits- und Todesfälle, welche sich in öffentlichen Kranken-, Entbindungs-, Pflege-, Gefangenen-

und ähnlichen Anstalten ereignen, ist der Vorsteher der Anstalt oder die von der zuständigen Stelle damit beauftragte Person ausschließlich zur Erstattung der Anzeige verpflichtet.

Auf Schiffen oder Flößen gilt als der zur Erstattung der Anzeige verpflichtete Haushaltungsvorstand der Schiffer oder Floßführer oder deren Stellvertrter.

Der Minister der Medizinalangelegenheiten ist ermächtigt, im Einvernehmen mit dem Minister für Handel und Gewerbe Bestimmungen darüber zu erlassen, an wen bei Krankheits- und Todesfällen, welche auf Schiffen oder Flößen vorkommen, die Anzeige zu erstatten ist.

§ 4. Die Anzeige kann mündlich oder schriftlich erstattet werden. Mit Aufgabe zur Post gilt die schriftliche Anzeige als erstattet. Die Polizeibehörden haben auf Verlangen Meldekarten für schriftliche Anzeigen unentgeltlich zu verabfolgen.

§ 5. Das Staatsministerium ist ermächtigt, die in den §§ 1 bis 4 des gegenwärtigen Gesetzes enthaltenen Bestimmungen über die Anzeigepflicht für einzelne Teile oder den ganzen Umfang der Monarchie auch auf andere übertragbare Krankheiten vorübergehend auszudehnen, wenn und solange dieselben in epidemischer Verbreitung auftreten.

Zweiter Abschnitt.

Ermittelung der Krankheit.

§ 6. Auf Erkrankungen, Verdacht der Erkrankungen und Todesfälle an

Kindbettfieber,

Typhus (Unterleibstyphus),

sowie auf Erkrankungen und Todesfälle an
Genickstarre, übertragbarer,
Rückfallfieber,
Ruhr, übertragbarer,
Milzbrand,
Rotz,
Tollwut, Bißverletzungen durch tolle oder der Tollwut verdächtige Tiere,
Fleisch-, Fisch- und Wurstvergiftung,
Trichinose

finden die in den §§ 6 bis 10 des Reichsgesetzes, betreffend die Bekämpfung gemeingefährlicher Krankheiten, enthaltenen Bestimmungen[1] über die Ermittelung der Krankheit entsprechende Anwendung. Befindet sich jedoch der Kranke in ärztlicher Behandlung, so ist dem beamteten Arzte der Zutritt untersagt, wenn der behandelnde Arzt erklärt, daß von dem Zutritte des beamteten Arztes eine Gefährdung der Gesundheit oder des Lebens des Kranken zu befürchten ist. Vor dem Zutritte des beamteten Arztes ist dem behandelnden Arzte Gelegenheit zu dieser Erklärung zu geben.

Außerdem ist bei Kindbettfieber oder Verdacht desselben dem beamteten Arzte der Zutritt nur mit Zustimmung des Haushaltungsvorstandes gestattet.

Auch kann bei Typhus- oder Rotzverdacht eine Öffnung der Leiche polizeilich angeordnet werden, insoweit der beamtete Arzt dies zur Feststellung der Krankheit für erforderlich hält.

Bei Diphtherie, Körnerkrankheit und Scharlach hat die Ortspolizeibehörde nur die ersten Fälle ärztlich feststellen zu lassen und dies auch nur dann, wenn sie nicht von einem Arzte angezeigt sind.[2]

[1] §§ 6—10 des Reichsg. betr. die Bekämpfung gemeingefährlicher Krankheiten vom 30. Juni 1900 lauten:

„§ 6. Die Polizeibehörde muß, sobald sie von dem Ausbruch oder dem Verdachte des Auftretens einer der im § 1 Abs. 1 genannten Krankheiten (gemeingefährliche Krankheiten) Kenntnis erhält, den zuständigen beamteten Arzt benachrichtigen. Dieser hat alsdann unverzüglich an Ort und Stelle Ermittelungen über die Art, den Stand und die Ursache der Krankheit vorzunehmen und der Polizeibehörde eine Erklärung darüber abzugeben, ob der Ausbruch der Krankheit festgestellt oder der Verdacht des Ausbruchs begründet ist. In Notfällen kann der beamtete Arzt die Ermittelung auch vornehmen, ohne daß ihm eine Nachricht der Polizeibehörde zugegangen ist.

In Ortschaften mit mehr als 10000 Einwohnern ist nach den Bestimmungen des Abs. 1 auch dann zu verfahren, wenn Erkrankungs- oder Todesfälle in einem räumlich abgegrenzten Teile der Ortschaft, welcher von der Krankheit bis dahin verschont geblieben war, vorkommen.

Die höhere Verwaltungsbehörde kann Ermittelungen über jeden einzelnen Krankheits- oder Todesfall anordnen. Solange eine solche Anordnung nicht getroffen ist, sind nach der ersten Feststellung der Krankheit von dem beamteten Arzte Ermittelungen nur im Einverständnisse mit der unteren Verwaltungsbehörde und nur insoweit vorzunehmen, als dies erforderlich ist, um die Ausbreitung der Krankheit örtlich und zeitlich zu verfolgen.

§ 7. Dem beamteten Arzte ist, soweit er es zur Feststellung der Krankheit für erforderlich und ohne Schädigung des Kranken für zulässig hält, der Zutritt zu dem Kranken oder zur Leiche und die Vornahme der zu den Ermittelungen über die Krankheit erforderlichen Untersuchungen zu gestatten. Auch kann bei Cholera-, Gelbfieber- und Pestverdacht eine Öffnung der Leiche polizeilich angeordnet werden, insoweit der beamtete Arzt dies zur Feststellung der Krankheit für erforderlich hält.

Der behandelnde Arzt ist berechtigt, den Untersuchungen, insbesondere auch der Leichenöffnung beizuwohnen.

Die in §§ 2 und 3 aufgeführten Personen sind verpflichtet,

über alle für die Entstehung und den Verlauf der Krankheit wichtigen Umstände dem beamteten Arzte und der zuständigen Behörde auf Befragen Auskunft zu erteilen.

§ 8. Ist nach dem Gutachten des beamteten Arztes der Ausbruch der Krankheit festgestellt oder der Verdacht des Ausbruchs begründet, so hat die Polizeibehörde unverzüglich die erforderlichen Schutzmaßregeln zu treffen.

§ 9. Bei Gefahr im Verzuge kann der beamtete Arzt schon vor dem Einschreiten der Polizeibehörde die zur Verhütung der Verbreitung der Krankheit zunächst erforderlichen Maßregeln anordnen. Der Vorsteher der Ortschaft hat den von dem beamteten Arzte getroffenen Anordnungen Folge zu leisten. Von den Anordnungen hat der beamtete Arzt der Polizeibehörde sofort schriftliche Mitteilung zu machen; sie bleiben solange in Kraft, bis von der zuständigen Behörde anderweite Verfügung getroffen wird.

§ 10. Für Ortschaften und Bezirke, welche von einer gemeingefährlichen Krankheit befallen oder bedroht sind, kann durch die zuständige Behörde angeordnet werden, daß jede Leiche vor der Bestattung einer amtlichen Besichtigung (Leichenschau) zu unterwerfen ist."

Die in §§ 2 und 3 des Reichsges. aufgeführten Personen sind die gleichen wie die in §§ 2 u. 3 des preuß. Ges. Genannten.

[2] Strafbestimmungen in § 35 Nr. 2 und 3, § 36 Nr. 1.

§ 7. Das Staatsministerium ist ermächtigt, die in dem § 6 Abs. 1 des gegenwärtigen Gesetzes bezeichneten Bestimmungen ganz oder teilweise für einzelne Teile oder den ganzen Umfang der Monarchie auch auf andere als die daselbst aufgeführten übertragbaren Krankheiten vorübergehend auszudehnen, wenn und solange dieselben in epidemischer Verbreitung auftreten.

Dritter Abschnitt.

Schutzmaßregeln.

§ 8. Zur Verhütung der Verbreitung der nachstehend genannten Krankheiten können für die Dauer der Krankheitsgefahr die Absperrungs- und Aufsichtsmaßregeln der §§ 12 bis 19 und 21 des Reichsgesetzes, betreffend die Bekämpfung gemeingefährlicher Krankheiten,[1] nach Maßgabe der nachstehenden Bestimmungen polizeilich angeordnet werden,[2] und zwar bei:

1. Diphtherie (Rachenbräune): Absonderung kranker Personen (§ 14 Abs. 2), jedoch mit der Maßgabe, daß die Überführung von Kindern in ein Krankenhaus oder in einen anderen geeigneten Unterkunftsraum gegen den Widerspruch der Eltern nicht angeordnet werden darf, wenn nach der Ansicht des beamteten Arztes oder des behandelnden Arztes eine ausreichende Absonderung in der Wohnung sichergestellt ist, Verkehrsbeschränkungen für das berufsmäßige Pflegepersonal (§ 14 Abs. 5), Überwachung der gewerbsmäßigen Herstellung, Behandlung und Aufbewahrung sowie des Vertriebs von Gegenständen, welche geeignet sind, die Krankheit zu verbreiten, nebst den zur Verhütung der Verbreitung der Krankheit erforderlichen Maßregeln (§ 15 Nr. 1 und 2), mit der Maßgabe, daß diese Anordnungen nur für Ortschaften zulässig sind, welche von der Krankheit befallen sind, Fernhaltung von dem Schul- und Unterrichtsbesuche (§ 16), Desinfektion (§ 19 Abs. 1 und 3), Vorsichtsmaßregeln bezüglich der Leichen (§ 21);
2. Genickstarre, übertragbarer: Absonderung kranker Personen (§ 14 Abs. 2), Desinfektion (§ 19 Abs. 1 und 3);
3. Kindbettfieber (Wochenbett-, Puerperalfieber): Verkehrsbeschränkungen für Hebammen und

Wochenbettpflegerinnen (§ 14 Abs. 5), Desinfektion (§ 19 Abs. 1 und 3);

Ärzte, sowie andere die Heilkunde gewerbsmäßig betreibende Personen haben in jedem Falle, in welchen sie zur Behandlung einer an Kindbettfieber Erkrankten zugezogen werden, unverzüglich die bei derselben tätige oder tätig gewesene Hebamme zu benachrichtigen.

Hebammen oder Wochenbettpflegerinnen, welche bei einer an Kindbettfieber Erkrankten während der Entbindung oder im Wochenbette tätig sind, ist während der Dauer der Beschäftigung bei der Erkrankten und innerhalb einer Frist von acht Tagen nach Beendigung derselben jede anderweite Tätigkeit als Hebamme oder Wochenbettpflegerin untersagt. Auch nach Ablauf der achttägigen Frist ist eine Wiederaufnahme der Tätigkeit nur nach gründlicher Reinigung und Desinfektion ihres Körpers, ihrer Wäsche, Kleidung und Instrumente nach Anweisung des beamteten Arztes gestattet. Die Wiederaufnahme der Berufstätigkeit vor Ablauf der achttägigen Frist ist jedoch zulässig, wenn der beamtete Arzt dies für unbedenklich erklärt;

4. Körnerkrankheit (Granulose, Trachom): Beobachtung kranker und krankheitsverdächtiger Personen (§ 12), Meldepflicht (§ 13), Desinfektion (§ 19 Abs. 1 und 3);
5. Lungen- und Kehlkopfstuberkulose: Desinfektion (§ 19 Abs. 1 und 3);
6. Rückfallfieber (Febris recurrens): Beobachtung kranker Personen (§ 12), Meldepflicht (§ 13), Absonderung kranker Personen (§ 14 Abs. 2 und 3),

Kennzeichnung der Wohnungen und Häuser (§ 14 Abs. 4), Verkehrsbeschränkungen für das berufsmäßige Pflegepersonal (§ 14 Abs. 5), Verbot oder Beschränkung der Ansammlung größerer Menschenmengen (§ 15 Nr. 3), sobald die Krankheit einen epidemischen Charakter angenommen hat, Überwachung der Schiffahrt (§ 15 Nr. 4 und 5), Fernhaltung von dem Schul- und Unterrichtsbesuche (§ 16), Räumung von Wohnungen und Gebäuden (§ 18), Desinfektion (§ 19 Abs. 1 und 3);

7. Ruhr, übertragbarer (Dysenterie): Absonderung kranker Personen (§ 14 Abs. 2), Verbot oder Beschränkung der Ansammlung größerer Menschenmengen (§ 15 Nr. 3), sobald die Krankheit einen epidemischen Charakter angenommen hat, Fernhaltung von dem Schul- und Unterrichtsbesuche (§ 16), Verbot oder Beschränkung der Benutzung von Wasserversorgungsanlagen usw. (§ 17), Räumung von Wohnungen und Gebäuden (§ 18), Desinfektion (§ 19 Abs. 1 und 3), Vorsichtsmaßregeln bezüglich der Leichen (§ 21);
8. Scharlach: wie zu Nr. 1;
9. Syphilis, Tripper und Schanker, bei Personen, welche gewerbsmäßig Unzucht treiben: Beobachtung kranker, krankheits- oder ansteckungsverdächtiger Personen (§ 12), Absonderung kranker Personen (§ 14 Abs. 2);
10. Typhus (Unterleibstyphus): Beobachtung kranker Personen (§ 12), Meldepflicht (§ 13), Absonderung kranker Personen (§ 14 Abs. 2 und 3 Satz 1), Kennzeichnung der Wohnungen und Häuser (§ 14 Abs. 4), Verkehrsbeschränkungen für das berufsmäßige

Pflegepersonal (§ 14 Abs. 5), Überwachung der gewerbsmäßigen Herstellung, Behandlung und Aufbewahrung sowie des Vertriebs von Gegenständen, welche geeignet sind, die Krankheit zu verbreiten, nebst den zur Verhütung der Verbreitung der Krankheit erforderlichen Maßregeln (§ 15 Nr. 1 und 2), mit der in Nr. 1 bezeichneten Maßgabe, Verbot oder Beschränkung der Ansammlung größerer Menschenmengen (§ 15 Nr. 3), sobald die Krankheit einen epidemischen Charakter angenommen hat, Fernhaltung von dem Schul- und Unterrichtsbesuche (§ 16), Verbot oder Beschränkung der Benutzung von Wasserversorgungsanlagen usw. (§ 17), Räumung von Wohnungen und Gebäuden (§ 18), Desinfektion (§ 19 Abs. 1 und 3), Vorsichtsmaßregeln bezüglich der Leichen (§ 21);

11. Milzbrand: Überwachung der gewerbsmäßigen Herstellung, Behandlung und Aufbewahrung sowie des Vertriebs von Gegenständen, welche geeignet sind, die Krankheit zu verbreiten, nebst den zur Verhütung der Verbreitung der Krankheit erforderlichen Maßregeln (§ 15 Nr. 1 und 2), mit der in Nr. 1 bezeichneten Maßgabe, Desinfektion (§ 19 Abs. 1 und 3), Vorsichtsmaßregeln bezüglich der Leichen (§ 21);

12. Rotz: Beobachtung kranker Personen (§ 12), Absonderung kranker Personen (§ 14 Abs. 2 und 3 Satz 1), Desinfektion (§ 19 Abs. 1 und 3), Vorsichtsmaßregeln bezüglich der Leichen (§ 21);

13. Tollwut: Beobachtung gebissener Personen (§ 12), Absonderung kranker Personen (§ 14 Abs. 2).

Erkrankungsfälle, in welchen Verdacht von Kindbettfieber (Nr. 3), Rückfallfieber (Nr. 6), Typhus (Nr. 10) und Rotz (Nr. 12) vorliegt, sind bis zur Beseitigung dieses Verdachts wie die Krankheit selbst zu behandeln.

[1] §§ 12—19, 21 des Reichsgesetzes lauten:

§ 12. Kranke und krankheits- oder ansteckungsverdächtige Personen können einer Beobachtung unterworfen werden. Eine Beschränkung in der Wahl des Aufenthalts oder der Arbeitsstätte ist zu diesem Zwecke nur bei Personen zulässig, welche obdachlos oder ohne festen Wohnsitz sind oder berufs- oder gewohnheitsmäßig umherziehen.

§ 13. Die höhere Verwaltungsbehörde kann für den Umfang ihres Bezirkes oder für Teile desselben anordnen, daß zureisende Personen, sofern sie sich innerhalb einer zu bestimmenden Frist vor ihrer Ankunft in Ortschaften oder Bezirken aufgehalten haben, in welchen eine gemeingefährliche Krankheit ausgebrochen ist, nach ihrer Ankunft der Ortspolizeibehörde zu melden sind.

§ 14. Für kranke und krankheits- oder ansteckungsverdächtige Personen kann eine Absonderung angeordnet werden.

Die Absonderung kranker Personen hat derart zu erfolgen, daß der Kranke mit anderen als den zu seiner Pflege bestimmten Personen, dem Arzte oder dem Seelsorger nicht in Berührung kommt und eine Verbreitung der Krankheit tunlichst ausgeschlossen ist. Angehörigen und Urkundspersonen ist, insoweit es zur Erledigung wichtiger und dringender Angelegenheiten geboten ist, der Zutritt zu dem Kranken unter Beobachtung der erforderlichen Maßregeln gegen eine Weiterverbreitung der Krankheit gestattet. Werden auf Erfordern der Polizeibehörde in der Behausung des Kranken die nach dem Gutachten des beamteten Arztes zum Zwecke der Absonderung notwendigen Einrichtungen nicht getroffen, so kann, falls der beamtete Arzt es für unerläßlich und der behandelnde Arzt es ohne Schädigung des Kranken für zulässig erklärt, die Überführung des Kranken in ein geeignetes Krankenhaus oder in einen andern geeigneten Unterkunftsraum angeordnet werden.

Auf die Absonderung krankheits- oder ansteckungsverdächtiger Personen finden die Bestimmungen des Abs. 2 sinngemäße

Anwendung. Jedoch dürfen krankheits- oder ansteckungsverdächtige Personen nicht in demselben Raume mit kranken Personen untergebracht werden. Ansteckungsverdächtige Personen dürfen in demselben Raume mit krankheitsverdächtigen Personen nur untergebracht werden, soweit der beamtete Arzt es für zulässig hält.

Wohnungen oder Häuser, in welchen erkrankte Personen sich befinden, können kenntlich gemacht werden.

Für das berufsmäßige Pflegepersonal können Verkehrsbeschränkungen angeordnet werden.

§ 15. Die Landesbehörden sind befugt, für Ortschaften und Bezirke, welche von einer gemeingefährlichen Krankheit befallen oder bedroht sind,

1. hinsichtlich der gewerbsmäßigen Herstellung, Behandlung und Aufbewahrung sowie hinsichtlich des Vertriebs von Gegenständen, welche geeignet sind, die Krankheit zu verbreiten, eine gesundheitspolizeiliche Überwachung und die zur Verhütung der Verbreitung der Krankheit erforderlichen Maßregeln anzuordnen; die Ausfuhr von Gegenständen der bezeichneten Art darf aber nur für Ortschaften verboten werden, in denen Cholera, Fleckfieber, Pest oder Pocken ausgebrochen sind,
2. Gegenstände der in Nr. 1 bezeichneten Art vom Gewerbebetrieb im Umherziehen auszuschließen,
3. die Abhaltung von Märkten, Messen und anderen Veranstaltungen, welche eine Ansammlung größerer Menschenmengen mit sich bringen, zu verbieten oder zu beschränken,
4. die in der Schiffahrt, der Flößerei oder sonstigen Transportbetrieben beschäftigten Personen einer gesundheitspolizeilichen Überwachung zu unterwerfen und kranke, krankheits- oder ansteckungsverdächtige Personen sowie Gegenstände, von denen anzunehmen ist, daß sie mit dem Krankheitsstoffe behaftet sind, von der Beförderung auszuschließen,
5. den Schiffahrts- und Flößereiverkehr auf bestimmte Tageszeiten zu beschränken.

§ 16. Jugendliche Personen aus Behausungen, in denen Erkrankungen vorgekommen sind, können zeitweilig vom Schul- und Unterrichtsbesuche fern gehalten werden. Hinsichtlich der sonstigen für die Schulen anzuordnenden Schutzmaßregeln bewendet es bei den landesrechtlichen Bestimmungen.

§ 17. In Ortschaften, welche von Cholera, Fleckfieber, Pest oder Pocken befallen oder bedroht sind, sowie in deren Umgegend kann die Benutzung von Brunnen, Teichen, Seen, Wasserläufen, Wasserleitungen sowie der dem öffentlichen Gebrauche dienenden Bade-, Schwimm-, Wasch- und Bedürfnisanstalten verboten oder beschränkt werden.

§ 18. Die gänzliche oder teilweise Räumung von Wohnungen und Gebäuden, in denen Erkrankungen vorgekommen sind, kann, insoweit der beamtete Arzt es zur wirksamen Bekämpfung der Krankheit für unerläßlich erklärt, angeordnet werden. Den betroffenen Bewohnern ist anderweit geeignete Unterkunft unentgeltlich zu bieten.

§ 19. Für Gegenstände und Räume, von denen anzunehmen ist, daß sie mit dem Krankheitsstoffe behaftet sind, kann eine Desinfektion angeordnet werden.

Für Reisegepäck und Handelswaren ist bei Aussatz, Cholera und Gelbfieber die Anordnung der Desinfektion nur dann zulässig, wenn die Annahme, daß die Gegenstände mit dem Krankheitsstoffe behaftet sind, durch besondere Umstände begründet ist.

Ist die Desinfektion nicht ausführbar oder im Verhältnisse zum Werte der Gegenstände zu kostspielig, so kann die Vernichtung angeordnet werden.

§ 21. Für die Aufbewahrung, Einsargung, Beförderung und Bestattung der Leichen von Personen, welche an einer gemeingefährlichen Krankheit gestorben sind, können besondere Vorsichtsmaßregeln angeordnet werden.

* Strafbestimmungen in §§ 34 Nr. 1—3, 35 Nr. 4, 36 Nr. 2 u. 4.

§ 9. (Betrifft zwangsweise ärztliche Behandlung.)

§ 10. Die Verkehrsbeschränkungen aus den §§ 24 und 25 des Reichsgesetzes, betreffend die Bekämpfung gemeingefährlicher Krankheiten,[1] finden auf Körnerkrankheit, Rückfallfieber und Typhus mit der Maßgabe entsprechende Anwendung, daß das Staatsministerium ermächtigt ist, Vorschriften über die zu treffenden Maßnahmen zu beschließen und zu bestimmen, wann und in welchem Umfange dieselben in Vollzug zu setzen sind.

[1] §§ 24 und 25 des Reichsgesetzes lauten:

§ 24. Zur Verhütung der Einschleppung der gemeingefährlichen Krankheiten aus dem Auslande kann der Einlaß der Seeschiffe von der Erfüllung gesundheitspolizeilicher Vorschriften abhängig gemacht sowie

1. der Einlaß anderer dem Personen- oder Frachtverkehre dienenden Fahrzeuge,
2. die Ein- und Durchfuhr von Waren und Gebrauchsgegenständen,
3. der Eintritt und die Beförderung von Personen, welche aus dem von der Krankheit befallenen Lande kommen,

verboten oder beschränkt werden.

Der Bundesrat ist ermächtigt, Vorschriften über die hiernach zu treffenden Maßregeln zu beschließen. Soweit sich diese Vorschriften auf die gesundheitspolizeiliche Überwachung der Seeschiffe beziehen, können sie auf den Schiffsverkehr zwischen deutschen Häfen erstreckt werden.

§ 25. Wenn eine gemeingefährliche Krankheit im Ausland oder im Küstengebiete des Reichs ausgebrochen ist, so bestimmt der Reichskanzler oder für das Gebiet des zunächst bedrohten Bundesstaats im Einvernehmen mit dem Reichskanzler die Landesregierung, wann und in welchem Umfange die gemäß § 24 Abs. 2 erlassenen Vorschriften in Vollzug zu setzen sind.

§ 11. Das Staatsministerium ist ermächtigt, die in dem § 8 des gegenwärtigen Gesetzes bezeichneten Absperrungs- und Aufsichtsmaßregeln für einzelne Teile oder den ganzen Umfang der Monarchie auch auf andere in dem § 8 des gegenwärtigen Gesetzes nicht genannte übertragbare Krankheiten in besonderen Ausnahmefällen vorübergehend auszudehnen, wenn und solange dieselben in epidemischer Verbreitung auftreten.

Die auf Grund der vorstehenden Bestimmung und auf Grund der §§ 5 und 7 ergangenen Verordnungen sind dem Landtage, wenn er versammelt ist, sofort, anderenfalls bei seinem nächsten Zusammentreten vorzulegen. Sie sind außer Kraft zu setzen, soweit der Landtag seine Zustimmung versagt.

Vierter Abschnitt.

Verfahren und Behörden.

§ 12. Die in dem Reichsgesetze, betreffend die Bekämpfung gemeingefährlicher Krankheiten, und in dem gegenwärtigen Gesetze den Polizeibehörden überwiesenen Obliegenheiten werden, soweit das gegenwärtige Gesetz nicht ein anderes bestimmt, von den Ortspolizeibehörden wahrgenommen. Der Landrat ist befugt, die Amtsverrichtungen der Ortspolizeibehörden für den einzelnen Fall einer übertragbaren Krankheit zu übernehmen.

Die Zuständigkeit der Landespolizeibehörden auf dem Gebiete der Seuchenbekämpfung wird durch die Bestimmung des Abs. 1 nicht berührt.

Gegen die Anordnungen der Polizeibehörde finden die durch das Landesverwaltungsgesetz gegebenen Rechtsmittel statt.

Die Anfechtung der Anordnungen hat keine aufschiebende Wirkung.

§ 13. Beamtete Ärzte im Sinne des Reichsgesetzes, betreffend die Bekämpfung gemeingefährlicher Krankheiten, und des gegenwärtigen Gesetzes sind die Kreisärzte, die Kreisassistenzärzte, soweit sie mit der Stellvertretung von Kreisärzten beauftragt sind, sowie die mit der Wahrnehmung der kreisärztlichen Obliegenheiten beauftragten Stadtärzte in Stadtkreisen, die Hafen- und Quarantäneärzte in Hafenorten, außerdem die als Kommissare der Regierungspräsidenten, der Oberpräsidenten oder des Ministers der Medizinalangelegenheiten an Ort und Stelle entsandten Medizinalbeamten.

Die Vorschrift des § 36 Abs. 2 des vorbezeichneten Reichsgesetzes[1] findet auf die in dem § 1 des gegenwärtigen Gesetzes bezeichneten Krankheiten entsprechende Anwendung.

[1] § 36 Abs. 2 des Reichsges. lautet:

An Stelle der beamteten Ärzte können im Falle ihrer Behinderung oder aus sonstigen dringenden Gründen andere Ärzte zugezogen werden. Innerhalb des von ihnen übernommenen Auftrags gelten die Letzteren als beamtete Ärzte und sind befugt und verpflichtet, diejenigen Amtsverrichtungen wahrzunehmen, welche in diesem Gesetz oder in den hierzu ergangenen Ausführungsbestimmungen den beamteten Ärzten übertragen sind.

Fünfter Abschnitt.

Entschädigungen.

§§ 14 bis 24.

Sechster Abschnitt.

Kosten.

§§ 25 bis 33.

Siebenter Abschnitt.

Strafvorschriften.

§ 34. Mit Gefängnis bis zu sechs Monaten oder mit Geldstrafe bis zu sechshundert Mark wird bestraft:

1. wer wissentlich bewegliche Gegenstände, für welche auf Grund der §§ 8 und 11 des gegenwärtigen Gesetzes eine Desinfektion polizeilich angeordnet war, vor Ausführung der angeordneten Desinfektion in Gebrauch nimmt, an andere überläßt oder sonst in Verkehr bringt;
2. wer wissentlich Kleidungsstücke, Leibwäsche, Bettzeug oder sonstige bewegliche Gegenstände, welche von Personen, die an Diphtherie, Genickstarre, Kindbettfieber, Lungen- und Kehlkopfstuberkulose, Rückfallfieber, Ruhr, Scharlach, Typhus, Milzbrand und Rotz litten, während der Erkrankung gebraucht oder bei deren Behandlung und Pflege benutzt worden sind, in Gebrauch nimmt, an andere überläßt oder sonst in Verkehr bringt, bevor sie den von dem Minister der Medizinalangelegenheiten erlassenen Bestimmungen entsprechend desinfiziert worden sind;
3. wer wissentlich Fahrzeuge oder sonstige Gerätschaften, welche zur Beförderung von Kranken oder Verstorbenen der in Nr. 2 bezeichneten Art gedient haben, vor Ausführung der polizeilich angeordneten Desinfektion benutzt oder anderen zur Benutzung überläßt.

§ 35. Mit Geldstrafe bis zu einhundertfünfzig Mark oder mit Haft wird bestraft:

1. wer die ihm nach den §§ 1 bis 3 oder nach den auf Grund des § 5 des gegenwärtigen Gesetzes von dem Staatsminsterium erlassenen Vorschriften obliegende Anzeige schuldhaft unterläßt.[1] Die Strafverfolgung tritt nicht ein, wenn die Anzeige, obwohl nicht von

dem zunächst Verpflichteten, doch rechtzeitig gemacht worden ist;

2. wer bei den in dem § 6 Abs. 1 des gegenwärtigen Gesetzes aufgeführten Krankheiten sowie in den Fällen des § 7 dem beamteten Arzte den Zutritt zu dem Kranken oder zur Leiche oder die Vornahme der erforderlichen Untersuchungen verweigert;
3. wer bei den übertragbaren Krankheiten, auf welche die Bestimmungen des § 7 Abs. 3 des Reichsgesetzes, betreffend die Bekämpfung gemeingefährlicher Krankheiten, für anwendbar erklärt worden sind (§§ 6 Abs. 1, 7 des gegenwärtigen Gesetzes), diesen Bestimmungen zuwider über die daselbst bezeichneten Umstände dem beamteten Arzte oder der zuständigen Behörde die Auskunft verweigert oder wissentlich unrichtige Angaben macht;
4. wer den auf Grund der §§ 8 und 11 des gegenwärtigen Gesetzes in Verbindung mit § 13 des vorbezeichneten Reichsgesetzes über die Meldepflicht erlassenen Anordnungen zuwiderhandelt.

[1] Der nach § 2 Anzeigepflichtige kann nur dann bestraft werden, wenn er weiß, daß es sich um eine der im § 1 aufgeführten Krankheiten handelt und trotzdem die Anzeige vorsätzlich oder fahrlässig unterläßt; dagegen macht er sich bei Unkenntnis dieser Tatsache durch Unterlassung der Anzeige auch dann nicht strafbar, wenn er die Unkenntnis durch Fahrlässigkeit verschuldet hat, Jhrb. 34 C S. 49.

§ 36. Mit Geldstrafe bis zu einhundertfünfzig Mark oder mit Haft wird, sofern nicht nach den bestehenden gesetzlichen Bestimmungen eine höhere Strafe verwirkt ist, bestraft:

1. wer bei den in dem § 6 Abs. 1 des gegenwärtigen Gesetzes bezeichneten Krankheiten sowie in den

Fällen des § 7 den nach § 9 des Reichsgesetzes, betreffend die Bekämpfung gemeingefährlicher Krankheiten, von dem beamteten Arzte oder dem Vorsteher der Ortschaft getroffenen vorläufigen Anordnungen oder den nach § 10 des vorbezeichneten Reichsgesetzes von der zuständigen Behörde erlassenen Anordnungen zuwiderhandelt;

2. wer bei den in dem § 8 des gegenwärtigen Gesetzes aufgeführten Krankheiten sowie in den Fällen des § 11 den nach § 12, § 14 Abs. 5, §§ 15, 17, 19 und 21 des vorbezeichneten Reichsgesetzes getroffenen polizeilichen Anordnungen zuwiderhandelt;
3. wer bei den in dem § 10 des gegenwärtigen Gesetzes aufgeführten Krankheiten den nach § 24 des vorbezeichneten Reichsgesetzes erlassenen Vorschriften zuwiderhandelt;
4. Ärzte sowie andere die Heilkunde gewerbsmäßig betreibende Personen, Hebammen oder Wochenbettpflegerinnen, welche den Vorschriften in dem § 8 Nr. 3 Abs. 2 und 3 des gegenwärtigen Gesetzes zuwiderhandeln.

Achter Abschnitt.

Schlußbestimmungen.

§ 37. Mit dem Zeitpunkte des Inkrafttretens des gegenwärtigen Gesetzes werden die zurzeit bestehenden gesetzlichen Bestimmungen über die Bekämpfung ansteckender Krankheiten aufgehoben.[1]

Insbesondere treten die Vorschriften des Regulativs vom 8. August 1835 (Gesetz-Samml. S. 240), jedoch unbeschadet der Bestimmung des § 10 Abs. 3 des Gesetzes, betreffend die Dienststellung des Kreisarztes und die Bildung von Gesundheitskommissionen, vom 16. September 1899 (Gesetz-Samml. S. 172), über die Belassung der Sanitätskommissionen in größeren Städten, außer Kraft.

Unberührt bleiben auch die Vorschriften des § 55 des Regulativs sowie die sonst bestehenden gesetzlichen Vorschriften über Zwangsimpfungen bei dem Ausbruch einer Pockenepidemie.

[1] Die Maßregeln zur Bekämpfung ansteckender Krankheiten sind durch das preuß. Ges. in Verbindung mit dem Reichsgesetze, abgesehen von den durch § 361 Nr. 6 StGB. vorbehaltenen polizeilichen Bestimmungen, erschöpfend geregelt; weitergehende Bestimmungen können durch Polizeiverordnungen nicht getroffen werden und sind, soweit sie in älteren Polizeiverordnungen enthalten sind, beseitigt, Jhrb. 32 C S. 44, 33 C S. 67, 34 C S. 57

§ 38. Diejenigen Vorschriften des gegenwärtigen Gesetzes, welche sich auf Genickstarre beziehen, treten mit dem Tage der Verkündigung dieses Gesetzes in Kraft.

Im übrigen wird der Zeitpunkt des Inkrafttretens des gegenwärtigen Gesetzes durch Königliche Verordnung bestimmt.[1]

Der Minister der Medizinalangelegenheiten erläßt, und zwar, soweit der Geschäftsbereich anderer Minister beteiligt ist, im Einvernehmen mit diesen, die zur Ausführung des Gesetzes erforderlichen Bestimmungen.

[1] Durch V. vom 10. Oktober 1905 (GS. S. 387) ist als Zeitpunkt des Inkrafttretens der 20. Oktober 1905 bestimmt.

28. Jagdordnung.

Vom 15. Juli 1907 (GS. S. 207).

Einzelausgabe Nr. 41.

Vorbemerkung: Das Gesetz gilt für den Umfang der Monarchie mit Ausschluß der Provinz Hannover, der Hohenzollernschen Lande und der Insel Helgoland.

Erster Abschnitt.
Umfang des Jagdrechts.

§ 1. Jagdbare Tiere sind:

a) Elch-, Rot-, Dam-, Reh- und Schwarzwild, Hasen, Biber, Ottern,[2] Dachse, Füchse, wilde Katzen, Edelmarder;

b) Auer-, Birk- und Haselwild, Schnee-, Reb- und schottische Moorhühner, Wachteln, Fasanen, wilde Tauben, Drosseln (Krammetsvögel), Schnepfen, Trappen, Brachvögel, Wachtelkönige, Kraniche, Adler (Stein-, See-, Fisch-,[2] Schlangen-, Schreiadler), wilde Schwäne, wilde Gänse, wilde Enten, alle anderen Sumpf- und Wasservögel mit Ausnahme[3] der grauen Reiher,[2] der Störche, der Taucher, der Säger, der Kormorane und der Bleßhühner.

[1] Die im § 1 enthaltene Aufzählung der jagdbaren Tiere stimmt wörtlich mit dem § 1 des Wildschongesetzes vom 14. Juli 1904 (GS. S. 159) überein, welches heute nur noch in Hannover gilt. Die Regelung der Frage, welche Tiere jagdbar sind, ist also jetzt eine einheitliche für den ganzen Staat ausschließlich Hohenzollern.

[2] § 45 des Fischereigesetzes (oben S. 93) ist unberührt geblieben.

[3] Von den im nachfolgenden aufgezählten, für nicht jagdbar erklärten Sumpf- und Wasservögeln genießen nur die Störche den Schutz des Reichs-Vogelschutzgesetzes (RGBl. 08 S. 317) — vgl. aber § 48 —, die anderen Vögel unterliegen dem freien Tierfang.

§ 2. Das Jagdrecht steht jedem Eigentümer[1] auf seinem Grund und Boden zu.

Eine Trennung des Jagdrechts von Grund und Boden kann als dingliches Recht künftig nicht stattfinden.

[1] Der Lehns- und Fideikommißbesitz steht im Gebiete des ALR. dem vollen Eigentum im Sinne dieser Vorschrift gleich, OVG. 50, 353.

§ 3. Das Jagdrecht darf nur ausgeübt werden[1] auf Jagdbezirken (Eigenjagdbezirken und gemeinschaftlichen Jagdbezirken) und auf Grundflächen, die Eigenjagdbezirken angeschlossen oder gemeinschaftlichen Jagdbezirken zugelegt sind.

[1] Die Art der Jagdausübung ist gesetzlich durch § 41 beschränkt. Alle in dieser Hinsicht früher vorgeschriebenen Beschränkungen sind schon durch das Gesetz vom 31. Oktober 1848 betr. die Aufhebung des Jagdrechts auf fremdem Grund und Boden und die Ausübung der Jagd (GS. S. 343) beseitigt. Unzulässig ist es, durch Polizeiverordnung gewisse Arten der Jagdausübung zu verbieten, sofern nicht die öffentliche Sicherheit gefährdet wird, OTr. Entsch. 31 S. 314, OVG. DJZ. 03, 480.

Die §§ 139, 140 I 9 ALR., welche vorschreiben, daß, wenn angeschossenes hohes Wild entkommen oder sonst die Jagdfolge nicht stattgefunden hat, der Jagende schuldig ist, dem Inhaber desjenigen angrenzenden Reviers, wohin das Wild auf der Flucht sich gewendet hat, von dem Anschusse binnen 24 Stunden bei 1—5 Thlr. Strafe Nachricht zu geben, sind als Polizeistrafgesetz für beseitigt zu erachten, Jhrb. 31 C S. 22, 36 C S. 32.

Zweiter Abschnitt.

Jagdbezirke.

§ 4. Eigenjagdbezirke können gebildet werden aus solchen, demselben Eigentümer, beim Miteigentume denselben Miteigentümern[1] gehörigen Grundflächen, welche

1. dauernd und vollständig gegen den Einlauf von Wild eingefriedigt sind, oder
2. in einem oder mehreren Gemeinde-(Guts-)Bezirken einen land- oder forstwirtschaftlich benutzbaren[2] Flächenraum von wenigstens 75 Hektar einnehmen und in ihrem Zusammenhange durch kein fremdes Grundstück unterbrochen werden. Die Trennung, welche Gewässer[3] und Teiche, ebenso Wege[4], Kanäle und Eisenbahnen mit Zubehörfläche (Schutzstreifen, Ausschachtungs-, Anschüttungsflächen, Bahnhöfe und ähnliches) bilden, wird als eine Unterbrechung des Zusammenhanges nicht angesehen.[5] Diese Flächen werden dem angrenzenden Eigenjagdbezirk angeschlossen, falls nicht der Inhaber den Anschluß ablehnt; liegen sie zwischen verschiedenen Jagdbezirken, so erfolgt der Anschluß bis zur Mitte. Befindet der Grenzweg sich aber im Eigentume des Inhabers eines angrenzenden Eigenjagdbezirkes, so steht diesem das Jagdrecht auf dem ganzen Wege zu. Lehnt der Inhaber den Anschluß nicht ab, so kann der Eigentümer der Fläche eine Pachtentschädigung verlangen; kommt eine Einigung über die Höhe der Pachtentschädigung nicht zustande, so findet das Verfahren nach § 19 Anwendung.

Ein Eigenjagdbezirk kann allein aus Wegen,

Deichen und Flüssen sowie aus solchen längs Wegen, Kanälen und Eisenbahnen führenden Zubehörstreifen, die wegen ihrer geringen Breite eine ordnungsmäßige Ausübung der Jagd nicht gestatten, nicht gebildet werden. Derartige Flächen stellen auch den Zusammenhang zur Bildung eines Eigenjagdbezirkes für getrenntliegende Grundflächen nicht her.[6]

Auf Eigenjagdbezirken, welche aus dauernd und vollständig gegen den Einlauf von Wild eingefriedigten Grundflächen gebildet sind, ohne dem Erfordernisse der Ziffer 2 Abs. 1 zu entsprechen, darf die Jagd auf Flugwild nur mit Genehmigung der Jagdpolizeibehörde ausgeübt werden.[7] Das erlegte oder gefangene Flugwild muß, wenn es in benachbarten Jagdbezirken heimisch ist, an die Inhaber der letzteren gegen Zahlung von Schußgeld abgeliefert werden. Bei Erteilung der Genehmigung ist darüber Bestimmung zu treffen, welche Flugwildarten erlegt werden dürfen, ob und an wen die Ablieferung des Flugwildes zu erfolgen hat und welches Schußgeld dafür zu entrichten ist.

Darüber, ob eine Grundfläche dauernd und vollständig gegen den Einlauf von Wild eingefriedigt ist, ob und unter welchen Bedingungen hier die Jagd auf Flugwild ausgeübt werden darf, oder ob die unter Ziffer 2 Abs. 2 aufgeführten Grundflächen zur Bildung eines Eigenjagdbezirkes oder zur Herstellung des Zusammenhanges geeignet sind, entscheidet auf Antrag eines Beteiligten die Jagdpolizeibehörde. Gegen deren Entscheidung findet innerhalb zwei Wochen die Beschwerde an den Bezirksausschuß statt. Der Beschluß des Bezirksausschusses ist endgültig.

Die Bildung eines Eigenjagdbezirkes ist auch dann

zulässig, wenn die dafür in Betracht kommenden Grundstücke in mehreren Landesteilen liegen, in denen die gesetzlichen Vorschriften über die Bildung eines Eigenjagdbezirkes voneinander abweichen. In diesem Falle kommen die für den größeren Teil der Grundstücke geltenden gesetzlichen Vorschriften zur Anwendung. Bei gleicher Größe ist dasjenige Gesetz maßgebend, welches den größeren Flächeninhalt für die Bildung eines Eigenjagdbezirkes erfordert.[8]

[1] Das erste Erfordernis für die Bildung eines Eigenjagdbezirks ist die Identität des Eigentums an den in Betracht kommenden Grundstücken; sie müssen, wenn Einzeleigentum in Frage kommt, derselben physischen oder juristischen Person, beim Miteigentum derselben Mehrheit von physischen oder juristischen Personen gehören, OVG. VerwBl. 31 S. 360. Das verbindende Grundstück braucht sich nicht zur land- oder forstwirtschaftlichen Benutzung zu eignen; zur Herstellung des Zusammenhangs genügt es, daß die Jagd auf den eigenen Grundstücken ausgeübt werden kann, ohne daß ein fremdes Grundstück betreten werden muß, OVG. VerwBl. 25 S. 162.

[2] Zu den land- oder forstwirtschaftlich benutzbaren Grundstücken gehören auch Truppenübungsplätze, OVG. 40 S. 319; auch Seen sind landwirtschaftlich benutzbar, vgl. OVG. 41 S. 297.

[3] Gewässer im Sinne dieser Vorschrift sind auch Seen, OVG. 52 S. 361. Vorflutgräben, welche bei Separationen u. dgl. angelegt und dem Eigentum der Anlieger entzogen werden, bewirken keine jagdliche Trennung der von ihnen durchschnittenen Ländereien, einerlei ob der Vorflutgraben zeitweise kein Wasser führt, sofern nur das Grabenbett seine Eigenschaft als solches nicht dauernd verloren hat, OVG. 53 S. 352.

[4] Zu den Wegen gehören auch sog. Interessentenwege, OVG. 43 S. 281; 52 S. 361; 53 S. 352; nicht aber solche Privatwege, welche entweder gar nicht oder nur kraft privatrechtlichen Titels der Benutzung durch andere unterliegen, OVG. DJZ. 1911 S. 1394.

[5] Voraussetzung ist aber, daß ohne das Vorhandensein des Sees, Weges usw. die Grundstücke in ungetrenntem Zusammenhange stehen würden, OVG. 52 S. 361.

[6] Abs. 2 der Ziffer 2 bezieht sich nur auf solche Wege, Deiche und Flüsse, die im Privateigentum stehen. Unter den „derartigen Flächen" sind Wege, Deiche und Flüsse nicht mitverstanden, sondern nur die im Satz 1 näher bezeichneten Zubehörstreifen; Privatwege sind zur Herstellung des Zusammenhangs mit dem ihrem Eigentümer gehörigen Besitz geeignet, auch wenn sie von fremdem Besitz begrenzt werden, OVG. Entsch. 58 S. 362.

[7] Die Ausübung der Flugwildjagd ohne Genehmigung oder auf nicht genehmigte Flugwildarten ist nicht strafbar, insbesondere ist § 292 StGB. nicht anwendbar.

[8] Abs. 4 hat nur Bedeutung für solche Flächen, die teils in der Provinz Hannover, teils im Geltungsbereich der JO. liegen.

§ 5. Die Bildung des Eigenjagdbezirkes erfolgt durch den Eigentümer, der auf ihm zur Ausübung des Jagdrechts befugt ist.[1]

Erklärt er für alle oder einzelne Grundflächen auf die Bildung eines Eigenjagdbezirkes zu verzichten, so erfolgt die Jagdbezirksbildung aus den freigegebenen Grundflächen nach Maßgabe der §§ 7 bis 10. Der Verzicht ist, wenn die Jagdausübung auf den Grundflächen verpachtet wird, für die Dauer der Pachtverträge bindend und gilt als fortbestehend, wenn er nicht spätestens sechs Monate vor deren Ablauf zurückgenommen wird; er bindet auch den Rechtsnachfolger.

Besteht an den, einen Eigenjagdbezirk bildenden Grundflächen ein erbliches oder ein zeitlich nicht beschränktes Nutzungsrecht oder ein Nießbrauch, so tritt an die Stelle des Eigentümers der Nutzungsberechtigte.

[1] Zu der Bildung eines Eigenjagdbezirks aus Grundstücken von wenigstens 75 ha im Zusammenhang ist keine nach außen erkennbare

Handlung des Eigentümers erforderlich; das Jagdrecht entsteht in dem Zeitpunkt, in dem das Eigentum an ihnen erworben wird, OVG. Entsch. 58 S. 374.

§ 6. Steht ein Eigenjagdbezirk im Miteigentume von mehr als drei Personen, so darf die Ausübung des Jagdrechts nur von höchstens dreien der Miteigentümer erfolgen.

Juristische Personen, Aktiengesellschaften, Kommanditgesellschaften auf Aktien, eingetragene Genossenschaften und Gesellschaften mit beschränkter Haftpflicht dürfen das Jagdrecht auf Eigenjagdbezirken nur durch Verpachtung oder durch höchstens drei angestellte Jäger ausüben, oder sie müssen es ruhen lassen.

Im ehemaligen Kurfürstentum Hessen sind die Jagden in allen Halbegebrauchs-, Märkerschafts-, Interessenten- und dergleichen Waldungen öffentlich meistbietend zu verpachten.

§ 7. Alle Grundflächen[1] eines Gemeinde-(Guts-)Bezirkes, welche nicht zu einem Eigenjagdbezirke gehören und im Zusammenhange wenigstens 75 Hektar umfassen, bilden den gemeinschaftlichen Jagdbezirk.

Mit Genehmigung des Kreisausschusses und, wenn eine Stadtgemeinde beteiligt ist, des Bezirksausschusses können jedoch aus ihnen auch mehrere, selbständige gemeinschaftliche Jagdbezirke gebildet werden, von denen in der Regel aber keiner weniger als 250 Hektar im Zusammenhang umfassen darf. Ausnahmsweise kann im Interesse der Jagdgenossenschaft eine Herabsetzung bis zu 75 Hektar stattfinden.

Mit Genehmigung der Kreisausschusses und, wenn eine Stadtgemeinde beteiligt ist, des Bezirksausschusses können die zur Bildung eines gemeinschaftlichen Jagdbezirkes geeigneten Grundflächen eines Gemeinde-(Guts-) Bezirkes oder Teile von ihnen mit gleichartigen im räumlichen Zusammenhange mit ihnen stehenden Grundflächen eines oder mehrerer anderer Gemeinde-(Guts-) Bezirke oder den Teilen solcher zu gemeinschaftlichen, im Zusammenhange wenigstens 75 Hektar umfassenden Jagdbezirken vereinigt werden.

Die Zerlegung eines Gemeinde-(Guts-)Bezirkes in mehrere gemeinschaftliche Jagdbezirke, die Bildung gemeinschaftlicher Jagdbezirke aus mehreren ganzen Gemeinde-(Guts-)Bezirken oder aus Teilen solcher darf auf keinen kürzeren Zeitraum als auf sechs Jahre erfolgen und gilt, wenn eine Verpachtung der Jagd in dem gemeinschaftlichen Jagdbezirke stattfindet, wenigstens für die Dauer des Jagdpachtvertrags.

Diejenigen Grundflächen, welche von einem über 750 Hektar im Zusammenhange großen Walde[2], der eine einzige Besitzung bildet, zu mindestens 90 Prozent begrenzt werden, müssen dem Eigenjagdbezirke, zu dem dieser Wald gehört, auf Verlangen seines Inhabers angeschlossen werden. Dieses Verlangen ist spätestens bis zum Ablaufe der Auslegungsfrist der Pachtbedingungen (§ 21) beim Jagdvorsteher anzumelden. Vorstehende Bestimmung findet keine Anwendung, wenn die umschlossenen Flächen wenigstens 75 Hektar im Zusammenhange groß sind, oder wenn nach ihrer Abtrennung die übrigbleibenden Flächen des Gemeinde-(Guts-)Bezirkes 75 Hektar nicht mehr umfassen würden.

[1] Die Grundflächen brauchen nicht land- oder forstwirtschaftlich benutzbar zu sein; es werden vielmehr bei Berechnung der Mindestgröße auch alle übrigen Flächen mitgezählt wie Wege, alle Wasser-

stücke, Eisenbahnen, Baustellen, Hofräume, öffentliche Plätze usw., selbst wenn sie für die Ausübung der Jagd nicht in Betracht kommen.

[3] Über solche von Wald umschlossenen Flächen, die von der Feldmark der Gemeinde durch andere Feldmarken oder Eigenjagdbezirke abgeschnitten werden, also Trennstücke der Gemeinde bilden, vgl. § 10.

Wald ist im allgemeinen Wortsinne zu verstehen, OVG. 9 S. 143; Pr. VerwBl. 29 S. 391.

§ 8. Diejenigen Grundflächen eines Gemeinde-(Guts-)Bezirkes, welche nach §§ 4 und 7 zu einem Jagdbezirke nicht gehören, werden angrenzenden gemeinschaftlichen Jagdbezirken zugelegt oder angrenzenden Eigenjagdbezirken angeschlossen, oder es kann aus ihnen zusammen mit angrenzenden Grundflächen eines anderen Gemeinde-(Guts-)Bezirkes ein besonderer gemeinschaftlicher, im Zusammenhange wenigstens 75 Hektar umfassender Jagdbezirk gebildet werden.

Werden sie ganz oder größtenteils von demselben Jagdbezirk umschlossen, so sind sie zunächst dessen Inhaber oder Vertreter zum Anschluß anzubieten.

§ 9. Wenn für den Fall, daß ein gemeinschaftlicher Jagdbezirk nicht angrenzt, der Anschluß an einen angrenzenden Eigenjagdbezirk nicht möglich ist oder nicht zustande kommt und auch die Bildung eines besonderen gemeinschaftlichen, im Zusammenhange wenigstens 75 Hektar umfassenden Jagdbezirkes nicht erfolgt, so sind die Grundflächen einem getrennt liegenden Jagdbezirk anzuschließen oder zuzulegen. Zu diesem Zwecke sind sie, wenn sie nur einem Eigentümer gehören oder im Miteigentume mehrerer stehen und der Eigentümer (Miteigentümer) zugleich Inhaber eines getrennt liegenden Eigenjagdbezirkes ist, auf Wunsch diesem zu überlassen, unter der Voraussetzung, daß sie mit den Grundflächen des Eigenjagdbezirkes eine land- oder forstwirtschaftliche Einheit bilden.

Auch kann aus ihnen — allein oder in Verbindung mit gleichartigen Grundflächen eines anderen Gemeinde-(Guts-)Bezirkes — ein selbständiger, nicht 75 Hektar im Zusammenhang umfassender gemeinschaftlicher Jagdbezirk und, wenn sie nur einem Eigentümer gehören oder im Miteigentume mehrerer stehen, Eigenjagdbezirk gebildet werden.

§ 10. Werden im Falle des § 8 Abs. 2 die Grundflächen von einem über 750 Hektar im Zusammenhange großen Walde, der eine einzige Besitzung bildet, ganz oder größtenteils umschlossen und lehnt der Inhaber des Eigenjagdbezirkes, zu dem der Wald gehört, den Anschluß ab, so kann aus ihnen, wenn die im § 8 Abs. 1 und § 9 Abs. 1 vorgesehenen Maßnahmen nicht zustande kommen, an Stelle der im § 8 Abs. 1 und § 9 Abs. 1 vorgesehenen Maßnahmen ein selbständiger, nicht 75 Hektar im Zusammenhang umfassender gemeinschaftlicher Jagdbezirk und, wenn die Grundflächen nur einem Eigentümer gehören oder im Miteigentume mehrerer stehen, ein Eigenjagdbezirk gebildet werden.

§ 11. Die nach §§ 8 und 9 getroffenen Maßnahmen bleiben in Kraft, bis eine anderweite Regelung erfolgt; vor Ablauf von 6 Jahren darf die Neuregelung — unbeschadet der Bestimmung im § 14 — nicht erfolgen. Dasselbe gilt von der Anpachtung der im § 4 Abs. 1 Ziffer 2 Satz 2 bezeichneten Flächen durch den Inhaber des angrenzenden Eigenjagdbezirkes.

Wenn im Falle des § 10 ein Jagdbezirk gebildet ist, ist der Inhaber des umschließenden Jagdbezirkes jederzeit befugt, den pachtweisen Anschluß der umschlossenen

Flächen zu verlangen und zwar auch dann, wenn der Jagdbezirk verpachtet ist.

§ 12. Werden Grundflächen einem gemeinschaftlichen Jagdbezirke zugelegt, so gelten sie als dessen Teile.

Der Anschluß an einen Eigenjagdbezirk erfolgt pachtweise nach dem Werte der Jagdnutzung.[1] Der Wert ist nach den Grundsätzen einer pfleglichen Behandlung der Jagd zu ermitteln. Der Preisermittelung sind, abgesehen vom Falle des § 4 Abs. 1 Ziffer 2 Abs. 1, mindestens die Pachtpreise benachbarter Jagdbezirke unter Berücksichtigung der besonderen jagdlichen Verhältnisse der zu verpachtenden Grundflächen zugrunde zu legen.

[1] Der Unterschied zwischen Zulegung zu einem gemeinschaftlichen Jagdbezirk und Anschluß an einem Eigenjagdbezirk besteht also darin, daß die zugelegten Grundflächen vollwertige Bestandteile des gemeinschaftlichen Jagdbezirks und ihre Eigentümer Jagdgenossen des letzteren mit den gleichen Rechten und Pflichten der übrigen Jagdgenossen werden, während beim Anschluß an den Eigenjagdbezirk es sich nur um ein Pachtverhältnis handelt.

§ 13. Die Eigentümer sind befugt, zur Fischerei dienende Seen und Teiche, die zur Bildung von Eigenjagdbezirken nicht geeignet sind, einschließlich der in ihnen liegenden Inseln, soweit diese ganz ihnen gehören, von dem gemeinschaftlichen Jagdbezirk auszuschließen.[1]

Durch die Jagdpolizeibehörde kann das gleiche Recht den Unternehmern von Schiffahrtkanälen für bestimmte Grundflächen zugestanden werden, sofern Tatsachen vorliegen, welche die Annahme rechtfertigen, daß die Ausübung der Jagd mit den Rücksichten der Betriebssicherheit unvereinbar ist.

Gegen die Verfügung der Jagdpolizeibehörde ist die Klage im Verwaltungsstreitverfahren zulässig.

Auf den ausgeschlossenen Grundflächen muß während der Dauer des Ausschlusses die Ausübung des Jagdrechts ruhen.

Spätestens bis zum Ablaufe der Auslegungsfrist der Pachtbedingungen (§ 21) ist der Ausschluß beim Jagdvorsteher anzumelden.

Die ausgeschlossenen Flächen werden bei Feststellung der Mindestgröße der gemeinschaftlichen Jagdbezirke (§§ 7 bis 9) angerechnet.

[1] Nur die Wasserflächen der Teiche, nicht auch die sie umgebenden mit der Fischerei im Zusammenhang stehenden Grundstücke dürfen von dem gemeinschaftlichen Jagdbezirk ausgeschlossen werden. Als Wasserflächen der Teiche sind nur diejenigen Flächen anzusehen, welche in der Regel mit Wasser bedeckt sind, OVG. 54 S. 371; vgl. auch RG. Recht 07 S. 1420.

§ 14. Wenn Grundflächen, die zu einem verpachteten gemeinschaftlichen Jagdbezirke gehören, dauernd und vollständig gegen den Einlauf von Wild eingefriedigt (§ 4 Abs. 1 Ziffer 1) oder mit anderen Grundflächen zu einer zusammenhängenden Fläche von 75 Hektar im Sinne des § 4 Abs. 1 Ziffer 2 vereinigt werden, steht die eigene Ausübung des Jagdrechts auf ihnen dem Eigentümer mit Ablauf eines jeden Pachtjahrs zu, sofern er den Vertreter und den Pächter des gemeinschaftlichen Jagdbezirkes sechs Monate vorher von der Absicht in Kenntnis gesetzt hat, daß er von der ihm zustehenden Befugnis Gebrauch machen will.[1] In diesem Falle erhält der Jagdpächter die Berechtigung, zum gleichen Zeitpunkte von dem Jagdpachtvertrage zurückzutreten, wenn er den Vertrag fünf Monate vorher aufkündigt.

Verlieren die Grundflächen die Eigenschaft eines Eigenjagdbezirkes, so fallen sie beim Vorliegen der Voraussetzungen des § 7 Abs. 1 dem gemeinschaftlichen Jagdbezirk ihres Gemeinde-(Guts-)Bezirkes von selbst zu; anderenfalls ist über sie nach Maßgabe der Vorschriften in den §§ 7 bis 10 zu bestimmen, soweit nicht der Eigentümer sie nach § 13 vom gemeinschaftlichen Jagdbezirk ausschließt. Werden sie hierbei einem verpachteten gemeinschaftlichen Jagdbezirke zugelegt, so erhöht sich der zu zahlende Pachtpreis im Verhältnisse des neuen räumlichen Umfanges zum bisherigen Umfange des Jagdbezirkes. Der Pächter ist jedoch befugt, von dem Pachtvertrage zurückzutreten, wenn der neue räumliche Umfang den bisherigen Umfang des Jagdbezirkes um mehr als ein Zehntel übersteigt.

[1] Die Kündigung gemäß Abs. 1 ist auch gegenüber solchen Jagdpachtverträgen erforderlich, die vor dem 1. Mai 1907 abgeschlossen sind und daher nach § 84 Abs. 1 bis zu ihrem Ablauf in Kraft bleiben, OVG. 55 S. 344.

§ 15. Die Vorschrift in den §§ 5 und 6 des Kurhessischen Gesetzes, das Jagdrecht und dessen Ausübung betreffend, vom 7. September 1865 (Kurh. Gesetzsamml. S. 571), daß erst nach Erstattung des für ein Grundstück gezahlten Ablösungskapitals in die Jagdausübung eingetreten werden darf, bleibt bestehen mit der Maßgabe, daß an Stelle des dort zugrunde gelegten Umfanges des Grundbesitzes von 100 Casseler Morgen ein solcher von 75 Hektar tritt, und daß die Jagdgenossenschaft an Stelle der Gemeinde tritt, soweit die Erträge der Jagd nicht mehr der Gemeindekasse zukommen.

§ 16. Die Eigentümer der Grundstücke eines gemeinschaftlichen Jagdbezirkes bilden eine Jagdgenossenschaft, die Rechtsfähigkeit besitzt.

Die Verwaltung der Angelegenheiten der Jagdgenossenschaft sowie ihre gerichtliche und außergerichtliche Vertretung geschieht durch den Jagdvorsteher. Jagdvorsteher ist der Vorsteher der Gemeinde (Bürgermeister, Gemeindevorsteher, Gutsvorsteher, in der Rheinprovinz der Gemeindevorsteher). Sind die Grundstücke eines gemeinschaftlichen Jagdbezirkes in mehreren Gemeinde-(Guts-)Bezirken belegen, so bestimmt die Jagdaufsichtsbehörde (§ 70) den zuständigen Jagdvorsteher.

Der gesetzliche Stellvertreter des Vorstehers der Gemeinde (des Gemeindevorstehers in der Rheinprovinz) vertritt ihn in Behinderungsfällen auch in seiner Eigenschaft als Jagdvorsteher.

In Stadtkreisen ist der Bürgermeister befugt, die Wahrnehmung der Obliegenheiten des Jagdvorstehers und des Stellvertreters anderen Magistratspersonen zu übertragen.

§ 17. Über die Bildung mehrerer selbständiger gemeinschaftlicher Jagdbezirke aus einem Gemeinde-(Guts-)Bezirke, die Vereinigung mehrerer ganzer Gemeinde-(Guts-)Bezirke oder einzelner Teile eines solchen mit einem anderen Gemeinde-(Guts-)Bezirk oder Teilen eines solchen zu einem gemeinschaftlichen Jagdbezirke (§ 7 Abs. 2 und 3), sowie über den Anschluß der nicht zu einem Jagdbezirke gehörigen Grundflächen an einen Eigenjagdbezirk, deren Zulegung zu einem gemeinschaftlichen Jagdbezirk oder die Bildung eines selbständigen Eigen- oder gemeinschaftlichen Jagdbezirkes aus ihnen (§§ 7 Abs. 5, §§ 8 bis 10) beschließen die Jagdvorsteher. Ihnen liegt auch die Vereinbarung der Pachtentschädigung nach den §§ 7 Abs. 5, §§ 8 und 9 ob.

Die Beschlüsse und die Vereinbarung der Pachtentschädigung sind zwei Wochen lang öffentlich auszulegen.

Ort und Zeit der Auslegung sind in ortsüblicher Weise bekannt zu machen.

Während der Auslegungsfrist kann jeder beteiligte Grundbesitzer beim Kreisausschuß und, wenn ein Stadtkreis beteiligt ist, beim Bezirksausschusse gegen sie Einspruch erheben.

Wenn im Falle des § 7 Abs. 2 und 3 Einspruch eingelegt ist, darf über die Genehmigung erst nach rechtskräftiger Erledigung des Einspruchsverfahrens, anderenfalls erst nach Ablauf der Einspruchsfrist beschlossen werden.

§ 18. Wenn bei Beteiligung der Grundflächen aus zwei oder mehreren Gemeinde-(Guts-)Bezirken eine Einigung zwischen den Jagdvorstehern (§ 17 Abs. 1) nicht zustande kommt, beschließt in den Fällen der §§ 8 und 9 der Kreisausschuß und, wenn ein Stadtkreis beteiligt ist, der Bezirksausschuß.

§ 19. Wenn im Falle des § 7 Abs. 5, § 8 Abs. 2 und § 11 Abs. 2 der Inhaber des umschließenden Eigenjagdbezirkes zur Anpachtung bereit ist, eine Einigung über die Höhe der Pachtentschädigung aber nicht erzielt wird, so beschließt darüber der Kreisausschuß und, wenn ein Stadtkreis beteiligt ist, der Bezirksausschuß.

§ 20. Die Nutzung der Jagd in einem gemeinschaftlichen Jagdbezirk erfolgt in der Regel durch Verpachtung (§ 21).

Mit Genehmigung des Kreisausschusses, in Stadtkreisen des Bezirksausschusses, kann der Jagdvorsteher jedoch die Jagd auch gänzlich ruhen oder auf Rechnung der Jagdgenossenschaft durch höchstens drei angestellte Jäger ausüben lassen.

Die Genehmigung ist jederzeit widerruflich.

In gemeinschaftlichen Jagdbezirken, in denen Wildschäden vorkommen, darf die Jagd nicht ruhen, wenn ein Jagdgenosse dagegen Einspruch erhebt. Der Einspruch ist jederzeit zulässig und beim Jagdvorsteher anzubringen. Gegen dessen Bescheid findet innerhalb zwei Wochen die Beschwerde beim Kreisausschuß, in Stadtkreisen beim Bezirksausschusse, statt.

§ 21. Die Verpachtung ist durch den Jagdvorsteher vorzunehmen.

Für die Art der Verpachtung ist das Interesse der Jagdgenossenschaft maßgebend.

Der Jagdvorsteher hat die von ihm beabsichtigte Art der Verpachtung in ortsüblicher Weise bekannt zu machen. Die von ihm in Aussicht genommenen Pachtbedingungen sind zwei Wochen lang öffentlich auszulegen. Ort und Zeit der Auslegung sind in der Bekanntmachung über die Art der Verpachtung anzugeben.

Jeder Jagdgenosse kann gegen die Art der Verpachtung und gegen die Pachtbedingungen während der Auslegungsfrist Einspruch beim Kreisausschuß, in Stadtkreisen beim Bezirksausschuß, erheben.

Ort und Zeit der Verpachtung, sofern sie öffentlich meistbietend erfolgen soll, sind mindestens zwei Wochen vorher in ortsüblicher Weise und durch das von der Jagdaufsichtsbehörde bestimmte Blatt bekannt zu machen.

§ 22. Für die Verpachtung gelten im übrigen folgenden Bestimmungen[1]:

1. die Pachtverträge sind schriftlich abzuschließen;
2. die Verpachtung der Jagd auf demselben Jagdbezirke soll in der Regel nicht an mehr als drei Personen gemeinschaftlich erfolgen, jedoch kann dieselbe mit Genehmigung des Kreisausschusses, in Stadtkreisen des Bezirksausschusses, im Interesse

der Jagdgenossenschaft auch an mehr als drei Jagdpächter oder an eine Jagdgesellschaft (Verein, Genossenschaft) von nicht beschränkter Mitgliederzahl vorgenommen werden;

3. Weiterverpachtungen bedürfen der Zustimmung des Verpächters und der Genehmigung des Kreisausschusses, in Stadtkreisen des Bezirksausschusses;
4. die Pachtzeit soll in der Regel auf mindestens sechs und höchstens auf zwölf Jahre festgesetzt werden, jedoch kann dieselbe mit Genehmigung des Kreisausschusses, in Stadtkreisen des Bezirksausschusses, im Interesse der Jagdgenossenschaft bis auf drei Jahre herabgesetzt oder bis auf achtzehn Jahre erhöht werden;
5. die Verpachtung der Jagd an Personen, welche nicht Angehörige des Deutschen Reichs sind, bedarf der Genehmigung der Jagdaufsichtsbehörde.

[1] Die Formvorschriften der Landgemeinde- und Städteordnungen sind auf den Abschluß von Verträgen durch den Jagdvorsteher nicht anwendbar; es bedarf z. B. nicht der Beidrückung des Gemeindesiegels.

§ 23. Der Jagdvorsteher hat den Pachtvertrag zwei Wochen lang öffentlich auszulegen. Ort und Zeit der Auslegung sind in ortsüblicher Weise bekannt zu machen.

Jeder Jagdgenosse kann während der Auslegungsfrist beim Kreisausschuß, in Stadtkreisen beim Bezirksausschusse, gegen den Pachtvertrag Einspruch erheben. Dieser darf sich jedoch gegen die Art der Verpachtung und gegen die Pachtbedingungen insoweit nicht richten, als dieselben durch das im § 21 vorgeschriebene Verfahren festgestellt sind.

§ 24. Pachtverträge, die gegen die vorstehenden Vorschriften verstoßen, sind nichtig.[1]

Streitigkeiten über die Frage der Nichtigkeit zwischen dem Jagdvorsteher und dem Jagdpächter unterliegen der Entscheidung im Verwaltungsstreitverfahren.

Zuständig zur Entscheidung ist in erster Instanz der Kreisausschuß, in Stadtkreisen der Bezirksausschuß.

Die Jagdaufsichtsbehörde ist befugt, dem Pächter für die Dauer eines über die Frage der Nichtigkeit eingeleiteten Verwaltungsstreitverfahrens die Ausübung der Jagd zu untersagen und wegen der anderweiten Nutzung der Jagd die erforderlichen Anordnungen zu treffen. Gegen die Untersagung und die Anordnungen steht dem Pächter die Beschwerde nach näherer Maßgabe des § 70 zu.

[1] Abweichend vom bisherigen Recht (vgl. § 12 Abs. 3 des Jagdpolizeiges. v. 7. März 1850) entbehren auch Weiterverpachtungsverträge bei feststehender mangelnder Genehmigung der Rechtsgültigkeit, RG. Straff. 42 S. 58, KG. Recht 1910 S. 253.

§ 25. Der Jagdvorsteher erhebt die Pachtgelder und sonstige Einnahmen aus der Jagdnutzung und verteilt sie nach Abzug der der Genossenschaft zur Last fallenden Ausgaben unter die Jagdgenossen des Bezirkes nach dem Verhältnisse des Flächeninhalts der beteiligten Grundstücke.

Der Verteilungsplan, welcher eine Berechnung der Einnahmen und Ausgaben enthalten muß, ist zur Einsicht der Jagdgenossen zwei Wochen lang öffentlich auszulegen. Ort und Zeit der Auslegung sind vorher vom Jagdvorsteher in ortsüblicher Weise bekannt zu machen.

Gegen den Verteilungsplan ist binnen zwei Wochen

nach Beendigung der Auslegung Einspruch bei dem Jagdvorsteher zulässig.

Gegen dessen Bescheid findet innerhalb zwei Wochen die Klage beim Kreisausschuß, in Stadtkreisen beim Bezirksausschusse statt.

Vorstehende Bestimmungen gelten auch beim Anschlusse von Grundflächen an einen Eigenjagdbezirk (§ 4 Abs. 1 Ziffer 2 Abs. 1, § 7 Abs. 5, §§ 8, 9) mit der Maßgabe, daß die zu zahlende Entschädigung nach Abzug der Ausgaben nur unter die Eigentümer der angeschlossenen Grundflächen zu verteilen ist.

Sind die Erträge der Jagd bisher herkömmlich für gemeinnützige Zwecke verwendet worden, kann es hierbei verbleiben; es ist aber jeder Grundeigentümer befugt, die Auszahlung seines Anteils zu verlangen.

Die Kassengeschäfte der Jagdgenossenschaft sind durch die Gemeindekasse zu führen; hierfür kann eine vom Kreisausschuß, in Stadtkreisen vom Bezirksausschusse, festzusetzende angemessene Vergütung gewährt werden.

§ 26. Der Beschluß in den Fällen des § 17 Abs. 4, 5, §§ 18, 19, 20 Abs. 2, 4, § 21 Abs. 4, § 22 Ziffer 2, 3, 4, § 23, § 25 Abs. 7, § 52 Abs. 2 ist endgültig, jedoch steht dem Jagdvorsteher und beim Anschluß an einen Eigenjagdbezirk (§§ 8 und 9) auch den Eigentümern der anzuschließenden Grundflächen innerhalb zwei Wochen gegen den Beschluß des Kreisausschusses die Beschwerde an den Bezirksausschuß, gegen den in erster Instanz ergehenden Beschluß des Bezirksausschusses die Beschwerde an den Provinzialrat, ferner in gleicher Frist, soweit es sich um die Höhe der Pachtentschädigung handelt (§ 17 Abs. 2 und § 19), dem Jagdvorsteher und den Eigentümern der anzuschließenden Grundflächen und im Falle des § 19 auch dem Inhaber des Eigenjagdbezirkes der Antrag auf mündliche Verhandlung im Verwaltungsstreitverfahren zu. Wenn der Antrag auf mündliche Verhandlung von mehreren hierzu Berechtigten gestellt wird, ist das Verfahren zu verbinden. Die ergehende Entscheidung hat Geltung für alle Beteiligten.

§ 27. Sowohl den Pächtern gemeinschaftlicher Jagdbezirke als auch den Inhabern von Eigenjagdbezirken ist die Anstellung von Jägern für ihre Reviere gestattet.

Als Jäger dürfen im Falle des § 6 Abs. 2 und des § 20 Abs. 2 nur solche großjährigen Männer angestellt werden, gegen welche keine Tatsachen vorliegen, die nach den §§ 34 und 35 die Versagung des Jagdscheins rechtfertigen.

§ 28. In allen Festungswerken ist allein die Militärverwaltung befugt, die Jagd durch besonders dazu ermächtigte Personen ausüben zu lassen.

Außerhalb dieser Werke, desgleichen um die Pulvermagazine und ähnliche Anstalten werden auf Kosten der Militärverwaltung Umkreise oder Rayons von zusammenhängender Fläche gebildet und bezeichnet, innerhalb welcher die Jagd mit Feuergewehren nicht ausgeübt werden darf bei Vermeidung einer Geldstrafe von 15 bis 60 Mark.

Die weiteste Entfernung der Außenlinie von den ausspringenden Winkeln des Glacis, der Pulvermagazine und ähnlicher Anstalten wird auf dreihundert Schritte festgesetzt. Die Abgrenzung erfolgt gemeinschaftlich von der Festungsbehörde, einem Deputierten des Gemeinde-(Guts-)Vorstandes und einem der Kreisverwaltung.

Dritter Abschnitt.

Jagdscheine.

§ 29.[1] Wer die Jagd ausübt,[2] muß einen auf seinen Namen lautenden Jagdschein bei sich führen. Zuständig für die Erteilung des Jagdscheins ist der Landrat (Oberamtmann), in Stadtkreisen die Ortspolizeibehörde desjenigen Kreises, in welchem der den Jagdschein Nachsuchende einen Wohnsitz hat oder zur Ausübung der Jagd berechtigt ist.

Personen, welche weder Angehörige eines deutschen Bundesstaats sind, noch in Preußen einen Wohnsitz haben, kann der Jagdschein gegen die Bürgschaft einer Person, welche in Preußen einen Wohnsitz hat, erteilt werden. Die Erteilung erfolgt durch die für den Bürgen gemäß Abs. 1 zuständige Behörde. Der Bürge haftet für die Geldstrafen, welche auf Grund dieses Gesetzes oder wegen Übertretung sonstiger jagdpolizeilicher Vorschriften[3] gegen den Jagdscheinempfänger verhängt werden, sowie für die Untersuchungskosten.

[1] Die Vorschrift stimmt wörtlich mit § 1 des Jagdscheingesetzes vom 31. Juli 1895 überein, das nur noch in Hannover und Hohenzollern gilt.

[2] Unter Jagd ist das Aufsuchen, Nachstellen und Verfolgen jagdbarer Tiere, um dieselben lebendig oder tot zu erlangen und in seine Gewalt zu bekommen, zu verstehen, ohne daß es darauf ankommt, mit welchen Mitteln dies geschieht, RGStraff. 26 S. 216, KG. GA. 46 S. 73, Jhrb. 20 C S. 25. Das Aufnehmen und Aneignen durch andere erlegten Wildes auf eigenem Jagdgebiet verlangt keinen Jagdschein, KG. GA. 49 S. 161. Jagdbar sind die im § 1 bezeichneten Tiere. Wilde Kaninchen sind nicht jagdbar, unterliegen vielmehr dem freien Tierfang; es können aber durch Polizeiverordnung für den Kaninchenfang Beschränkungen vor-

gesehen werden, insbesondere kann das Betreten fremder Grundstücke zum Zwecke des Kaninchenfangs von der Zustimmung des Grundeigentümers und des Jagdberechtigten abhängig gemacht werden, RGStrafs. 43 S. 162, OVG. DJZ. 1911 S. 710, KG. Recht 1910 S. 750.

Auf Grund welches Rechts die Jagd ausgeübt wird, ist unerheblich; auch der Grundeigentümer bedarf zur Ausübung der Jagd auf eigenem Grund und Boden eines Jagdscheins, KG. GA. 46 S. 73, ebenso derjenige, der die Jagd an einem Orte ausübt, wo sie frei ist, z. B. auf herrenlosem Grund und Boden, KG. GA. 46 S. 232.

Wer die Jagd nicht selbst ausüben, sondern nur dem Jagdberechtigten die Ausübung durch Herstellung der dazu erforderlichen Hilfsmittel und Veranstaltungen ermöglichen oder erleichtern will, braucht keinen Jagdschein, KG. GA. 39 S. 380, vgl. aber auch Jhrb. 9 S. 26 5, 11 S. 283, ferner KG. DJZ. 1897 S. 305. Das Nachhauseschaffen der Jagdbeute außerhalb des Jagdgebiets gehört nicht mehr zur Jagdausübung, KG. GA. 45 S. 154.

[3] Über polizeiliche Vorschriften vgl. § 35 A. 1.

§ 30. Eines Jagdscheins bedarf es nicht:

1. zum Ausnehmen von Kiebitz- und Möweneiern;
2. zu Treiber- und ähnlichen bei der Jagdausübung geleisteten Hilfsdiensten;
3. zur Ausübung der Jagd im Auftrag oder auf Ermächtigung der Jagdpolizeibehörde in den gesetzlich vorgesehenen Fällen.[1] Der Auftrag oder die Ermächtigung vertritt die Stelle des Jagdscheins.

[1] Vgl. §§ 61, 63, 64, 66, 67.

§ 31. Der Jagdschein gilt für den ganzen Umfang der Monarchie. Er wird in der Regel auf ein Jahr[1] ausgestellt (Jahresjagdschein). Personen, welche die Jagd nur vorübergehend ausüben wollen, kann jedoch ein auf drei aufeinander folgende Tage gültiger Jagdschein (Tagesjagdschein) ausgestellt werden.

[1] Über Berechnung des Jahres vgl. KG. GA. 45 S. 77.

§ 32. Für den Jahresjagdschein ist eine Abgabe von 15 Mark, für den Tagesjagdschein von 3 Mark zu entrichten. Personen, welche weder Angehörige eines deutschen Bundesstaats sind, noch in Preußen einen Wohnsitz oder einen Grundbesitz mit einem Grundsteuerreinertrage von 150 Mark haben, müssen eine erhöhte Abgabe für den Jahresjagdschein von 100 Mark, für den Tagesjagdschein von 20 Mark entrichten.

Neben der Jagdscheinabgabe werden Ausfertigungs- oder Stempelgebühren nicht erhoben.

Gegen Entrichtung von 1 Mark kann eine Doppelausfertigung des Jagdscheins gewährt werden.

Die Jagdscheinabgabe fließt zur Kreiskommunalkasse, in den Stadtkreisen zur Gemeindekasse. Über die Verwendung der eingegangenen Beträge hat die Vertretung des betreffenden Kommunalverbandes zu beschließen.

§ 33. Von der Entrichtung der Jagdscheinabgabe sind befreit:

die auf Grund des § 23 des Forstdiebstahlgesetzes vom 15. April 1878 (GS. S. 222) beeidigten sowie diejenigen Personen, welche sich in der für den Staatsforstdienst vorgeschriebenen Ausbildung befinden. Der unentgeltlich erteilte Jagdschein genügt nicht, um die Jagd auf eigenem oder gepachtetem Grund und Boden oder auf solchen Grundstücken auszuüben, auf welchen von dem Jagdscheininhaber außerhalb seines Dienstbezirkes die Jagd gepachtet worden ist.

Die Unentgeltlichkeit ist auf dem Jagdscheine zu zu vermerken.

§ 34. Der Jagdschein muß versagt werden:

1. Personen, von denen eine unvorsichtige Führung des Schießgewehrs oder eine Gefährdung der öffentlichen Sicherheit zu besorgen ist;
2. Personen, welche sich nicht im Besitze der bürgerlichen Ehrenrechte befinden oder welche unter polizeilicher Aufsicht stehen;
3. Personen, welche in den letzten 10 Jahren
   a) wegen Diebstahls, Unterschlagung oder Hehlerei wiederholt, oder
   b) wegen Zuwiderhandlung gegen die §§ 117 bis 119 und 294 des Reichsstrafgesetzbuchs mit mindestens 3 Monaten Gefängnis bestraft sind.

§ 35. Der Jagdschein kann versagt werden:

1. Personen, welche in den letzten 5 Jahren
   a) wegen Diebstahls, Unterschlagung oder Hehlerei einmal, oder
   b) wegen Zuwiderhandlung gegen die §§ 117 bis 119 des Reichsstrafgesetzbuchs mit weniger als 3 Monaten Gefängnis bestraft sind;
2. Personen, welche in den letzten 5 Jahren wegen eines Forstdiebstahls, wegen eines Jagdvergehens, wegen einer Zuwiderhandlung gegen den § 113 des Reichsstrafgesetzbuchs, wegen der Übertretung einer jagdpolizeilichen Vorschrift[1] oder wegen unbefugten Schießens (§§ 367 Nr. 8 und 368 Nr. 7 des Reichsstrafgesetzbuchs) bestraft sind.

[1] Unter jagdpolizeilicher Vorschrift ist jede in Beziehung auf die Jagd gegebene polizeiliche Vorschrift zu verstehen, z. B. auch eine Polizeiverordnung, wonach das Betreten fremder Grundstücke zum Zwecke des Kaninchenfanges der Erlaubnis des Jagdberechtigten und des Eigentümers oder Nutznießers der betreffenden Grundstücke bedarf, OVG. DJZ. 1911 S. 710.

§ 36. Wenn Tatsachen, welche die Versagung des Jagdscheins rechtfertigen, erst nach Erteilung des Jagdscheins eintreten oder zur Kenntnis der Behörde gelangen, so muß in den Fällen des § 34 und kann in den Fällen des § 35 der Jagdschein von der für die Erteilung zuständigen Behörde für ungültig erklärt und dem Empfänger wieder abgenommen werden.

Eine Rückvergütung der Jagdscheinabgabe oder eines Teilbetrags findet nicht statt.

§ 37. Gegen Verfügungen, durch welche der Jagdschein versagt oder entzogen wird, finden diejenigen Rechtsmittel statt, welche in den §§ 127 bis 129 des Gesetzes über die allgemeine Landesverwaltung vom 30. Juli 1883 (GS. S. 195) gegen polizeiliche Verfügungen gegeben sind.

§ 38. Wer die Jagd innerhalb der abgesteckten Festungsrayons (§§ 8, 24 des Reichsrayongesetzes vom 31. Dezember 1871, Reichs-Gesetzbl. S. 459) ausüben will, muß vorher seinen Jagdschein von der Festungsbehörde mit einem Einsichtsvermerke versehen lassen.[1]

[1] Vgl. § 28.

Vierter Abschnitt.

Schonvorschriften.

§ 39.[1] Mit der Jagd zu verschonen[2] sind:

1. männliches Elchwild vom 1. Oktober bis 31. August;
2. weibliches Elchwild[3] und Elchkälber das ganze Jahr hindurch;
3. männliches Rot- und Damwild vom 1. März bis 31. Juli;
4. weibliches Rotwild weibliches Damwild sowie

Kälber von Rot- und Damwild vom 1. Februar bis 15. Oktober;

5. Rehböcke[4] vom 1. Januar bis 15. Mai;
6. weibliches Rehwild und Rehkälber[5] vom 1. Januar bis 31. Oktober;
7. Dachse[5] vom 1. Januar bis 31. August;
8. Biber[5] vom 1. Dezember bis 30. September;
9. Hasen vom 16. Januar bis 30. September;
10. Auerhähne vom 1. Juni bis 30. November;
11. Auerhennen vom 1. Februar bis 30. November;
12.[4] Birk-, Hasel- und Fasanenhähne vom 1. Juni bis 15. September;
13.[4] Birk-, Hasel- und Fasanenhennen vom 1. Februar bis 15. September;
14.[4] Rebhühner, Wachteln und schottische Moorhühner vom 1. Dezember bis 31. August;
15. wilde Enten[5] vom 1. März bis 30. Juni;
16. Schnepfen vom 16. April bis 30. Juni;
17. Trappen vom 1. April bis 31. August;
18. wilde Schwäne, Kraniche, Brachvögel, Wachtelkönige und alle anderen jagdbaren Sumpf- und Wasservögel mit Ausnahme der wilden Gänse vom 1. Mai bis 30. Juni;
19. Drosseln (Krammetsvögel)[6] vom 1. Januar bis 20. September.

Die im vorstehenden als Anfangs- und Endtermine der Schonzeiten bezeichneten Tage gehören zur Schonzeit.

Beim Elch-, Rot-, Dam- und Rehwild gilt als Jungwild das Kalb bis einschließlich zum letzten Tage des auf die Geburt folgenden Februars.

Vorstehende Vorschriften über Schonzeiten finden

auf das Fangen oder Erlegen von Wild in eingefriedigten Wildgärten keine Anwendung.

[1] Die Vorschrift gibt unverändert den § 2 des Wildschongesetzes vom 14. Juli 1904 wieder, welches jetzt noch in Hannover gilt.

[2] Strafbestimmungen §§ 76, 77, 79, 80.

[3] Vgl. aber § 40 Abs. 1.

[4] Vgl. § 40 Abs. 2 lit. a.

[5] Vgl. § 40 Abs. 2 lit. c.

[6] Vgl. § 40 Abs. 2 lit. b, § 41.

§ 40. Aus Rücksichten der Landeskultur oder der Jagdpflege kann der Minister für Landwirtschaft, Domänen und Forsten den Abschuß weiblichen Elchwildes für die Zeit vom 16. bis 30. September gestatten.

Aus denselben Gründen können durch Beschluß des Bezirksausschusses

a) der Anfang und der Schluß der Schonzeiten für die im § 39 unter 12 bis 14 genannten Wildarten und der Schluß der Schonzeit für Rehböcke anderweit, jedoch nicht über 14 Tage vor oder nach den dort bestimmten Zeitpunkten, festgesetzt;

b) das Ende der Schonzeit für Drosseln (Krammetsvögel) bis 30. September einschließlich hinausgeschoben;

c) die Schonzeiten für Dachse und wilde Enten eingeschränkt oder gänzlich aufgehoben sowie für Rehkälber und Biber verlängert[1] oder auf das ganze Jahr ausgedehnt

werden.

Die hiernach zulässige Abänderung oder Aufhebung der Schonzeiten darf für den ganzen Umfang oder nur für einzelne Teile des Regierungsbezirkes, die Abänderung für die einzelnen Teile desselben Regierungsbezirkes in verschiedener Weise erfolgen.

Der Beschluß zu a kann nur für die Dauer eines Jahres gefaßt werden.

[1] Bei Verlängerung der Schonzeit für Rehkälber darf der Bezirksausschuß die Schonzeit für männliche und weibliche Rehkälber verschieden festsetzen. Ein solcher Beschluß hat nicht den Charakter einer Polizeiverordnung; für die Gültigkeit seiner Bekanntmachung sind daher nicht die für Polizeiverordnungen geltenden Formvorschriften maßgebend, Jhrb. 36 C S. 41.

§ 41. Das Aufstellen von Schlingen, in denen sich jagdbare Tiere oder Kaninchen fangen können, ist verboten.[1]

Unter dieses Verbot fällt nicht die Ausübung des Dohnenstiegs mittels hochhängender Dohnen. Die Art der Ausübung des Dohnenstiegs kann durch den Regierungspräsidenten im Wege der Polizeiverordnung geregelt werden.[2]

[1] Strafbestimmung § 77 Nr. 2.

[2] Die Bestimmungen des Vogelschutzgesetzes vom 30. Mai 1908 (RGBl. S. 317) finden zwar auf die nach Maßgabe der Landesgesetze jagdbaren Vögel keine Anwendung, jedoch gilt auch für sie, also namentlich für Krammetsvögel, das Verbot des Fangens mittels Schlingen (§ 8 Vogelschutzges.). Abs. 2 ist damit gegenstandslos geworden.

§ 42. Kiebitz- und Möweneier dürfen nur bis 30. April einschließlich eingesammelt werden.[1]

Durch Beschluß des Bezirksausschusses kann dieser Termin bis zum 10. April einschließlich zurückverlegt oder für Möweneier bis zum 15. Juni einschließlich verlängert werden.

Das Sammeln der Kiebitz- und Möweneier darf von anderen Personen als dem Jagdberechtigten nur in dessen Begleitung oder mit dessen schriftlich erteilter Erlaubnis, welche der Sammelnde bei sich zu führen hat, vorgenommen werden.[2]

Eier oder Junge von anderem jagdbaren Federwild auszunehmen, ist auch der Jagdberechtigte nicht befugt,[3] mit Ausnahme derjenigen Eier, welche ausgebrütet werden sollen.

Zum Ausnehmen von Eiern, welche zu wissenschaftlichen oder zu Lehrzwecken benutzt werden sollen, bedarf es der Genehmigung der Jagdpolizeibehörde.[4]

[1] Kiebitze und Möven gehören als Sumpf- und Wasservögel zu den jagdbaren Tieren; obgleich also das Ausnahmen von Kiebitz- und Möweneiern eine Jagdausübung darstellt, bedarf es hierzu nach § 30 Nr. 1 (oben S. 309) keines Jagdscheins. Strafbestimmung § 368 Nr. 11 StGB. vgl. Anm. 3.

[2] Strafbestimmung § 75.

[3] Die Strafe ist nach § 368 Nr. 11 StGB. Geldstrafe bis zu 60 Mark oder Haft bis zu 14 Tagen.

[4] Über Jagdpolizeibehörde vgl. § 69.

§ 43. Vom Beginne des fünfzehnten Tages der für eine Wildart festgesetzten Schonzeit bis zu deren Ablauf ist es verboten,[1] derartiges Wild[2] in ganzen Stücken oder zerlegt, aber nicht zum Genusse fertig zubereitet, in demjenigen Bezirke, für welchen die Schonzeit gilt,[3] zu versenden,[4] zum Verkaufe herumzutragen oder auszustellen oder feilzubieten, zu verkaufen, anzukaufen,[5] oder den Verkauf von solchem Wild zu vermitteln.

Vorstehenden Beschränkungen unterliegt nicht der Vertrieb einzelner Arten von Wild aus Kühlhäusern, wenn er unter Kontrolle nach Maßgabe der von den zuständigen Ministern zu erlassenden Bestimmungen stattfindet. Die Kosten der Kontrolle fallen den Inhabern der Kühlhäuser zur Last und können in Form einer Gebühr nach Tarifen erhoben werden.[6]

Ferner dürfen Ausnahmen, wenn es sich um die Versendung, den Verkauf, den Ankauf und die Verkaufsvermittelung von lebendem Wilde zum Zwecke der Blutauffrischung oder Einführung einer Wildart handelt, durch den für den Empfangsort zuständigen Regierungspräsidenten gestattet werden.

Die Bestimmungen des ersten Absatzes finden auf Kiebitz- und Möweneier entsprechende Anwendung.

[1] Strafbestimmung § 78.

[2] Auch das Feilhalten lebenden Wildes fällt unter das Verbot, vgl. Abs. 3 und Jahrb. 16 S. 408.

[3] Das an dem Orte der Erlegung geltende Recht kommt nicht in Betracht; das Verbot des § 43 greift auch Platz, wenn das Wild an einem Ort erlegt ist, wo die Schonzeit nicht mehr bestand, oder aus einem außerpreußischen Lande bezogen ist, vgl. Jhrb. 1 S. 219, 16 S. 410, 29 C S. 75, Recht 09, 815.

[4] Gleichgültig ist, ob das Versenden erfolgt, um das Eigentum am Wild auf einen Dritten zu übertragen oder um das Wild vorübergehend in Kühlhallen am Ankunftsorte zu lagern, KG. Recht 09, 815.

[5] Das Wort „ankaufen" ist nicht im streng zivilrechtlichen Sinne aufzufassen; das Gesetz will nur sagen, daß es verboten ist, zur Schonzeit im Schonbezirke Wild durch Ankauf zu erlangen. Wann und wo der Kaufvertrag abgeschlossen ist, kommt nicht in Betracht, wenn die Lieferung des Wildes in der Schonzeit erfolgt, Jhrb. 29 C S. 75.

[6] Vgl. hierzu Ausführungsbestimmungen zum § 6 des Wildschongesetzes vom 15. August 1904 (MBl. f. d. i. V. S. 269) und 1. Dezember 1904 (MBl. f. d. i. V. 1905 S. 13).

§ 44. Vom Beginne des fünfzehnten Tages der für das weibliche Elch-, Rot-, Dam- und Rehwild festgesetzten Schonzeiten bis zu deren Ablauf ist es verboten, unzerlegtes Elch-, Rot-, Dam- und Rehwild, bei welchem das Geschlecht nicht mehr mit Sicherheit zu erkennen ist, zu versenden, zum Verkaufe herumzutragen oder auszustellen oder feilzubieten, zu verkaufen, anzukaufen oder den Verkauf von solchem Wilde zu vermitteln.[1]

[1] Strafbestimmung § 78.

§ 45. Die Vorschriften der §§ 43 und 44 finden auf Wild keine Anwendung, welches im Strafverfahren in Beschlag genommen oder eingezogen, oder welches mit Genehmigung oder auf Anordnung der zuständigen Behörde oder in Fällen erlegt ist, in denen besondere gesetzliche Vorschriften es gestatten.

Wer jedoch solches Wild in ganzen Stücken oder zerlegt versendet, zum Verkaufe herumträgt oder ausstellt oder feilbietet, verkauft, oder den Verkauf von solchem Wilde vermittelt, muß mit einer befristeten[1] Bescheinigung der Ortspolizeibehörde oder des von ihr mit Genehmigung des Landrats zur Ausstellung einer solchen ermächtigten Gemeinde-(Guts-)vorstehers versehen sein.[2]

Der Käufer muß sich die Bescheinigung vorzeigen lassen.[2]

[1] Daß in der Bescheinigung der Vordruck: Gültigkeitsdauer bis zum ...... nicht ausgefüllt ist, steht ihrer Gültigkeit nicht entgegen, wenn sich aus dem übrigen Inhalt des Scheins die festgesetzte Frist zweifellos ergibt, KG. DJZ. 06, 545.

[2] Strafbestimmung § 78.

§ 46. Die Versendung von Wild darf nur unter Beifügung des Ursprungsscheins erfolgen.

Die näheren Vorschriften werden von dem Oberpräsidenten oder dem Regierungspräsidenten im Wege der Polizeiverordnung[1] erlassen; hierbei können von dem Erfordernisse des Ursprungsscheins bezüglich einzelner kleinerer Wildarten Ausnahmen gestattet werden.

[1] Das Kammergericht hatte in neuerer Zeit (Jhrb. 26 C S. 30)

abweichend von seiner früheren Ansicht derartige Polizeiverordnungen schon auf Grund des § 6 lit. a. des Gesetzes über die Polizeiverwaltung vom 11. März 1850 für gültig erklärt; die nunmehrige Vorschrift des Gesetzes soll allen noch möglichen Zweifeln an der Gültigkeit solcher Polizeiverordnungen für die Zukunft vorbeugen.

Ältere Polizeiverordnungen über die Wildlegitimationskontrolle sind unberührt geblieben, Jhrb. 30 C S. 21.

§ 47. Die Vorschriften der §§ 43 und 46 finden auch auf Wild, welches in eingefriedigten Wildgärten erlegt oder gefangen ist, Anwendung.

§ 48. Der Bezirksausschuß ist befugt, für den Umfang des ganzen Regierungsbezirkes oder einzelne Teile des letzteren diejenigen nicht jagdbaren Vögel zu bezeichnen, auf welche die Ausnahmebestimmung des § 5 Abs. 1 des Reichsgesetzes, betr. den Schutz von Vögeln, vom 22. März 1888[1] (Reichs-Gesetzbl. S. 111) dauernd oder vorübergehend Anwendung finden darf.

[1] § 5 Abs. 1 lautet in der Fassung des Vogelschutzgesetzes vom 30. Mai 1908 (RGBl. S. 317):

„Vögel, welche dem jagdbaren Feder- und Haarwild und dessen Brut und Jungen, sowie Fischen und deren Brut nachstellen, dürfen nach Maßgabe der landesgesetzlichen Bestimmungen über Jagd und Fischerei von den Jagd- oder Fischereiberechtigten und deren Beauftragten getötet werden."

Die Vorschrift ist namentlich für Störche von Bedeutung.

§ 49. Der Beschluß des Bezirksausschusses ist in den Fällen der §§ 40, 42 und 48 endgültig.

§ 50. Bei Einführung oder Einwanderung bisher nicht einheimischer Wildarten kann durch Königliche Verordnung Bestimmung getroffen werden über ihre Jagdbarkeit, die Festsetzung von Schonzeiten für sie und die Androhung von Strafen bei Verletzung der festgesetzten Schonzeiten.[1]

[1] Hierzu ist für den Geltungsbereich der Jagdordnung sowie auf Grund des § 14 des Wildschongesetzes vom 14. Juli 1904 für den Umfang der Provinz Hannover die Verordnung vom 9. August 1910 (GS. S. 257) erlassen, welche lautet:

Art. I. Bronzeputer oder wilde Truthühner (Trutwild) werden zu jagdbaren Tieren erklärt.

Art. II. § 1. Mit der Jagd zu verschonen sind:

a) Truthähne vom 15. Mai bis 15. Oktober;

b) Truthennen vom 1. Januar bis 15. Oktober.

Die im Vorstehenden als Anfangs- und Endtermine der Schonzeiten bezeichneten Tage gehören zur Schonzeit.

§ 2. Aus Rücksichten der Jagdpflege können durch Beschluß des Bezirksausschusses die Schonzeiten für Truthähne und Truthennen verlängert oder auf das ganze Jahr ausgedehnt werden. Die hiernach zulässige Abänderung der Schonzeiten darf für den ganzen Umfang oder nur für einzelne Teile des Regierungsbezirks, die Abänderung für die einzelnen Teile desselben Regierungsbezirks in verschiedener Weise erfolgen.

Art. III. Mit einer Geldstrafe von 30 Mark wird bestraft, wer während der Schonzeit ein Stück Trutwild erlegt oder einfängt. Sind mildernde Umstände vorhanden, so kann die Geldstrafe bis auf 5 Mark für jedes Stück ermäßigt werden.

Art. IV. Im übrigen finden die Vorschriften der Jagdordnung vom 15. Juli 1907 und des Wildschongesetzes vom 14. Juli 1904 auf das Trutwild gleichmäßige Anwendung.

Art. V. Diese Verordnung tritt mit dem Tage der Verkündung in Kraft.

Fünfter Abschnitt.

Wildschadenersatz.

§ 51. Für den nach § 835 BGB. zu ersetzenden, durch Schwarz-, Rot-, Elch-, Dam- oder Rehwild oder durch Fasanen angerichteten Schaden gelten folgende Bestimmungen.

§ 52. Ersatzpflichtig sind in einem gemeinschaftlichen Jagdbezirke die Grundbesitzer des Jagdbezirkes nach Verhältnis der Größe der beteiligten Fläche. Dieselben werden durch den Jagdvorsteher vertreten.

Hat bei Verpachtung der Jagd in gemeinschaftlichen Jagdbezirken der Jagdvorsteher die vollständige Wiedererstattung der zu zahlenden Wildschadenbeträge durch den Jagdpächter nicht ausbedungen, so müssen solche Jagdpachtverträge nach ortsüblicher Bekanntmachung zwei Wochen öffentlich ausgelegt werden (§ 23). Sie bedürfen zu ihrer Gültigkeit der Genehmigung des Kreisausschusses, in Stadtkreisen des Bezirksausschusses, wenn seitens auch nur eines Nutzungsberechtigten während der Auslegungsfrist Einspruch erhoben wird.

§ 53. Für Wildschaden ist bei Grundflächen, die einem Eigenjagdbezirk angeschlossen sind (§ 4 Abs. 1 Ziffer 2 Abs. 1, § 7 Abs. 5, §§ 8, 9), der Inhaber des letzteren als Pächter ersatzpflichtig.

Ersatzpflichtig ist im Falle des § 10 der Inhaber des umschließenden Eigenjagdbezirkes auch dann, wenn er den angebotenen Anschluß abgelehnt hat und ein selbständiger Jagdbezirk gebildet ist. Auf das Verfahren finden die Vorschriften über Wildschadenersatz Anwendung.

§ 54. Sofern Bodenerzeugnisse, deren voller Wert sich erst zur Zeit der Ernte bemessen läßt, vor diesem Zeitpunkte beschädigt werden (§ 51), so ist der Schaden in demjenigen Umfange zu erstatten, in welchem er sich zur Zeit der Ernte darstellt.

§ 55. Der Beschädigte, welcher auf Grund der §§ 51 bis 53 Ersatz für Wildschaden fordern will, hat diesen Anspruch bei der für das geschädigte Grundstück zuständigen

Ortspolizeibehörde binnen drei Tagen, nachdem er von der Beschädigung Kenntnis erhalten hat, schriftlich oder zu Protokoll anzumelden. Bei Versäumung dieser Anmeldung findet ein Ersatzanspruch nicht statt.

§ 56. Nach rechtzeitig erfolgter Anmeldung hat die Ortspolizeibehörde zur Ermittelung und Schätzung des behaupteten Schadens und zur Herbeiführung einer gütlichen Einigung unverzüglich einen Termin an Ort und Stelle anzuberaumen und zu demselben die Beteiligten unter der Verwarnung zu laden, daß im Falle des Nichterscheinens mit der Ermittelung und Schätzung des Schadens dennoch vorgegangen wird. Der Jagdpächter ist zu diesem Termine zu laden.

§ 57. Jedem Beteiligten steht das Recht zu, in dem Termine zu beantragen, daß die Schätzung des Schadens erst in einem zweiten, kurz vor der Ernte abzuhaltenden Termin erfolge. Diesem Antrage muß stattgegeben werden.

§ 58. Auf Grund des Ergebnisses der Vorverhandlungen hat die Ortspolizeibehörde einen Vorbescheid über den Schadenersatzanspruch und die entstandenen Kosten zu erlassen und den Beteiligten in schriftlicher Ausfertigung zuzustellen.

Die Zustellung erfolgt nach Maßgabe der für Zustellungen des Kreisausschusses geltenden Bestimmungen.

§ 59. Gegen den Vorbescheid findet innerhalb zwei Wochen die Klage bei dem Kreisausschuß, in Stadtkreisen bei dem Bezirksausschusse, statt.

Die Entscheidungen des Kreisausschusses und des Bezirksausschusses sind vorläufig vollstreckbar.

Wird innerhalb der zwei Wochen die Klage nicht erhoben, so wird der Vorbescheid endgültig und vollstreckbar.

§ 60. Als Kosten des Verfahrens kommen nur bare Auslagen, insbesondere Reisekosten und Gebühren der Sachverständigen, Botenlöhne und Portokosten in Ansatz. Die Kosten des Vorverfahrens werden als Teil der Kosten des Verwaltungsstreitverfahrens behandelt.

Sechster Abschnitt.

Wildschadenverhütung.

§ 61. Wenn die in der Nähe von Forsten belegenen Grundstücke, welche Teile eines gemeinschaftlichen Jagdbezirkes bilden, oder solche Waldenklaven, auf welchen die Jagdausübung dem Eigentümer des sie umschließenden Waldes überlassen ist (§ 7 Abs. 5, §§ 8 und 10), erheblichen Wildschäden durch das aus der Forst übertretende Wild ausgesetzt sind, so ist die Jagdpolizeibehörde befugt, auf Antrag der geschädigten Grundbesitzer nach vorhergegangener Prüfung des Bedürfnisses und für die Dauer desselben den Jagdpächter selbst während der Schonzeit zum Abschusse des Wildes aufzufordern. Schützt der Jagdpächter, dieser Aufforderung ungeachtet, die beschädigten Grundstücke nicht genügend, so kann die Jagdpolizeibehörde den Grundbesitzern selbst die Genehmigung erteilen, das auf diese Grundstücke übertretende Wild auf jede erlaubte Weise zu fangen, namentlich auch mit Anwendung des Schießgewehrs zu töten.

Das Nämliche gilt rücksichtlich der Besitzer solcher Grundstücke, auf welchen sich die Kaninchen bis zu einer der Feld- und Gartenkultur schädlichen Menge vermehren, in betreff dieser Tiergattung. Wird gegen die Verfügung der Jagdpolizeibehörde die Beschwerde eingelegt, so bleibt erstere bis zur eingehenden höheren Entscheidung einstweilen gültig.

Das von den Grundbesitzern infolge einer solchen Genehmigung der Jagdpolizeibehörde erlegte oder gefangene Wild muß aber gegen Bezahlung des in der Gegend üblichen Schußgeldes dem Jagdpächter überlassen und die desfallsige Anzeige binnen 24 Stunden erstattet werden.

§ 62. Ist während des Kalenderjahrs wiederholt durch Rot-, Elch- oder Damwild verursachter Wildschaden durch die Ortspolizeibehörde festgestellt worden, so muß auf Antrag des Ersatzpflichtigen oder der Jagdberechtigten die Jagdpolizeibehörde sowohl für den betroffenen, als auch nach Bedürfnis für benachbarte Jagdbezirke die Schonzeit der schädigenden Wildgattung für einen bestimmten Zeitraum aufheben und die Jagdberechtigten zum Abschuß auffordern und anhalten.

§ 63. Genügen diese Maßregeln (§ 62) nicht, so hat die Jagdpolizeibehörde den Grundbesitzern und sonstigen Nutzungsberechtigten selbst nach Maßgabe des § 61 die Genehmigung zu erteilen, das auf ihre Grundstücke übertretende Elch-, Rot- und Damwild auf jede erlaubte Weise zu fangen, namentlich auch mit Anwendung des Schießgewehrs zu erlegen.

§ 64. Schwarzwild darf nur in solchen Einfriedigungen gehegt werden, aus denen es nicht ausbrechen kann. Der Jagdberechtigte, aus dessen Gehege Schwarzwild austritt, haftet für den durch das ausgetretene Schwarzwild verursachten Schaden.

Außer dem Jagdberechtigten darf jeder Grundbesitzer oder Nutzungsberechtigte innerhalb seiner Grundstücke

Schwarzwild auf jede erlaubte Art fangen, töten und behalten.

Die Jagdpolizeibehörde kann die Benutzung von Schießwaffen für eine bestimmte Zeit gestatten.[1]

Die Jagdpolizeibehörde hat außerdem zur Vertilgung uneingefriedigten Schwarzwildes alles Erforderliche anzuordnen, sei es durch Polizeijagden, sei es durch andere geeignete Maßregeln oder Auflagen an die Jagdberechtigten des Bezirkes und der Nachbarforsten.

[1] Die Ausübung der aus Abs. 2 u. 3 sich ergebenden Befugnis kann auf andere übertragen werden. Der Ansicht des KG. (Jhrb. 39 C S. 37), zu den erlaubten Arten, das Schwarzwild zu töten, gehöre ohne weiteres auch die Anwendung der Schußwaffe, ist nicht beizutreten; die Voraussetzung der Befugnis des Grundbesitzers und Nutzungsberechtigten zum Gebrauch der Schußwaffe ist im Abs. 3 normiert.

§ 65. Durch Klappern, aufgestellte Schreckbilder, sowie durch Zäune kann ein jeder das Wild von seinen Besitzungen abhalten, auch wenn er auf diesen zur Ausübung des Jagdrechts nicht befugt ist. Zur Abwehr des Rot-, Dam- und Schwarzwildes kann er sich auch kleiner oder gemeiner Haushunde bedienen.

§ 66. Die Jagdpolizeibehörde kann die Besitzer von Obst-, Gemüse-, Blumen- und Baumschulanlagen ermächtigen, Vögel und Wild, welche in den genannten Anlagen Schaden anrichten, zu jeder Zeit mittels Schußwaffen zu erlegen. Der Jagdberechtigte kann verlangen, daß ihm die erlegten Tiere, soweit sie seinem Jagdrecht unterliegen, gegen das übliche Schußgeld überlassen werden.

Die Ermächtigung darf Personen, welchen der Jagdschein versagt werden muß, nicht erteilt werden und ist widerruflich.

§ 67. Die Jagdpolizeibehörde kann die Eigentümer und Pächter solcher zur Fischerei dienender Seen und Teiche, die nicht zu einem Eigenjagdbezirke gehören (§ 13 Abs. 1), selbst wenn die Jagd auf ihnen ruht, ermächtigen, jagdbare und nichtjagdbare Tiere, welche der Fischerei Schaden zufügen, zu jeder Zeit auf jede erlaubte Weise zu fangen, namentlich auch mit Anwendung von Schußwaffen zu erlegen. Mit Zustimmung der Jagdpolizeibehörde kann diese Ermächtigung auf bestimmt zu bezeichnende Beauftragte des Eigentümers oder Pächters übertragen werden. Der Jagdberechtigte kann verlangen, daß ihm die erlegten Tiere, soweit sie seinem Jagdrecht unterliegen, gegen das übliche Schußgeld überlassen werden.

Die Ermächtigung darf Personen, welchen der Jagdschein versagt werden muß, nicht erteilt werden und ist widerruflich. In ihr sind die Tierarten, zu deren Erlegung die Befugnis erteilt wird, bestimmt zu bezeichnen.

Die weitergehenden Bestimmungen der Fischereigesetze werden hierdurch nicht berührt.

[1] Vgl. § 45 des Fischereigesetzes (oben S. 93).

§ 68. Gegen die Anordnung oder Versagung obiger Maßregeln (§§ 66 und 67) seitens der Jagdpolizeibehörde ist nur die Beschwerde an den Bezirksausschuß und gegen dessen Entscheidung die Beschwerde zulässig, welche an den Minister des Innern und den Minister für Landwirtschaft, Domänen und Forsten geht.

Siebenter Abschnitt.

Behörden.

§ 69. Jagdpolizeibehörde ist der Landrat, in Stadtkreisen die Ortspolizeibehörde.

Gegen Beschlüsse der Jagdpolizeibehörde, durch welche Anordnungen wegen Abminderung des Wildstandes getroffen oder Anträge auf Anordnung oder Gestattung solcher Abminderung abgelehnt werden, findet innerhalb zwei Wochen die Beschwerde an den Bezirksausschuß statt; der Beschluß des Bezirksausschusses ist endgültig.

§ 70. Die Aufsicht über die Verwaltung der Angelegenheiten der gemeinschaftlichen Jagdbezirke wird, soweit in diesem Gesetze nicht etwas anderes bestimmt ist, in Landkreisen von dem Landrat, in höherer und letzter Instanz von dem Regierungspräsidenten, in Stadtkreisen von dem Regierungspräsidenten, in höherer und letzter Instanz von dem Oberpräsidenten geübt.

Beschwerden bei den Aufsichtsbehörden sind in allen Instanzen innerhalb zwei Wochen anzubringen.

§ 71. Streitigkeiten der Beteiligten über ihre in den öffentlichen Rechten begründeten Berechtigungen und Verpflichtungen, hinsichtlich der Ausübung der Jagd unterliegen, soweit dieses Gesetz nicht etwas anderes bestimmt, der Entscheidung im Verwaltungsstreitverfahren.

Zuständig im Verwaltungsstreitverfahren ist in erster Instanz der Kreisausschuß, in Stadtkreisen der Bezirksausschuß.

Achter Abschnitt.

Strafvorschriften.

§ 72. Mit Geldstrafe bis zu 20 Mark wird bestraft:

1. wer bei Ausübung der Jagd[1] seinen Jagdschein[2] oder die nach § 30 Nr. 3 an dessen Stelle tretende Bescheinigung nicht bei sich führt;[3]
2. wer die Jagd innerhalb der abgesteckten Festungsrayons ausübt, ohne einen von der Festungsbehörde mit dem Einsichtsvermerke versehenen Jagdschein bei sich führen (§ 38).

[1] Vgl. § 29 A. 2. Auch derjenige befindet sich noch in der Ausübung der Jagd und muß den Jagdschein vorzeigen, welcher sich zwar auf dem Wege nach Hause befindet, sich aber gleichwohl vorgenommen hat, falls ihm noch ein Stück Wild in den Weg laufen sollte, auf dasselbe anzulegen. Die Verfolgung von Wilderern stellt dagegen keine Jagdausübung dar, KG. Recht 08 S. 47.

[2] Der auf Grund der Jagdordnung erteilte Jagdschein ist nicht geeignet, die im § 367 Nr. 8 StGB. erwähnte polizeiliche Erlaubnis zu ersetzen, RG. Recht 08 S. 647.

[3] Das Nichtvorzeigen einem berechtigten Beamten gegenüber steht dem Nichtbeisichführen gleich, Jhrb. 24 C S. 85, vgl. auch Jhrb. 13 S. 347, 14 S. 335. Der Jagdschein braucht aber nur während der Jagd, nicht vorher oder nachher vorgezeigt zu werden; Treibjagden beginnen erst mit dem Einnehmen der Plätze. Königliche Forstbeamte sind der Vorzeigepflicht nicht enthoben, Jhrb. 24 C S. 85. Förster und Forstaufseher sind nicht befugt, außerhalb ihres Schutzbezirks jagdpolizeiliche Funktionen wahrzunehmen, insbesondere die Jagdscheinkontrolle auszuüben, KG. Jhrb. 19 S. 284, 20 C S. 25, Recht 1910 S. 92 gegen RGStrafs. 2 S. 306; 10 S. 106; 20 S. 344; OVG. VerwBl. 25 S. 297.

Die Befugnis der Jagdpolizeibehörde, den Jagdschein zur Prüfung seiner Gültigkeit von dem Besitzer einzufordern, ist an die räumlichen und zeitlichen Schranken der §§ 11 und 12 nicht gebunden, OVG. GA. 49 S. 161.

§ 73. Mit Geldstrafe von 15 bis 100 Mark wird bestraft:[1]

wer ohne den vorgeschriebenen Jagdschein zu besitzen, die Jagd ausübt,[2] oder wer von einem gemäß § 36 für ungültig erklärten[3] Jagdscheine Gebrauch macht.

Ist der Täter in den letzten fünf Jahren wegen der gleichen Übertretung[4] vorbestraft, so können neben der Geldstrafe die Jagdgeräte,[5] sowie die Hunde, welche er bei der Zuwiderhandlung bei sich geführt hat, eingezogen werden,[6] ohne Unterschied, ob der Schuldige Eigentümer ist oder nicht.

[1] Über die Idealkonkurrenz mit Vergehen gegen § 292 StGB. vgl. RGStraff. 22 S. 234.

[2] Vgl. § 29 A. 2.

[3] Ob die Ungültigkeitserklärung auf gesetzlichen Gründen beruht oder nicht, hat der Strafrichter nicht zu prüfen, KG. DJZ. 97 S. 63. Die Ungültigkeitserklärung des Jagdscheins durch den Landrat wird erst wirksam, wenn deren Anfechtung rechtskräftig erledigt ist; das Jagen mit einem für ungültig erklärten Jagdschein vor Eintritt der Rechtskraft im Verwaltungsstreitverfahren ist nicht strafbar, KG. Recht 1910 S. 751.

[4] Auch die unter der Herrschaft der früheren Gesetze, insbesondere des Jagdscheingesetzes vom 31. Juli 1895, zur Bestrafung gelangten Fälle der Jagdausübung ohne Besitz des vorgeschriebenen Jagdscheins sind zu berücksichtigen.

[5] Über die Begriffsbestimmung von Jagdgerät vgl. RGStraff. 22 S. 15; es sind darunter nur solche leblosen Gerätschaften zu verstehen, welche nach ihrer Beschaffenheit an sich zur Verwendung bei der Jagd geeignet und dazu auch dauernd bestimmt sind; solche Gegenstände, die nur für den einzelnen Fall zu einem Bestandteil der Jagdausrüstung gemacht sind, während sie an sich eine andere Bestimmung haben, fallen nicht darunter.

[6] Zur Beschlagnahme sind nur die zu Hilfsbeamten der Staatsanwaltschaft bestellten Forstbeamten befugt, KG. Recht 1910 S. 92.

§ 74. Die Fristen im § 34 Ziff. 3, § 35 Ziff. 1 und 2,

§ 73 Abs. 2 beginnen mit dem Ablaufe desjenigen Tages, an welchem die Strafe verbüßt, verjährt oder erlassen ist.

§ 75.[1] Wer zwar mit einem Jagdscheine versehen, aber ohne Begleitung[2] des Jagdberechtigten[3] oder ohne dessen schriftlich erteilte Erlaubnis[4] bei sich zu führen, die Jagd auf fremdem Jagdbezirk ausübt,[5] wird mit einer Strafe von sechs bis fünfzehn Mark belegt.

[1] Die Vorschrift stimmt mit § 17 Abs. 1 des Jagdpolizeigesetzes vom 7. März 1850 überein.

[2] Über den Begriff der Begleitung vgl. KG. GA. 43 S. 282, Jhrb. 11 S. 284; die Strafbarkeit entfällt, wenn die Jagdausübung erfolgt, während der Jagdberechtigte gleichzeitig im Jagdbezirk zum Zweck der Ausübung der Jagd anwesend ist, RG. GA. 43 S. 296.

[3] Darunter ist nur der Jagdinhaber bzw. Pächter selbst, nicht aber ein gewählter Vertreter desselben zu verstehen, KG. GA. 43 S. 282, vgl. auch Jhrb. 11 S. 282. Beim Vorhandensein mehrerer Jagdberechtigten ist die Erlaubnis von jedem einzelnen nötig, KG. Recht 08 S. 647. Auch wenn mehrere Mitpächter das gepachtete Jagdrecht unter sich räumlich geteilt haben, muß die Erlaubnis zur Jagdausübung auf einem bestimmten Teile des Jagdgebiets von allen Mitpächtern erteilt werden, Jhrb. 37 C S. 46.

[4] Wer vom Jagdberechtigten die schriftliche Erlaubnis, mit anderen die Jagd auszuüben erlangt hat, erhält dadurch nur für sich das Recht, die Jagd auszuüben, aber nicht das Recht, die Jagderlaubnis auf diese zu übertragen; sie bedürfen vielmehr eines für sie vom Jagdberechtigten ausgestellten Erlaubnisscheins, Jhrb. 32 C S. 28.

[5] Vgl. § 29 A. 2. Es ist nicht erforderlich, daß jeder einzelne Jäger einen besonders für ihn ausgestellten Erlaubnisschein hat; es genügt ein auf mehrere Personen ausgestellter Erlaubnisschein, in welchem jeder einzelne Jäger persönlich genannt ist, sofern er bei gemeinschaftlicher Jagdausübung alsbald vorgezeigt werden kann; dazu ist erforderlich, daß die Jäger sich in verhältnismäßig enger Nähe des Verwahrers befinden, KG. Recht 1910 S. 91.

§ 76. Mit den nachstehenden Geldstrafen wird bestraft, wer während der Schonzeit erlegt oder einfängt:[1]

1. ein Stück Elchwild . . . . 150 Mk.,
2. ein Stück Rotwild . . . . 150 „
3. ein Stück Damwild . . . . 100 „
4. einen Biber . . . . 100 „
5. ein Stück Rehwild . . . . 60 „
6. ein Stück Auerwild, eine Trappe, einen Schwan . . . . 30 „
7. einen Dachs, einen Hasen, ein Stück Birk- oder Haselwild, eine Schnepfe oder einen Fasan . . . . 10 „
8. ein Rebhuhn, ein schottisches Moorhuhn, eine Wachtel, eine wilde Ente, einen Kranich, einen Brachvogel, einen Wachtelkönig oder einen sonstigen jagdbaren Sumpf- oder Wasservogel . . . . . . 5 „
9. eine Drossel (Krammetsvogel) . . . . . 2 „

Sind mildernde Umstände vorhanden, so kann die Geldstrafe in den Fällen 1 bis 4 bis auf 15 Mark, 5 und 6 bis auf 5 Mark, in den Fällen 7 bis 9 bis auf 1 Mark für jedes Stück ermäßigt werden.

[1] Die frühere Ansicht des RG., wonach auch der strafbar war, wer ein krankes Tier tötete, um es von seinen Qualen zu befreien, ist aufgegeben. „Erlegen" im Sinne des § 76 bedeutet, Wild zur Strecke oder in einen Zustand zu bringen, in dem es liegt; wer ein infolge Krankheit oder Verletzung bereits darniederliegendes Stück Wild totschießt oder dem nicht mehr lebensfähigen Stück auf andere Weise ein Ende macht, tötet zwar das Wild, erlegt es aber nicht, ist also nach § 76 nicht strafbar. Die Frage, wann ein Stück Wild sich in einem solchen kranken, seine Lebensfähigkeit ausschließenden Zustande befindet, ist eine tatsächliche, Jhrb. 34 C S. 28. Wer ein krankes Tier einfängt, um es zu pflegen und nach der Genesung

wieder in Freiheit zu setzen, ist straflos, KG. GA. 44 S. 428, vgl. auch KG. GA. 45 S. 452; ebenso, wer sich Fallwild während der Schonzeit aneignet, RGStrafs. 15 S. 268. Als Täter kommt nur der Jagdberechtigte in Betracht, der nicht Jagdberechtigte wird nach § 293 StGB. bestraft.

Zur Strafbarkeit genügt Fahrlässigkeit, Jhrb. 5 S. 326, 13 S. 350, KG. GA. 41 S. 321, 44 S. 429, Recht 1907 S. 913. Über Irrtum des Täters über Alter und Geschlecht des Wildes vgl. Jhrb. 9 S. 268. Ein Irrtum über die durch das Gesetz selbst für eine Wildart festgesetzte Schonzeit stellt einen Irrtum über Normen des Strafrechts dar und schützt nicht vor Bestrafung; wird aber vom Bezirksausschuß gemäß § 40 die Schonzeit anderweitig festgesetzt, so bildet das einen zum gesetzlichen Tatbestand gehörigen Tatumstand und es findet § 59 StGB. Anwendung, die nicht durch Fahrlässigkeit verschuldete Unkenntnis schützt also vor Strafe, Jhrb. 34 C S. 31.

Über Verletzung der Vorschriften über Schonzeit durch bloßes Jagen vgl. § 77 Nr. 1, über Einfangen in Schlingen § 77 Abs. 2.

[2] Es ist nicht für die Fälle Nr. 1—4 und 5—6 bei Annahme mildernder Umstände die festbestimmte Strafe von 15 und 5 Mark angedroht, sondern nur die Herabsetzung der ordentlichen Geldstrafe bis auf den angegebenen Mindestbetrag gestattet, Jhrb. 39 C S. 44.

§ 77. Mit Geldstrafe bis zu 150 Mark wird bestraft, wer:

1. innerhalb der Schonzeit auf die durch diese geschützten Tiere die Jagd ausübt,[1] ohne sie zu erlegen oder einzufangen;
2. den Vorschriften des § 41 zuwider Schlingen stellt, in denen jagdbare Tiere oder Kaninchen sich fangen können.

Ist in den Schlingen Wild gefangen worden, für welches eine Schonzeit vorgeschrieben ist,[2] so darf eine niedrigere Strafe, als wie sie nach §§ 50 und 76 angedroht ist, nicht verhängt werden. Das gleiche findet Anwendung auf Wild, für welches die Schonzeiten deshalb nicht gelten, weil es sich in eingefriedigten Wildgärten befindet.

Bei einer Zuwiderhandlung gegen den § 41 ist neben der Geldstrafe die Einziehung der Schlingen[3] auszusprechen, ohne Unterschied, ob sie dem Schuldigen gehören oder nicht.

[1] Unter Jagd ist das Aufsuchen, Nachstellen und Verfolgen jagdbarer Tiere, um dieselben lebendig oder tot in Besitz zu nehmen, zu verstehen, ohne daß es darauf ankommt, mit welchen Mitteln dies geschieht, KG. GA. 46 S. 73, Jhrb. 20 C S. 25. Vgl. § 29 A. 2.

[2] Darauf, ob das Fangen innerhalb oder außerhalb der Schonzeit erfolgt, kommt es nicht an.

[3] Nur die Einziehung von Schlingen ist gestattet, nicht aber die von Frettchen und Netzen, welche beim Kaninchenfang Verwendung finden; Netze gelten in der Gesetzessprache nicht als Schlingen. Die Einziehung der Schlingen findet auch nur neben einer Verurteilung auf Grund der §§ 41, 77 statt, nicht aber neben einer Verurteilung aus einer Polizeiverordnung, welche den Kaninchenfang verbietet, KG. Recht 09 S. 679.

§ 78. Mit Geldstrafe bis zu 150 Mark wird bestraft: wer den Vorschriften der §§ 43, 44 und 45 zuwider Wild oder Kiebitz- oder Möweneier versendet,[1] zum Verkaufe herumträgt oder ausstellt oder feilbietet,[2] verkauft, ankauft[3] oder den Verkauf von solchem Wilde (Eiern) vermittelt.[4]

Hat der Täter gewerbs- oder gewohnheitsmäßig[5] gehandelt, so ist eine Geldstrafe von nicht unter 30 Mark zu verhängen.

Neben der Geldstrafe ist das den Gegenstand der Zuwiderhandlung bildende Wild (die Kiebitz- und Möweneier) einzuziehen ohne Unterschied, ob der Schuldige Eigentümer ist oder nicht; von der Einziehung kann abgesehen werden, wenn der Ankauf nur zum eigenen Verbrauche geschehen ist.[6]

[1] Der Begriff des Versenders ist ein weiterer als der des Absenders. Vom Absendungsort beginnt die Versendungstätigkeit, setzt sich aber sodann auch in dem Gebiete, durch welches die Sendung erfolgt, weiter fort; das Wild bleibt versendet, bis es seinen Bestimmungsort erreicht. Auch ein außerpreußischer Absender (Wildhändler usw.) ist strafbar, wenn ein Teil des Versendens des Wildes in Preußen stattgefunden hat, KG. DJZ. 05 S. 917, Recht 07 S. 470. Das Versenden ist auch dann strafbar, wenn es zum Zweck eines Geschenkes stattfindet; das Verschenken von Wild während der Schonzeit ist also nur unter der Voraussetzung straflos, daß es nicht versendet wird, Jhrb. 33 C S. 33. Vgl. auch § 43 A. 3 und 4.

[2] Feilbieten ist das Bereitstellen und Zugänglichmachen der Ware selbst unter positiven zum Kauf anregenden Handlungen, sei es dem Einzelnen, sei es dem Publikum gegenüber. Das bloße Angebot Wild zu liefern und die Erfüllung der übernommenen Lieferungspflicht ist kein Feilbieten, Jahrb. 24 C S. 50, 22 C S. 51, vgl. aber auch KG. GA. 45 S. 451.

[3] Über den Begriff „ankaufen" vgl. § 43 A. 5.

[4] Als Vermittlung ist schon die Tätigkeit einer Person anzusehen, welche das Wild vom Jäger zu dem betätigten Zwecke der Weiterveräußerung an den Wildhändler kauft, Jhrb. 2 S. 274, OVG. GA. 41 S. 171, KG. GA. 45 S. 451. Nicht darunter fällt das Absenden erlegten Wildes seitens des Jagdberechtigten zum kommissionsweisen Verkauf an den Wildhändler, Jhrb. 20 C S. 77.

[5] Gewerbsmäßig handelt der Täter, wenn er aus der fortgesetzten Übertretung des Gesetzes eine Erwerbsquelle zu machen sucht, gewohnheitsmäßig, wenn ihre mehrmalige Verübung aus einer allgemeinen Geneigtheit, einem Hange, entspringt. Gewerbsmäßiges Handeln kann schon bei einem einmaligen Falle gegeben sein, Gewohnheitsmäßigkeit setzt stets eine Mehrzahl von Fällen voraus, RGStrafs. 5 S. 369, 27 S. 138. Zur Gewerbsmäßigkeit genügt nicht, daß die Tat bei Ausübung eines Gewerbes geschehen

ist; die Tat selbst muß auf Erwerb gerichtet und mit der Absicht der Wiederholung verbunden sein, KG. DJZ. 1910 S. 818.

• Die Einziehung darf nur zugleich mit der Festsetzung der Geldstrafe ausgesprochen werden, selbständig kann auf Einziehung nicht erkannt werden, Jhrb. 33 C S. 36.

§ 79. An die Stelle einer nach Maßgabe der vorstehenden Bestimmungen zu verhängenden, nicht beitreibbaren Geldstrafe tritt Haftstrafe nach Maßgabe der §§ 28 und 29 des Reichs-Strafgesetzbuchs.

§ 80. Für die Geldstrafe und die Kosten, zu denen Personen verurteilt werden, welche unter der Gewalt, der Aufsicht oder im Dienste eines anderen stehen und zu dessen Hausgenossenschaft gehören, ist letzterer im Falle des Unvermögens der Verurteilten für haftbar zu erklären, und zwar unabhängig von der etwaigen Strafe, zu welcher er selbst auf Grund dieses Gesetzes oder des § 361 zu 9 des Strafgesetzbuchs verurteilt wird. Wird festgestellt, daß die Tat nicht mit seinem Wissen verübt ist, oder daß er sie nicht verhindern konnte, so wird die Haftbarkeit nicht ausgesprochen.

Hat der Täter noch nicht das zwölfte Lebensjahr vollendet, so wird derjenige, welcher in Gemäßheit der vorstehenden Bestimmungen haftet, zur Zahlung der Geldstrafe und der Kosten als unmittelbar haftbar verurteilt. Dasselbe gilt, wenn der Täter zwar das zwölfte, aber noch nicht das achtzehnte Lebensjahr vollendet hatte und wegen Mangels der zur Erkenntnis der Strafbarkeit seiner Tat erforderlichen Einsicht freizusprechen ist oder wenn derselbe wegen eines seine freie Willensbestimmung ausschließenden Zustandes straffrei bleibt.

Gegen die in Gemäßheit der vorstehenden Bestimmungen als haftbar Erklärten tritt an die Stelle der Geldstrafe eine Freiheitsstrafe nicht ein.[1]

[1] Vgl. Forstdiebstahlsgesetz §§ 11—13 (oben S. 146 ff.).

Neunter Abschnitt.

Übergangs- und Schlußbestimmungen.

§ 81. An Stelle der §§ 51 bis 66 gelten im ehemaligen Kurfürstentume Hessen die Vorschriften des kurhessischen Wildschadengesetzes vom 26. Januar 1854 (Kurhessische Gesetzsamml. S. 9) und die §§ 26, 28, 34 bis 37, 40 des kurhessischen Jagdgesetzes vom 7. September 1865 (Kurhessische Gesetzsamml. S. 571).

§ 82. Der Bezirksausschuß beschließt über die Erneuerung der auf den schleswigschen Westseeinseln bestehenden Konzessionen zur Errichtung von Vogelkojen sowie über die Erteilung neuer Konzessionen (§ 6 des Gesetzes vom 1. März 1873, Gesetzsamml. S. 27).

§ 83. In denjenigen Landesteilen, in denen das Recht, Kiebitz- und Möweneier einzusammeln, anderen Personen als den Jagdberechtigten vor dem Inkrafttreten des Wildschongesetzes vom 14. Juli 1904 (Gesetzsamml. S. 159) zustand, bleibt dieses Recht bis zum Ablaufe der Jagdpachtverträge, die bei dem Inkrafttreten des letzteren Gesetzes bestanden haben, unberührt.

§ 84. Die vor dem 1. Mai 1907 abgeschlossenen Verträge über die Verpachtung eines Jagdbezirkes bleiben bis zu ihrem Ablauf in Kraft. Im Regierungsbezirke Cassel sollen die nach dem 1. Mai 1907 bis zum Inkrafttreten dieses Gesetzes abgeschlossenen Verträge nicht über den 1. April 1914 hinaus Gültigkeit haben.[1] Während der Dauer dieser Pachtverträge können die in dem betreffenden Gemeinde-(Guts-)Bezirke belegenen, nach den bisher geltenden Vorschriften zu Recht gebildeten Eigenjagdbezirke auch dann bestehen bleiben, wenn sie nicht einen land- und forstwirtschaftlich benutzten Flächenraum von wenigstens 75 Hektar einnehmen. Während der gleichen Zeit kann aus Grundflächen, die zwar den Erfordernissen des § 4 Ziffer 2 genügen, nicht aber einen nach den bisher geltenden Vorschriften zur Bildung eines Eigenjagdbezirkes erforderlichen Flächenraum umfassen, ein Eigenjagdbezirk nicht gebildet werden.

Liegen solche Grundflächen in verschiedenen Gemeinde-(Guts-)Bezirken, für die mehrere Pachtverträge in Betracht kommen, so gilt als Zeitpunkt, bis zu dem die bisherigen Eigenjagdbezirke fortbestehen oder von dem ab Eigenjagdbezirke gebildet werden können (Abs. 2), der Ablauf des zuerst beendeten Pachtvertrags.

[1] Der Abs. 1 hat nicht die Wirkung, daß bei der Neubildung oder Vergrößerung eines Eigenjagdbezirks durch Grundstücke, welche zu einem gemeinschaftlichen Jagdbezirk gehörten und mit diesem durch einen vor dem 1. Mai 1907 abgeschlossenen Jagdpachtvertrag verpachtet waren, die im § 14 vorgeschriebene Kündigung entbehrlich wird; die Parzellen scheiden also auch bei vor dem 1. Mai 1907 geschlossenen Pachtverträgen nicht mehr sofort aus dem Gemeindejagdbezirk aus, OVG. Recht 1910 S. 140.

§ 85. Die vor dem Inkrafttreten dieses Gesetzes ausgestellten Jagdscheine behalten ihre Gültigkeit für die Zeit, auf welche sie ausgestellt sind.

§ 86. Die nachstehend aufgeführten Gesetze[1] werden soweit sie nicht bereits anderweit aufgehoben sind, für den Geltungsbereich dieses Gesetzes hierdurch aufgehoben:

1. das Gesetz, betr. die Aufhebung des Jagdrechts auf fremdem Grund und Boden und die Ausübung der Jagd, vom 31. Oktober 1848 (GS. S. 343);

2. das Jagdpolizeigesetz vom 7. März 1850 (GS. S. 165);
3. das Wildschadengesetz vom 11. Juli 1891 (GS. S. 307);
4. das Jagdscheingesetz vom 31. Juli 1895 (GS. S. 304);
5. das Gesetz, betr. die Ergänzung einiger jagdrechtlicher Bestimmungen, vom 29. April 1897 (GS. S. 117);
6. das Gesetz, betr. Ergänzung der gesetzlichen Vorschriften über die Ausübung der Jagd auf eigenem Grundbesitze, vom 7. August 1899 (GS. S. 151);
7. das Wildschongesetz vom 14. Juli 1904 (GS. S. 159);[2]
8. das Jagdverwaltungsgesetz vom 4. Juli 1905 (GS. S. 271);
9. die Verordnung, betr. das Jagdrecht und die Jagdpolizei im ehemaligen Herzogtume Nassau, vom 30. März 1867 (GS. S. 426);
10. die §§ 1 bis 5, 7 und 8 des Gesetzes, betr. die Aufhebung des Jagdrechts auf fremdem Grund und Boden in den vormals Kurfürstlich Hessischen und Großherzoglich Hessischen Landesteilen und in der Provinz Schleswig-Holstein, vom 1. März 1873 (GS. S. 27);
11. das Gesetz, betr. das Jagdrecht und die Jagdpolizei im Herzogtume Lauenburg, vom 17. Juli 1872 (Offizielles Wochenblatt für das Herzogtum Lauenburg S. 215);
12. das kurhessische Gesetz, betr. die Aufhebung der Jagdgerechtsame und die Verhütung des Wild-

schadens, vom 1. Juli 1848 (Kurhessische GS. S. 47);

13. die §§ 1 bis 4, 8 bis 25, 27, 29, § 30 Ziffer 1 bis 5, §§ 31, 33, 38, 39 des kurhessischen Gesetzes, das Jagdrecht und dessen Ausübung betr., vom 7. September 1865 (Kurhessische GS. S. 571); die §§ 5 bis 7 desselben Gesetzes, soweit sie nicht durch das vorliegende Gesetz aufrecht erhalten werden;
14. das Frankfurter Gesetz, die Ausübung der Jagd betr., vom 20. August 1850 (Gesetz- und Statutensamml. der freien Stadt Frankfurt, 10. Bd. S. 323);
15. die Artikel 1 bis 16 des Großherzoglich Hessischen Gesetzes, die Ausübung der Jagd und der Fischerei in den Provinzen Starkenburg und Oberhessen betr., vom 26. Juli 1848 (Regierungsblatt S. 209);
16. das Großherzoglich Hessische Gesetz, die Jagdberechtigungen in den Provinzen Starkenburg und Oberhessen betr., vom 2. August 1858 (Regierungsblatt S. 257);
17. das Großherzoglich Hessische Jagdstrafgesetz vom 19. Juli 1858 (Regierungsblatt S. 345);
18. die Artikel 1 bis 18 des hessen-homburgischen Gesetzes, die Jagd und Fischerei im Amte Homburg betr., vom 8. Oktober 1849 nebst Verordnung, die Verpachtung der Gemeindejagden im Amte Homburg betr., vom 8. Oktober 1849 (Regierungsblatt vom 14. Oktober 1849 Nr. 8);
19. das bayerische Gesetz, die Ausübung der Jagd betr., vom 30. März 1850 (Bayerisches Gesetzblatt S. 117);
20. die §§ 1 bis 16, 18 bis 21 der bayerischen Verordnung, polizeiliche Vorschriften über Ausübung

und Behandlung der Jagden betr., vom 5. Oktober 1863 (Bayerisches Regierungsblatt S. 1657);

21. die §§ 104, 105 Abs. 1 Ziffer 2 und 3, 106 des Gesetzes über die Zuständigkeit der Verwaltungs- und Verwaltungsgerichts-Behörden vom 1. August 1883 (GS. S. 237).

[1] Die früheren Polizeiverordnungen, welche das Betreten fremder Grundstücke zum Zweck des Kaninchenfangs Beschränkungen unterwerfen, gelten fort, KG. Recht 09 S. 370.

[2] Die auf Grund des § 3 des Wildschongesetzes vom 14. Juli 1904 erlassenen Beschlüsse des Bezirksausschusses über Ausdehnung der Schonzeit sind dadurch, daß § 86 das Wildschongesetz aufgehoben hat, nicht beseitigt worden, KG. Recht 09 S. 75.

29. Quellenschutzgesetz.

Vom 14. Mai 1908 (GS. S. 105).

Einzelausgabe Nr. 44.

Vorbemerkung: Das Gesetz gilt für den Umfang der Monarchie mit Ausnahme des vormaligen Herzogtums Nassau; hier gilt die Nassauische V. v. 7. Juli 1860 (Nass. Verordnungsbl. S. 137).

Vgl. auch Ausf.-Anw. v. 7. November 1908 (MBl. f. d. i. V. S. 233).

Gemeinnützige Quellen.

§ 1. Natürliche oder künstlich erschlossene Mineral- und Thermalquellen, deren Erhaltung ihrer Heilwirkung wegen aus überwiegenden Gründen des öffentlichen Wohles notwendig erscheint (gemeinnützige Quellen), werden nach Maßgabe dieses Gesetzes geschützt.

§ 2. Ob eine Quelle im Sinne des § 1 als gemeinnützig anzusehen ist, wird auf Antrag von Beteiligten oder geeignetenfalls von Amts wegen durch die Minister für Handel und Gewerbe, des Innern, für Landwirtschaft, Domänen und Forsten und der Medizinal-Angelegenheiten endgültig festgestellt.

Die getroffene Anordnung kann von den genannten Ministern gemeinsam wieder aufgehoben werden.

Schutzbezirk.

§ 3. Für eine gemeinnützige Quelle kann ein Bezirk festgestellt werden, innerhalb dessen Bohrungen, Ausgrabungen und andere Arbeiten, welche auf den gewachsenen Boden einwirken, sowie auch alle sonstigen Arbeiten, welche die Ergiebigkeit oder die Zusammensetzung der Quelle beeinflussen können, nur mit vorheriger Genehmigung des Oberbergamts und des Regierungspräsidenten vorgenommen werden dürfen (Schutzbezirk).

§ 4. Die Feststellung des Schutzbezirkes erfolgt auf Antrag des Quelleneigentümers durch gemeinsamen Beschluß des Oberbergamts und des Regierungspräsidenten.

In dem Beschlusse sollen, soweit tunlich, die Arbeiten bestimmt werden, für welche es einer Genehmigung nicht bedarf. Für gewisse Arbeiten kann eine Anzeige vorgeschrieben werden.

Für benachbarte Quellen kann geeignetenfalls ein gemeinsamer Schutzbezirk festgestellt werden.

§§ 5—9. (Betreffen das Verfahren bei Feststellung des Schutzbezirks.)

§ 10. Ist die Feststellung eines Schutzbezirkes beantragt, so können das Oberbergamt und der Regierungspräsident vor der Feststellung des Schutzbezirkes durch gemeinsamen Beschluß vorläufig anordnen, daß innerhalb des beantragten Schutzbezirkes zu Arbeiten der im § 3 bezeichneten Art ihre Genehmigung erforderlich ist. Die Vorschriften des § 4 Abs. 2 finden Anwendung.

Die nach Abs. 1 getroffene vorläufige Anordnung ist aufzuheben, wenn der Antrag auf Feststellung des Schutzbezirkes abgelehnt wird. Die Aufhebung kann auch vorher erfolgen.

Gegen die in Abs. 1 und 2 bezeichneten Entscheidungen findet keine Beschwerde statt.

§§ 11—15. (Betreffen Änderungen des Schutzbezirks, der genehmigungs- und anzeigepflichtigen Arbeiten, Auslagen des Verfahrens.)

§ 16. Die nach §§ 4, 8 bis 14 ergehenden Beschlüsse, durch welche das Grundeigentum beschränkt oder von einer Beschränkung befreit wird, sind nach Maßgabe der von den zuständigen Ministern getroffenen Ausführungsbestimmungen öffentlich bekannt zu machen.

§ 17. (Betrifft Beschwerde im Genehmigungsverfahren.)

§ 18. Stellt sich heraus, daß durch eine genehmigte oder eine allgemein als der Genehmigung nicht bedürftig bezeichnete Arbeit die Quelle gefährdet wird, so kann auf Antrag des Quelleneigentümers durch gemeinsamen Beschluß des Oberbergamts und des Regierungspräsidenten der Beginn oder die Fortsetzung der Arbeit untersagt oder ihre Zulässigkeit von einer bestimmten Art der Ausführung abhängig gemacht werden. Auch kann, wenn die Arbeit bereits begonnen oder vollendet ist, die Beseitigung des schädigenden Zustandes angeordnet und im Falle der Weigerung des Grundstückseigentümers auf Kosten des Quelleneigentümers bewirkt werden. Der Antrag des Quelleneigentümers ist abzulehnen, wenn dieser nicht auf Erfordern der Beschlußbehörden und nach ihrem Ermessen für den Ersatz des durch die Anordnung dem Grundstückseigentümer entstehenden Schadens ausreichende Sicherheit leistet und den zur Beseitigung des schädigenden Zustandes notwendigen Betrag vorschießt.

Bei Gefahr im Verzuge kann das Oberbergamt oder der Regierungspräsident allein eine vorläufige Entscheidung treffen. Sie tritt jedoch außer Kraft, wenn nicht binnen einem Monate nach ihrer Zustellung ein entsprechender gemeinschaftlicher Beschluß beider Behörden zugestellt ist.

In den Fällen des Abs. 1 gelten für die Beschwerde und die baren Auslagen des Verfahrens die Vorschriften des § 17. Die Beschwerde hat keine aufschiebende Wirkung. Gegen eine Entscheidung gemäß Abs. 2 findet keine Beschwerde statt.

Auf Arbeiten der im § 3 bezeichneten Art, die zur Zeit der Stellung des Antrags auf Feststellung eines Schutzbezirkes bereits begonnen, aber noch nicht vollendet sind, finden die vorstehenden Bestimmungen entsprechende Anwendung. Ein Beschluß oder eine vorläufige Entscheidung des im Abs. 1 Satz 1 bezeichneten Inhalts ist aufzuheben, wenn der Antrag auf Feststellung des Schutzbezirkes abgelehnt wird. Gegen die Aufhebung findet keine Beschwerde statt.

Entschädigung.

§§ 19—27. (Betreffen Entschädigung des Grundstückseigentümers.)

Schutz gegen Veränderungen der Quellen.

§ 28. Arbeiten, welche die Veränderung einer gemeinnützigen Quelle oder ihrer Fassung bezwecken, bedürfen der Genehmigung des Oberbergamts und des Regierungspräsidenten.

Mittels Beschlusses dieser Behörden sollen, soweit tunlich, im voraus die Arbeiten bestimmt werden, für welche es einer Genehmigung nicht bedarf. Für gewisse Arbeiten kann eine Anzeige vorgeschrieben werden.

Ist zu befürchten, daß durch die Ausführung der Arbeiten eine gemeinnützige Quelle eines anderen Eigentümers gefährdet wird, so ist dieser vor der Entscheidung zu hören.

Gegen die Entscheidung des Oberbergamts und des Regierungspräsidenten findet die Beschwerde statt; die Vorschriften der §§ 9 und 15 finden entsprechende Anwendung.

Enteignung.

§ 29. (Betrifft Enteignung des Quelleneigentümers.)

Nutzungsrechte an Quellen.

§ 30. (Betrifft entsprechende Anwendung der §§ 4—29 auf Nutzungsberechtigte.)

Strafbestimmungen.

§ 31. Wer eine Arbeit, die nach § 3, § 10 oder § 28 der Genehmigung bedarf oder nach § 4, § 10 oder § 28 erst nach vorheriger Anzeige vorgenommen werden darf, ohne die Genehmigung oder Anzeige vornimmt oder einer nach § 18 getroffenen Anordnung zuwiderhandelt, wird mit Geldstrafe bis zu 1000 Mark oder mit Gefängnis bis zu sechs Monaten und, wenn die Zuwiderhandlung fahrlässigerweise begangen wird, mit Geldstrafe bis zu 150 Mark oder mit Haft bestraft.

Schlußbestimmungen.

§ 32. Auf Arbeiten, welche auf Grund des Allgemeinen Berggesetzes für die Preußischen Staaten vom 24. Juni 1865 (GS. S. 705) untersagt werden können, findet dieses Gesetz keine Anwendung.

§ 33. Die Vorschriften der §§ 2 bis 9 treten mit der Verkündung dieses Gesetzes, die übrigen Vorschriften mit dem 1. Januar 1909 in Kraft.[1]

[1] Im Geltungsbereich des Gesetzes sind die vor seinem Inkrafttreten zum Zweck des Quellenschutzes erlassenen Polizeiverordnungen als beseitigt anzusehen, da das Gesetz den Quellenschutz erschöpfend regelt.

30. Gesetz, betr. die Losgesellschaften, die Veräußerung von Inhaberpapieren mit Prämien und den Handel mit Lotterielosen.

Vom 19. Juli 1911 (GS. S. 175).

Vorbemerkung: Das Gesetz gilt für den Umfang der Monarchie.

Mit der Reichsgesetzgebung stehen seine Vorschriften nicht in Widerspruch. § 286 StGB. steht landesgesetzlichen Strafbestimmungen, soweit es sich nicht um Veranstaltung einer Lotterie handelt, nicht im Wege; das RGes. über die Inhaberpapiere mit Prämien vom 8. Juni 1871 betrifft nicht den Handel mit erlaubten Inhaberpapieren; auch mit dem in § 1 GewO. ausgesprochenem Grundsatze der Gewerbefreiheit besteht kein Widerspruch, da Inhaberpapiere mit Prämien im Sinne des § 6 GewO. den Lotterielosen gleichzuachten sind, auf deren Vertrieb die GewO. nur insofern Anwendung findet, als sie ausdrückliche Bestimmungen enthält (vgl. RGStraff. 30 S. 116, 40 S. 368).

§ 1. Wer gewerbsmäßig[1] in der Absicht, andere auszubeuten,[2] zur Beteiligung an Losgesellschaften auffordert oder sich mit deren Bildung oder Geschäftsführung befaßt oder wer gewerbsmäßig solche Losgesellschaften oder deren Bildung in anderer Weise wissentlich fördert,[3] wird mit Gefängnis bis zu drei Monaten und zugleich mit Geldstrafe von einhundert bis zu dreitausend Mark oder mit einer dieser Strafen bestraft.

Losgesellschaften im Sinne dieses Gesetzes sind Vereinigungen jeder Art, welche die Gewinnaussichten von Serien- oder Prämienlosen[4] oder von Lotterie- oder Ausspielungslosen[5] ausnutzen wollen.

[1] Zur Gewerbsmäßigkeit ist der Wille des Handelnden erforderlich, eine fortgesetzte, auf Erwerb gerichtete Tätigkeit auszuüben; es genügt aber schon eine Tat, sofern nur aus den Umständen hervorgeht, daß der Wille, sie fortgesetzt zu begehen, vorhanden ist (vgl. RGStraff. 5 S. 369, 27 S. 138).

[2] Ausbeutungsabsicht setzt, entsprechend den reichsgesetzlichen Bestimmungen über den Wucher, die Willensrichtung des Täters voraus, die mit ihm Kontrahierenden zum Gegenstande der Ausnutzung zu machen, um für sich einen übermäßig hohen Gewinn zu erzielen.

[3] Bei dem Förderer ist die Absicht, andere auszubeuten, nicht Voraussetzung der Strafbarkeit; es genügt das Bewußtsein, daß der Unternehmer der Losgesellschaften andere ausbeuten will.

[4] Prämienlose sind auslosbare, namentlich von Staaten oder Stadtgemeinden ausgestellte Schuldverschreibungen auf den Inhaber, für welche bei der Auslosung eine Prämie (ein Gewinn) gezahlt wird (Inhaberpapiere mit Prämien). Diese Prämien werden entweder unmittelbar für die einzelnen Stücke ausgelost oder die Papiere sind zu Gruppen (Serien) vereinigt, und es werden zunächst die zum Ausscheiden bestimmten Serien und alsdann erst die Prämien in den ausgelosten Gruppen gezogen. Serienlose sind Prämienlose der letzteren Art, deren Serie bereits zur Rückzahlung ausgelost ist (Serienziehung), während die Prämienziehung noch bevorsteht (Begr.).

[5] Über den Begriff der Lotterie vgl. RGStraff. 11 S. 211, 36 S. 123, Jhrb. 13 S. 395; über Ausspielungen RGRchtspr. 6 S. 261, Straff. 17 S. 379, 27 S. 94.

§ 2. Die gleiche Strafe trifft denjenigen, welcher gewerbsmäßig[1] in der Absicht, andere auszubeuten:[2]

a) Anteile von Serien- oder Prämienlosen[3] oder Urkunden, durch die solche Anteile zum Eigentum oder zum Gewinnbezug[4] übertragen werden, feilhält,[5] anderen überläßt oder zur Überlassung anbietet;

b) öffentlich oder in Mitteilungen, die für einen größeren Kreis von Personen bestimmt sind, unter dem Versprechen der Stundung des Preises sich erbietet, Serien- oder Prämienlose anderen zu überlassen. Der Stundung des Preises steht die Beleihung der Papiere gleich.

Die gleiche Strafe trifft auch denjenigen, welcher gewerbsmäßig Geschäfte der vorstehenden Art wissentlich fördert.[6]

[1] Vgl. § 1 A. 1.

[2] Vgl. § 1 A. 2.

[3] Vgl. § 1 A. 4.

[4] Das Übertragen zum Gewinnbezug (Vermieten oder Verheuern) kann unter die nach § 286 RGB. strafbare Veranstaltung einer Lotterie fallen, wenn nämlich dem Mieter nur ein persönlicher Anspruch gegen den Vermieter gegeben wird; alsdann fällt die Anwendbarkeit des § 2 weg. Er trifft nur solche Fälle, auf die § 286 StGB. nicht anwendbar ist, also namentlich solche, in denen dem Übernehmer ein unmittelbarer Anspruch gegen den Prämienlosschuldner zugestanden wird.

[5] Feilhalten begreift auch das Aufsuchen von Bestellungen in sich; nicht notwendig ist, daß sich der Anbietende bereits im Besitze der zu verkaufenden Sache befindet, vgl. RG. DJZ. 04 S. 1188.

[6] Vgl. § 1 A. 3.

§ 3. Wer nach einer rechtskräftigen Verurteilung wegen Vergehens gegen §§ 1 oder 2 abermals gegen eine dieser Vorschriften verstößt, wird mit Gefängnis von einer Woche bis zu sechs Monaten und zugleich mit Geldstrafe von dreihundert bis zu sechstausend Mark oder mit einer dieser Strafen bestraft.

§ 4. Die Bestimmungen des § 3 finden Anwendung, auch wenn die früheren Gefängnis- und Geldstrafen noch nicht oder nur teilweise vollstreckt oder gezahlt oder ganz oder teilweise erlassen sind; sie bleiben jedoch ausgeschlossen, wenn seit der Vollstreckung oder Zahlung oder dem Erlasse der letzten Strafe oder seit Verjährung der Strafvollstreckung bis zur Begehung der neuen Zuwiderhandlung drei Jahre verflossen sind.

§ 5. Wer Gewinne für bevorstehende Ziehungen von Serien- oder Prämienlosen ohne Angabe der Zahl der an den Ziehungen teilnehmenden Stücke öffentlich oder durch Mitteilungen, die für einen größeren Kreis von Personen bestimmt sind, bekannt gibt, um zur Ausnutzung der Gewinnaussichten[1] anzureizen, wird mit Geldstrafe bis zu einhundertfünfzig Mark bestraft.

[1] Von der Bestimmung werden auch die Fälle betroffen, in denen die Ausnutzung der Gewinnaussichten im Wege der Teilnahme an Losgesellschaften im Sinne des § 1 erfolgen soll.

§ 6. Wer ohne Ermächtigung der Lotterieverwaltung gewerbsmäßig[1] Lose oder Losabschnitte der Königlich Preußischen Staatslotterie oder Urkunden, durch die Anteile an solchen Losen oder Losabschnitten zum Eigentum oder zum Gewinnbezug übertragen werden, feilhält,[2] anderen überläßt oder zur Überlassung anbietet, wird mit Geldstrafe von einhundert bis eintausendfünfhundert Mark bestraft.[3]

Wer gewerbsmäßig[1] geringere als die genehmigten Anteile oder Abschnitte von Losen zu Privatlotterien oder Ausspielungen oder Urkunden, durch die Anteile oder Abschnitte dieser Art zum Eigentum oder zum Gewinnbezug übertragen werden, feilhält, anderen überläßt oder zur Überlassung anbietet, wird mit der gleichen Strafe bestraft.

. . . .

Auch denjenigen trifft dieselbe Strafe, welcher ein Geschäft der im Abs. 1 oder Abs. 2 bezeichneten Art als Mittelsperson fördert.

[1] Vgl. § 1 A. 1. Auch der Zigarrenhändler, welcher Losanteile verkauft, um den Kundenbestand seines Zigarrengeschäfts zu sichern oder zu erweitern, ohne die Absicht, unmittelbar durch den Verkauf der Anteile eine den Einkaufspreis übersteigende Summe zu erzielen, handelt gewerbsmäßig, Jhrb. 28 C S. 32.

[2] Vgl. § 2 A. 5.

[3] Liegt der Tatbestand des § 286 StGB. vor, so ist die obige Strafbestimmung nicht anwendbar, RGStrafs. 37 S. 438.

§ 7. Wer gewerbsmäßig Lose oder Losabschnitte einer öffentlichen Lotterie oder Ausspielung, welche nur für einen Teil des preußischen Staatsgebiets zugelassen ist,[1] außerhalb dieses Gebiets feilhält,[2] anderen überläßt oder zur Überlassung anbietet, obwohl die räumlich beschränkte Zulassung aus dem Lose ersichtlich ist, wird mit Geldstrafe bis zu einhundertfünfzig Mark bestraft.

Wer gewerbsmäßig Lose oder Losabschnitte einer außerpreußischen Lotterie oder Ausspielung, welche nur in einer bestimmten Anzahl mit behördlichem Stempel versehener Lose in Preußen zugelassen ist, ohne diesen Stempel feilhält,[1] anderen überläßt oder zur Überlassung anbietet, verfällt der gleichen Strafe, sofern diese Beschränkung der Zulassung der Lotterie aus dem Lose ersichtlich ist.

[1] Die Bestimmung bezieht sich sowohl auf preußische wie auf außerpreußische lokal beschränkte Lotterien.

[2] Vgl. § 2 A. 5.

§ 8. Jedes einzelne Zuwiderhandeln gegen die Vorschriften dieses Gesetzes, insbesondere jedes einzelne

Auffordern zur Beteiligung an Losgesellschaften, jede einzelne Verkaufs-, Überlassungs- oder Vertriebshandlung, jedes einzelne Anbieten und jedes einzelne Veröffentlichen und Bekanntgeben von Gewinnen wird als besonderes selbständiges Vergehen bestraft, auch wenn die einzelnen Handlungen zusammenhängen und auf einen einheitlichen Vorsatz des Täters oder Teilnehmers zurückzuführen sind.[1]

Gegen denjenigen, welcher mehrere nach diesem Gesetze strafbare Handlungen begangen hat, ist auf eine Gesamtstrafe zu erkennen, die in einer Erhöhung der verwirkten schwersten Strafe besteht.[2]

Das Maß der Gesamtstrafe darf den Betrag der verwirkten Einzelstrafen nicht erreichen, auch einjähriges Gefängnis und zwanzigtausend Mark Geldstrafe nicht übersteigen.

Diese Vorschriften finden auch Anwendung, wenn, bevor eine auf Grund dieses Gesetzes erkannte Strafe vollstreckt, gezahlt, verjährt oder erlassen ist, die Verurteilung auf Grund dieses Gesetzes wegen einer strafbaren Handlung erfolgt, die vor der früheren Verurteilung begangen war.

[1] Vgl. Ges. v. 29. August 1904 § 2 A. 9 (oben S. 257).

[2] Im Gegensatze zum Reichsrecht (§ 78 Abs. 1 StGB.) sind auch mehrere verwirkte Geldstrafen zu einer Gesamtstrafe zusammenzuziehen.

§ 9. Dieses Gesetz tritt am 1. Oktober 1911 in Kraft.

Mit dem gleichen Tage werden das Gesetz, betr. das Verbot des Privathandels mit Staatslotterielosen, vom 18. August 1891 (GS. S. 353) und das Gesetz, betr. den Handel mit Anteilen und Abschnitten von Losen zu Privatlotterien und Ausspielungen, vom 19. April 1894 (GS. S. 73) aufgehoben.

§ 10. Auf die Abwickelung der Geschäfte von Losgesellschaften findet das Gesetz insoweit keine Anwendung, als die Mitglieder vor seiner Verkündung der Gesellschaft beigetreten sind und die Geschäfte innerhalb dreier Monate nach dem Inkrafttreten erledigt werden.

Die Auszahlung von Gewinnen und die Rückzahlung von Beiträgen bleiben auch nach diesem Zeitpunkte straflos.

FSC
www.fsc.org
MIX
Papier | Fördert
gute Waldnutzung
FSC® C083411

Kolibri 360 GmbH
Ferdinand-Jühlke-Straße 7
99095 Erfurt, Deutschland
produktsicherheit@kolibri360.de